黄硕◎著

最高人民检察院司法解释研究

中国检察出版社

图书在版编目（CIP）数据

最高人民检察院司法解释研究/黄硕著．—北京：中国检察出版社，2015.3
ISBN 978－7－5102－1377－9

Ⅰ．①最…　Ⅱ．①黄…　Ⅲ．①法律解释－研究－中国　Ⅳ．①D920.4

中国版本图书馆 CIP 数据核字（2015）第 044850 号

最高人民检察院司法解释研究

黄　硕　著

出版发行：中国检察出版社
社　　址：北京市石景山区香山南路 111 号（100144）
网　　址：中国检察出版社（www.zgjccbs.com）
编辑电话：（010）68658769
发行电话：（010）68650015　68650016　68650029
经　　销：新华书店
印　　刷：河北省三河市燕山印刷有限公司
开　　本：720 mm×960 mm　16 开
印　　张：12.75 印张
字　　数：219 千字
版　　次：2015 年 3 月第一版　　2015 年 3 月第一次印刷
书　　号：ISBN 978－7－5102－1377－9
定　　价：32.00 元

序

黄硕是我指导的博士，近闻他计划将自己的博士论文付梓出版，我心甚慰。他攻读博士之前是贵州山区检察机关的工作人员，一直从事检察实务工作。攻读法学理论专业的博士期间，他着力提高自己的理论修养，并将法哲学、法解释学的基本方法、基本原理应用到司法实践工作，来指导实践，提高自己的工作能力。博士论文选择“最高人民检察院司法解释研究”作为主题，正是这一指导思想的体现。写作过程中，我鼓励他多查阅资料以完善自己的思考，尽力将这篇成果做好。最后黄硕通过自己的勤奋努力，做到了这一点。

最高人民检察院司法解释研究曾引起众多学者和检察机关的关注。围绕该问题曾展开过多次激烈的学术交锋，赞成者有之，反对者有之。作为一位来自检察机关的法律人，对这一问题的研究自有其独到之处。

本书以制度变迁的视角去探寻检察机关司法解释权的合理性，并系统梳理了从《宪法》有关法律解释权的规定到全国人大常委会《关于解释法律问题的决议》授予最高人检察院以司法解释权，从《立法法》规定法律解释主体机关到《各级人民代表大会常务委员会监督法》确认检察机关司法解释权等相关制度，并从实证角度对这一解释体制进行了分析论证。其论证结构立足于我国政治制度的现实场域，通过对我国政治架构设计思路的分析、对权力制衡的探讨，抽丝剥茧，将最高人检察院的司法解释权从其制度正当性到合理性、可行性进行了由此及彼、由表及里的阐述，为学界和实务界加深对最高人民检察院司法解释权的再认识提供了较为合理的说理依据。

在论述最高人检察院司法解释的形式合理性上，作者认真收集了建国以来检察机关单独或联合制定的司法解释，并对所有司法解释的标题、主题、文号、主体等有关司法解释的形式渊源进行了深入研究；同时，对最高人民检察院制定的规范性司法解释文件进行了专门探讨，提出了规范司法解释的若干建议，这为司法解释制定机关今后制定司法解释提供了必要的理论指引。紧密结合我国司法实际展开理论探讨，是本书的一个显著特点。作者在文中通过援引大量经典案例进行分析论证，这与他从事司法实务的同时注重法学理论的学习和思考密不可分。立足于工作实际解决工作中的理论问题，这是当前我们司法实务界应予重视的发展方向，研究的成果最终还必须服务于司法实践。

本书在具体的研究进路上，以中国特色的社会主义法律制度为基本立场，以国家权力制约理论为出发点，以检察机关职能结构为主线，运用实证研究和法律诠释学方法，通过对最高人民检察院单独或联合制定的司法解释进行考察，探讨其应当具有的表现形式；以比较分析之方法对最高人民检察院制定的司法解释进行分析，查找其运作规律，思考其现实不足，探寻其规范路径；以法学常用的价值分析方法进行考察，探寻最高检察机关进行司法解释应当具有的价值；以历史考察方法进行研究，找寻其合法性之根源；以对个案的理论解构，剖析其价值合理性、目的合理性和实践合理性。

本书对最高人民检察院司法解释的系统诠释为我们进一步认识、了解、改进该制度提供了实现路径。正如卡尔·拉伦茨（Karl Larenz）所说，“法律解释者都希望在法律中寻获其时代问题的答案”，我想无论是作为司法解释机关之一的最高人民检察院，还是研究这一问题的黄硕博士都在解释与再解释的过程中寻找解决时代问题的答案，对此我满怀期待。

黄硕博士是一位勤勉好学、扎实奋进的人，我希望他在博士论文出版的基础上，在中国人民大学与国家检察官学院联合培养博士后的学习与研究过程中取得更大的进步，并衷心祝愿他在未来攀登学术的道路上不断进取，成果丰硕！作为导师，我愿意见证他的成长！

是为序。

张德森
中南财经政法大学教授、博导、研究生院副院长
2015 年 2 月 6 日

内容简介

法律的适用需要解释。司法机关通过对法律的解释将法律规范应用于具体案件，以此形成司法判决，解决社会纠纷。司法人员在适用法律过程中只有做出符合法律本旨的正确解释才能彰显法律规范的价值与精神。然则，我国司法机关中的检察官和法官适用法律的思维模式具有很大的个体差异，均是依照自己的司法习惯形成的，具有很强的主观性，在缺乏先例引导的司法环境下，对法律的解释与适用便缺乏统一、明确的司法技术操作规程，正是由于其受制于各自的职业惯性思维，都可能导致法律适用上的错讹与分歧。因此，需要有较为统一的官方解释文件来弥补此方面的不足，于此，便在我国先后产生了最高人民法院和最高人民检察院的两种司法解释。

在我国，人民法院和人民检察院都是《中华人民共和国宪法》（以下简称《宪法》）明确规定的司法机关，前者负责审判，后者负责法律监督，两者分工负责、协同配合。两者在履行各自职权过程中，均需通过解释法律以处理案件，定分止争。但是，一些学者受到西方“三权分立”等思想的影响，认为检察机关不应当是司法机关，而属于行政机关。这种观点忽视了我国的政治制度框架中检察机关的宪法定位，也忽视了我国国家权力配置中的权力制约思想，没有从我国的具体政治制度去认识检察机关的法律监督地位。因此，有人对检察机关的司法解释权持反对意见，进而认为司法解释权应当仅归属于人民法院。这种脱离我国制度去认识人民检察院的思维方式是不合理的，也是本书有待进一步厘清的。

本书从检察机关法律监督权的宪法属性入手，结合我国政治体制中权力制约理念，从司法解释权的一般理论去探究最高人民检察院司法解释权的合法性，从我国司法实践的现实需要出发去探讨最高人民检察院司法解释的合理性。在确认最高人民检察院享有司法解释权的基础上，再去探讨最高人民检察院司法解释应当遵循的原则；并对现有的最高人民检察院单独和联合制定的司法解释的表现形式进行分析，探讨如何规范最高人民检察院司法解释的表现形式，最后提出规范的最高人民检察院司法解释表现形式的准确样态，此为形式合理性问题。最后，通过司法解释实例对最高人民检察院司法解释的实质合理性进行考察与论证。

本书共分为四章，各章节内容分述如下：

第一章“司法解释与最高人民检察院司法解释”。本章是全书的一个铺垫，首先对司法解释概念及其特征、“两高”司法解释权的来源、法律解释的对象等基本问题作出阐述，以此引入对最高人民检察院司法解释概念及其特征的全面阐释。通过对与最高人民检察院司法解释有关的基本理论的阐述，引入对最高人民检察院司法解释的全新认识。本章具体分三节。首先，对司法解释的概念进行理性分析，在此基础上寻找最高人民检察院司法解释权的泉源和法律依据，并对司法解释的特征进行理性分析。其次，从概念上认识什么是最高人民检察院的司法解释，并将它与司法解释性文件和法规相区别。最后，对建国以来检察机关司法解释的发展和编纂工作做一个简要的阐述。对检察机关司法解释的数量及其编纂工作的阐述对于研究司法解释具有重要价值，为后文的撰写打下基础。

第二章“法律监督与最高人民检察院司法解释的关系”。本章中从三个角度探讨法律监督权与最高人民检察院司法解释的关系。其一，在我国语境中的法律监督权。即对我国的法律监督权的历史沿革进行考察，从其发展脉络去认识法律监督权在我国语境中的特定含义，并将检察权与法律监督权的关系进行深入剖析，以达至对检察机关的法律监督权有较为全面的认识。其二，将司法解释权纳入法律监督权语境中讨论。从检察机关维护法制统一的功能视角思考法律监督权中的最高人民检察院司法解释权。以此为契机，从《宪法》规定的法律监督职能视角去探讨最高人民检察院与最高人民法院的司法解释权的关系。其三，对最高人民检察院司法解释的理念和原则进行探寻，并在文中提出了笔者的主张。

第三章“最高人民检察院司法解释合法性依据研究”。本章笔者从《宪法》、《立法法》和《各级人民代表大会常务委员会监督法》等法律文献中寻求最高人民检察院司法解释的合法性依据。在一个法治国家，任何机关的权力来源必须有《宪法》及其他法律的授权，以此才获得其合法性。笔者通过分析《宪法》中有关检察机关的职能规定和有关法律解释权的授权，为最高人民检察院司法解释权寻求正当的法律依据来源。1981 年 6 月 10 日，第五届全国人民代表大会常务委员会第十九次会议通过《关于加强法律解释工作的决议》，授权最高人民检察院对“凡属于检察院检察工作中具体应用法律、法令的问题”进行解释。本章对该《决议》的产生动因及其属性进行研究，寻找其本源。最高人民检察院获得权力机关授权享有司法解释权后，其先后制定了《最高人民检察院司法解释工作暂行规定》和《最高人民检察院司法解释工作规定》以规范其制定的司法解释及其工作。在法治快速发展的今天，《最高人民检察院司法解释工作规定》的适用暴露出一些弊端，不能很好地适应当前法治发展的需要。于此，笔者通过对《最高人民检察院司法解释工作规定》的制定背景及其使命的深度解读，对其发展进行了展望，最后重新草拟出适应当前法治需要的《最高人民检察院司法解释工作规定》建议稿。

第四章“最高人民检察院司法解释合理性研究”。本章从对合理性的一般概念认识入手，对最高人民检察院司法解释的表现形式合理性和实质合理性进行论证。按照最高人民检察院对其司法解释的规范化制度的进程，可以将其划分为三个阶段，即非规范阶段；相对规范阶段；规范发展阶段。并对这三个不同阶段的特征进行阐述。通过对其不同阶段的司法解释的表现形式特征进行研究，对于研究最高人民检察院司法解释表现形式的应然性具有重要价值。在形式合理性上，也将最高人民检察院司法解释按照其规范制度的表现形式划分上述阶段。分别从最高人民检察院司法解释表现形式的标题、文种和文号等表现形式多个方面去论证其表现形式的合理性问题，并提出最高人民检察院司法解释表现形式合理性规范模式的主张。在实质合理性上，本章选取对现有的最高人民检察院司法解释的实例为素材，以论证最高人民检察院司法解释的价值合理性、目的合理性与司法实践合理性。对于最高人民检察院司法解释，从其为保障法律的统一、正确适用发挥法律监督职能角度出发研究其价值合理性；从其为弥补法律条文不完善之功能出发去研究其存在目的合理性；从其为解决司法实践中的新情况、新问题出发研究其实践合理性。通过对最高人民检察院司法解释表现形式合理性和实质合理性的研究证实其存在的合理性，以达至社会重新认识最高人民检察院司法解释的目的。

在结语部分，笔者以最高人民检察院法律监督职能为视角，针对当前最高人民检察院司法解释的现状，提出了几点方向性的建议。一是建议在最高人民检察院内设机构中设置“司法解释办公室”专门负责司法解释工作。建立这样的司法解释专门机构有益于维护法制的统一、正确实施，保障人权和程序规范。二是明确最高人民检察院司法解释的表现形式。这有益于将最高人民检察院司法解释的表现形式固定化，促进司法权威。三是完善与最高人民法院司法解释的磋商与合作机制。

目　录

导　论

一、选题缘由及背景

在做博士研究生之初，在进行最高人民检察院理论研究所一项重点课题的调研中了解到，当前存在一定数量的基层人民法院的法官在其司法裁判中拒绝适用最高人民检察院的司法解释作为判决依据。在他们看来，最高人民检察院的司法解释是指导检察机关法律监督工作的工作规范，不属于法院判决依据。此类现象引起笔者对最高人民检察院司法解释的诸多思考，出于对此问题的浓厚兴趣，笔者遂决定对此展开深入的探究，以探其原因，同时这更是作为一名检察院工作人员的职责。

“司法解释是司法机关或法官在适用法律过程中对各种形式的法律渊源所进行的解释。”① 面对复杂的社会生活，法律条文不能也做不到对社会生活方方面面的规范，这就呈现出一边是复杂的社会生活“演”出的不同案件事实，一边是语言简洁通过对社会生活进行抽象概括而得出的规范（法律文本）。在此情境下司法机关如何适用法律处理案件，这就需要对法律条文进行本旨性的具体法律适用解释，以适用于案件、处理社会纠纷。制定法律的目的就在于处理社会纠纷、进行社会治理、维护社会秩序。一切法律最终都要适用于具体案件中，每个公正的判决都是司法人员对法律解释与具体案件事实的完美契合。因此，如何将法律文本适用于具体案件的解释在一个法治国家显得尤为重要。

在我国的政治体制下，检察机关属于司法机关，不同于多数西方国家宪政体制下的检察机关属性。在谈论司法解释权时，对于法院是司法机关的属性判断，中西方观点较为一致，但对于检察机关的属性问题，往往有人不由自主或下意识地将我国检察制度与西方国家的检察制度进行比较，从而得出我国检察机关不属于司法机关或应当归属于非司法机关的结论。这样的联想是错误的，

---

① 陈金钊：《法制及其意义》，西北大学出版社 1994 年版，第 105 页。

因为两者的前提不一样，分属不同的政治制度中，不能将两者进行同类划归。

在西方很多国家检察机关属于行政机关，不具有司法属性，不享有司法解释权。而在我国的政治体制和国家权力制约理论下，检察机关是由代表民意的人民代表大会选举产生、受其监督、对其负责，是司法机关，而不是行政机关。在司法实践中，检察机关需要具体应用法律对法律作出正确的符合法律意旨的解释，才能真正地履行法律监督职能。长期以来，一些学者受西方政治制度的影响，认为我国检察机关也应当与很多西方国家检察机关一样属于行政机关，不能以司法机关论。在此理论前提下，检察机关的司法解释权一直受到质疑和批评，导致其司法解释权没有法院司法解释权那么快速而顺利地获得权力机关的授权和明确确认进而进入法律条文中。这些不符合我国制度的观点或多或少影响到法律对检察机关的司法解释权的肯定，其最为显著的例证就是，至今已经过几次修改后的《人民检察院组织法》仍未明确规定检察机关享有司法解释权。① 而在《人民法院组织法》中早已确立了法院的司法解释权。

1955 年 6 月 23 日，全国人民代表大会常务委员会第十七次会议通过的《关于解释法律问题的决议》规定："凡关于审判过程中如何具体应用法律、法令的问题，由最高人民法院审判委员会进行解释。"该决议明确了最高人民法院审判委员会享有司法解释权，而对于检察机关的司法解释权只字未提。

2000 年 7 月 1 日施行的《立法法》第 42 条明确规定法律解释权属于全国人民代表大会常务委员会，并规定了全国人民代表大会常务委员会解释法律的两种情况：其一，法律的规定需要进一步明确具体含义的；其二，法律制定后出现新的情况，需要明确适用法律依据的。② 可见，这两种情况下全国人民代表大会常务委员会对法律的解释是一种纯粹的"立法"活动，其解释出来的规范是新的"法律"。司法机关是法律的适用机关，不是立法机关，司法机关对法律的解释是在司法活动中进行的。因此，《立法法》中没有对司法机关的司法解释进行规定。

事实上，在新中国成立以来作为履行法律监督职能的检察机关对于司法解

---

① 现行的《人民检察院组织法》是 1979 年 7 月 1 日第五届全国人民代表大会第二次会议通过的，在 1983 年 9 月 2 日由第六届全国人民代表大会常务委员会第二次会议作了部分修改，该法执行了近 30 年，现已显现出诸多不适应检察工作需要的规定。

② 《立法法》第 42 条规定："法律解释权属于全国人民代表大会常务委员会。法律有以下情况之一的，由全国人民代表大会常务委员会解释：（一）法律的规定需要进一步明确具体含义的；（二）法律制定后出现新的情况，需要明确适用法律依据的。"

释的制定工作一直就没有停歇过，要么单独制定司法解释，要么与有关机关联合制定司法解释处理案件。对此也没有相关法律予以禁止，官方也持默认状态。这种状态一直持续到 1981 年 6 月 10 日全国人民代表大会常务委员会《关于加强法律解释工作的决议》的颁布，该《决议》明确授权最高人民检察院在检察工作中享有对"具体应用法律、法令的问题"的解释权。这是权力机关第一次以决议形式明确最高人民检察院司法解释权，但随后颁布的《人民检察院组织法》却未明确最高人民检察院司法解释权。至今只有 2006 年 8 月 27 日颁布的《各级人民代表大会常务委员会监督法》对最高人民检察院的法律解释权予以了明确的确认，该法第五章"规范性文件的备案审查"中明确确认了最高人民检察院的司法解释权。随着我国法治建设的推进，笔者坚信最高人民检察院的司法解释权会进入诸如《人民检察院组织法》之类的法律中，这也是我国法律制度完善的现实需要和必然趋势。

二、问题的提出及研究价值

为什么一直以来有人反对最高人民检察院司法解释权，从而对其大加鞭挞呢？这个问题确实值得反思。最高人民检察院对法律进行解释是在履行法律监督职能中具体应用法律、法令所作出的解释。这发生在司法过程中，检察机关属于司法机关，最高人民检察院的法律解释权应当属于司法解释权。最高人民检察院司法解释权的合法性，需要从我国的政治制度和国家权力制约理念去认识，从我国《宪法》赋予检察机关职能去分析。

检察机关在司法实践中需要具体应用法律处理案件，才能履行好法律监督职能。若最高人民检察院没有司法解释权，检察机关在司法实践中履行法律监督职能的效果就无法想象了。因此，最高人民检察院司法解释权在司法实践中就具有其合理性。同时，法律监督权能包括对人民法院司法判决中实体法律和程序法律的适用的监督，此过程中无疑需要检察机关对法律享有司法解释的权力才能进行监督。在厘清"两高"① 司法解释权的关系后，才能实现真正的监督效果、实现司法正义。

在确认最高人民检察院司法解释权的基础上，对最高人民检察院的司法解

① 笔者注：为了在文中同时简便使用最高人民检察院和最高人民法院的称谓，本文以"两高"代指最高人民检察院和最高人民法院，下文中如没有特别说明，"两高"专指最高人民检察院和最高人民法院。

释之表现形式进行研究也成为必要。司法解释是司法机关在司法实践中予以引用的司法依据，其必须具有相应的规范表现形式，才能成为裁判依据。最高人民检察院司法解释的表现形式也不例外，其应当具有规范的表现形式以避免司法实践中被误用和滥用。因此，最高人民检察院司法解释的形式合理性尤为重要。最高人民检察院司法解释应当具有怎么样的实质合理性，以满足民众对最高人民检察院司法解释的期待？这是本书研究的重要内容之一。研究最高人民检察院司法解释的表现形式合理性是对其外在的表现进行研究，并提出对其进行规范的模式。实质合理性是最高人民检察院司法解释存在的基础，对其进行研究亦具有重要的价值，对于完善最高人民检察院司法解释具有重要意义。通过对最高人民检察院法律监督的职能分析，进而论证最高人民检察院司法解释的价值合理性、目的合理性、实践合理性。这是我国检察制度下最高人民检察院司法解释存在的基础。

通过对最高人民检察院司法解释合理性基本理论的研究，达至民众对其有理性的清楚认识，使最高人民检察院司法解释应当得到其应有的地位，在法律人及其普通民众中正立其真正面目，以使其为“依法治国，建立社会主义法治国家”起到更大作用。

三、研究动态及评析

由于国外的政治体制与我国存在差异，西方国家的检察机关的职能与我国检察机关职能就不尽相同。在西方多数国家中检察机关不是司法机关，没有司法解释权，属于纯行政机关。因此在国外具体针对我国检察机关的司法解释理论研究所在鲜有，难以找到对我国检察机关司法解释权的研究资料。

从两大法系的视角来看，英美法系国家的法律解释主要是由法官在审理具体案件时独立作出解释或者确定一定原则，形成判例，以处理类似案件。大陆法系国家则是通过一系列诉讼制度来保证法律解释的及时性和正确性，其检察机关少有司法解释权。

世界其他国家检察机关不享有司法解释权，这不能成为否定我国最高人民检察院享有司法解释权的理由，因为每种制度的建立应该符合其自身的政治制度、文化传统、现实需要等诸多因素。综观国内学者对最高人民检察院司法解释权的研究，主要形成两个派别，即肯定说和否定说。

其一，肯定说。该观点认为我国的检察机关应当享有司法解释权。人民检察院是国家司法机关，对国家法律的正确实施负有法律监督权，如果最高人民检察院没有司法解释权对法律正确实施的监督职能就是一句空话，无从实践。具有代表性的学者及论述：（1）最高人民检察院杨志宏在《论加强最高人民检察院的司法解释》一文中从检察机关的职能来分析论证，认为加强最高人民检察院司法解释具有必要性和重要性。① （2）最高人民检察院法律政策研究室陈国庆主任认为，根据我国宪法和有关法律规定，我国国家机关设置特点和立法、司法实践的具体情况决定了我国当前的司法解释体制，应当依据我国司法制度（主要是诉讼制度和程序）和目前司法人员素质现状的检察工作实际以及世界法制发展趋势等因素来看最高人民检察院司法解释权存在的合理性。② （3）湖北省人民检察院检察长敬大力在《最高人民检察院司法解释工作近年发展、存在问题及其展望》中认为，应从我国司法体制特点、人大授权解释及其检察工作的实际需要等方面来看最高人民检察院司法解释权具有合理性和合法性，并对当前最高人民检察院的司法解释存在的一些问题进行梳理，提出解决当前存在这些技术矛盾的思路。③ （4）最高人民检察院罗庆东在《最高人民检察院司法解释的基本原则》中，根据最高人民检察院司法解释的特征提出了最高人民检察院司法解释的四大原则：①合法原则；②及时原则；③规范原则；④公开原则。④ 这些司法实务界人士从我国的政治制度和检察工作的实际出发，认为最高人民检察院司法解释的存在具有合理性和合法性。

其二，否定说。该观点认为，世界上其他国家检察机关属于行政执法机关，我国也应当效仿该制度将检察机关定位为行政执法机关，检察机关只享有行政执法权不能享有司法权。因此，检察机关就当然不能享有司法解释权。具有代表性的学者及论述有：（1）游伟、赵剑峰在《论我国刑法司法解释权的归属问题》一文中指出，从长远看，有必要逐步取消最高人民检察院制发刑事司法解释的权力，将刑法司法解释统归于最高人民法院行使，建立起以最高

---

① 杨志宏：《论加强最高人民检察院的司法解释》，载《中国刑事法杂志》1993年第4期。

② 陈国庆：《最高人民检察院司法解释权应当保留》，载《中国律师》2000年第7期。

③ 敬大力：《最高人民检察院司法解释工作近年发展、存在问题及其展望》，载《检察实践》1999年第2期。

④ 罗庆东：《最高人民检察院司法解释的基本原则》，载《人民检察》1997年第11期。

人民法院为核心的多级审判解释体制。① 这种观点是对我国最高人民检察院司法解释的合法性依据不了解，对最高人民法院和最高人民检察院司法解释的地位和作用认识不清所致。（2）徐显明教授认为，检察权属于主动性权力，检察机关如果不主动地行使职权去侦查、控诉违法犯罪行为就是失职，这与司法权的中立性不同，检察机关是以国家名义行使权力，这与司法权的裁判性不同，检察权具有命令执行性，上下级检察机关之间，检察机关与其组成人员之间均是命令与服从关系，与司法权的终局性不同，检察权属执行性权力，它最终也要接受司法权的裁判。②（3）陈卫东教授认为，检察权的本质属性是行政权，主要表现为公诉权，不管怎样论证司法的范畴应该有多宽多大，检察机关也应当属于司法机关等等，检察院的权力不可能像审判权那样处于“诉讼终极的、最高的地位”，确立审判的中心地位是建设法治国家的必然选择，是历史发展的趋势，这是诉讼的规律使然，这是不以人的意志为转移的。③ 徐显明教授和陈卫东教授的观点是从检察机关的“属性”来论证其不属于司法机关，因此不享有司法解释权。

另外，世界绝大多数国家的司法解释权是由法院或法官在具体案件中进行解释，这也成为一些学者否定检察机关享有司法解释权的一个理由。但这是认识事物的前提错误，对事物进行全面的、理性的认识路径应当是从其具体制度和环境去认识，才能得出正确的结论。

事实上，我国的检察机关的法律监督职能是符合我国的政治制度，并在我国国家建设中贡献了巨大力量，为法治建设作出巨大贡献，这其中不少是最高人民检察院司法解释的功劳。以西方制度的眼光来看待我国人民检察院的职能这本身就是一种错误，法律需要正确的立足点。法律制度本身是实践的事业，它的生命力存在于特定的时空，特定制度适用于特定空间。作为一名法律人，作为法治的实践者我们更应关注司法实践问题和司法现实问题，在当前现有制度之下去研究法律的具体问题和实在问题，为法治建设贡献一点自己的力量，这才是作为一名法律人、一名司法工作人员的使命。

---

① 游伟、赵剑峰：《论我国刑法司法解释权的归属问题》，载《法学研究》1993 年第 1 期。

② 徐显明：《司法改革二十题》，载《法学》1999 年第 9 期。

③ 陈卫东：《我国检察权的反思与重构——以公诉权为核心的分析》，载《法学研究》2002 年第 2 期。

四、研究方法

在研究方法上，以我国制度为立场，以国家权力制约理论为出发点，以检察机关职能为主线，以实证方法为工具，通过对最高人民检察院单独或联合制定的司法解释进行实证考察，并以此方法对最高人民检察院司法解释的表现形式进行研究，探讨其应当具有的表现形式；以比较分析之方法对最高人民检察院制定的司法解释进行比较分析，以查找之规律，思考之不足，探寻其规范制度；以法学常用的价值分析方法对最高人民检察院司法解释之价值进行考察，探寻其应当具有的价值；以历史考察方法对最高人民检察院司法解释进行研究以此找寻其合法性之根源。以最高人民检察院司法解释的个案来研究其实质合理性，并进行理论性探讨，找出其价值合理性、目的合理性和实践合理性。

第一章　司法解释与最高人民检察院司法解释

第一节　“司法解释”之概述

法治（Rule of law）是现代文明的标志之一，它是构建这样一个结构的基石，这个结构它保障市民社会的自由与进步，提供经济发展、人权保护、自治政府建立、预防犯罪和腐败的基础，促进公民基本尊严、经济和社会权利之实现。① 1997 年，中共十五大明确提出了“依法治国，建设社会主义法治国家”的基本方略。1999 年 3 月 15 日，第九届全国人民代表大会第二次会议通过《中华人民共和国宪法修正案》，其第 13 条规定，在《宪法》第 5 条增加一款，作为第一款，规定“中华人民共和国实行依法治国，建设社会主义法治国家。”从此，“依法治国，建设社会主义法治国家”正式载入宪法，这是中国法治发展史上的里程碑。2011 年 3 月，前全国人大委员长吴邦国宣布中国特色社会主义法律体系已经形成，标志着中国特色社会主义法律体系的形成。

法治国家须臾离不开司法。司法（Justice）是国家司法机关及其司法工作人员依照法定职权和法定程序，具体运用法律处理案件的专门活动。因此，法律是处理案件的依据。法律（Law）是国家制定或认可的，由国家强制力保障实施的，以规定当事人权利和义务为内容的具有普遍约束力的社会规范。法律是人们意志的体现，这个意旨要表达出来，并被社会所接受，且被正确地接受，这中间就可能产生法律的意旨被曲解甚至滥用。这是因为，法律是对社会方方面面的现实进行抽象概括后所表达的社会规范，它不能完全涵盖万千

---

① Hon. Samuel L. Bufford, Defining the Rule of Law, available at: http: //mylaw2. usc. edu/centers/cslp/documents/BuffordDefiningtheRuleofLaw. pdf, 2012. 9. 5.

生活。

在法律实务中，对于同一法律的字面规定，不同的人会有不同的理解或解释。因此，正确理解法律意旨是一个法治国家的应有之义。在不能得到一致的理解时，就需要对法律进行解释。然而所谓解释，就是在人类观察和认知的基础上进行思考，合理地说明事物变化的原因、事物之间的联系，或者是对事物发展的规律赋予其本来的意旨。

一、"司法解释"之概念

解释普遍存在于社会生活之中，"解释就是对用来表达思想的任何符号的真实含义的发现和描述。"① "解释存在于法律自身之中，存在于一般知识之中。"② 法律结合实际更是如此，"法律解释应当把某种思想表达出来，使其走向客观化并得以保存。我们必须洞悉法律所隐含的思想，揭示其内容。法律解释=法律的重建。解释者应当站在立法者的立场上，模拟后者再次形成法律思想。"③ 然而，"法律解释主要是司法解释，即在裁判案件的时候解释法律。"④ "法律解释是指对法律的内容和含义所作的说明。"⑤ "'解释'，最终是个术语问题。关键在于，它们事实上能与作为对他者所提出之对象进行理解的解释区分开来。"⑥ "解释乃是一项媒介行为，借此，解释者将他认为有疑义文字的意义，变得可以理解。"⑦ 解释使法律变得更为具体。

事实上，任何法律在司法实务中都可能面临解释，才能予以适用。亦即"通过法律解释将概括的、抽象的'书本上的法'变成特定的、能具体适用的

---

① Lieber, legal and political hermeneutics: principle of interpretation and construction in law and politics, 3d. cst. Louis: F. H. Thomas, 1880, p. 64.

② ［德］弗里德里希·卡尔·冯·萨维尼、雅各布·格林：《萨维尼法学方法论讲义与格林笔记》，杨代雄译，法律出版社2008年版，第8页。

③ ［德］弗里德里希·卡尔·冯·萨维尼、雅各布·格林：《萨维尼法学方法论讲义与格林笔记》，杨代雄译，法律出版社2008年版，第7页。

④ 陈金钊：《法律解释学——权利（权力）的张扬与方法的制约》，中国人民大学出版社2011年版，第57页。

⑤ 张文显：《法理学》，高等教育出版社、北京大学出版社2007年版，第279页。

⑥ ［德］罗伯特·阿列克西：《法　理性　商谈：法哲学研究》，朱光、雷磊译，中国法制出版社2011年版，第64页。

⑦ ［德］卡尔·拉伦茨：《法学方法论》，陈爱娥译，商务印书馆2003年版，第193页。

‘行动中的法’（law in action）”①，这对于法律之适用是十分必要的。法律解释的种类很多，按照不同的分类标准可以得到不同的种类。按照解释法律的主体不同可以分为：立法解释、行政解释和司法解释。② “就解释的主体而言，传统上可以区分出真意的（authentisch）、学理的（doktrinal）、业余的（laien）与通常的（usual）解释。”③ 法律解释因其解释主体和解释效力的不同可以被分为正式解释和非正式解释④。郭道晖教授将法律解释分为两大类，即法定解释和学理解释。⑤ 可见，不论是哪一本著作及其作者均认可司法解释的存在，只是在区分类别或划分上存在不同观点。

关于司法解释有不同的理解。在国内，司法解释的概念主要有以下几种代表性的观点：（1）“司法解释是指立法机关授权司法机关在将法律规范适用于具体案件或事项时，对有关法律规范所做的解释。”⑥（2）司法解释指国家最高审判机关和最高检察机关就在审判和检察职能工作中对具体应用法律问题所作出的、具有法律效力的说明。⑦（3）姚建宗教授认为，司法解释是我国最高人民法院和最高人民检察院对各级司法机关在司法实践中如何具体应用法律、法令的问题而对有关法律条文、概念和术语所作出的具有权威性的阐释和说明。⑧（4）陈金钊教授在其所著的《法制及其意义》中认为，司法解释是司法机关或法官在适用法律的过程中对各种形式的法律渊源所进行的解释。⑨（5）司法实务界认为，“所谓司法解释，是指我国最高司法机关根据法律赋予的职权，在实施法律的过程中，对如何具体运用法律问题作出的具有普遍司法

---

① 舒国滢：《法理学导论》，北京大学出版社 2006 年版，第 230 页。

② 参见张文显：《法理学》，高等教育出版社、北京大学出版社 2007 年版，第 282～283 页。

③ ［德］罗伯特·阿列克西：《法 理性 商谈：法哲学研究》，朱光、雷磊译，中国法制出版社 2011 年版，第 66 页。

④ 舒国滢：《法理学导论》，北京大学出版社 2006 年版，第 238 页。

⑤ 参见郭道晖：《法理学精义》，湖南人民出版社 2005 年版，第 262 页。

⑥ 张友渔主编：《中国大百科全书·法学》，中国大百科全书出版社 1984 年版，第 81 页。

⑦ 江平主编：《中国司法大辞典》，吉林人民出版社 1991 年版，第 6 页。

⑧ 姚建宗：《关于司法解释的分析与思考》，载《现代法学》1992 年第 3 期。

⑨ 陈金钊：《法制及其意义》，西北大学出版社 1994 年版，第 105 页。

效力的解释。"①

从这些对司法解释的定义可以看出，无论是理论界，还是司法实务界都赞同司法解释的存在。通过分析上述不同学者对司法解释的定义观点，笔者比较倾向于姚建宗教授对司法解释的定义。然而一些学者受西方政治体制的影响，认为我国的检察机关不是司法机关，在他们看来，人民检察院应当与西方国家的检察机关一样属于行政机关，不享有司法权，不具有司法的终局性。这种观点忽视了我国政治体制选择是源于我国的基本国情这一出发点。因此，在我国政治体制下，检察机关理应是国家司法机关，理应享有司法解释权。我国的司法体制是符合我国的国情的选择。在我国政治体制下，司法解释存在两种情形，即最高人民检察院司法解释和最高人民法院司法解释。因为在我国的政治体制下，法院是法定审判机关，检察院是法律监督机关，都享有司法权。因此，两机关在其职权下对具体应用法律所作出的解释是司法解释，当然具有司法解释的属性。

二、"司法解释"之特征

特征是客体具有的众多特性，人们根据某类客体所共有的特性而形成某一概念，这些特性在人们心理的反映，即为该概念的特征。把握事物特征才能更好地认识事物。司法解释与其他事物一样也具有其自己的特征。通过对司法解释的特性抽象概括，以此得出其特征，以使我们更清晰地认识司法解释。笔者认为，司法解释具有下列特征：

（一）司法解释的主体是最高司法机关

在我国政治体制下，被宪法定义的司法机关只有人民法院和人民检察院，其他无论是行政执法机关还是党政机关和公共事业机关等都不是司法机关。其他机关自然无法律解释权。因此，在我国除"两高"对法律、法令的具体应用问题所作出的解释是司法解释外，其他机关所作的解释均不是司法解释，不具有司法效力。我国法院系统上下级之间是指导关系，这个指导主要是业务指导，即在具体应用法律、法令处理案件的业务时是上级法院指导下级法院，最高人民法院指导全国各级人民法院的业务。而我国检察系统的上下级之间是领

① 周道鸾主编：《中华人民共和国最高人民法院司法解释全集》，人民法院出版社1994年版，第1页。

导与被领导关系，这个领导当然包括业务领导。同时，我国不属于判例法国家，无遵循先例的判例制度，因此，只有最高人民检察院享有司法解释权，其他各级检察院均无司法解释权，无权制定司法解释。除“两高”之外的各级司法机关当遇有需要对法律、法令的应用作出解释时，只能依据“两高”的司法解释工作的相关规定上报“两高”以制定司法解释。需要解释的往往是含义比较模糊、适用比较困难的法律条文，只有最高司法机关才能准确地阐明其本意，而地方司法机关往往很难把握立法的精神实质。① 因此，司法解释的主体应为最高司法机关。

（二）司法解释的范围是法律、法令的具体应用问题

司法解释的范围是对现有的法律、法令的具体问题的解释，而不是对社会生活进行抽象概括来立法，否则就是对立法的入侵。“司法解释是将已颁布的法律适用于现在的案件”,② 代表民意的立法机关，代表民意制定法律，表达民意的意图，“一般来说立法机关的意图是通过法律文字所表达出来的，因此，当文字字面含义清楚时，应当严格按照法律的字面含义解释制定法。”③ 在一个法治国家里司法工作者的司法依据是已经颁布的法律、法令。只有依据法律、法令去判决案件才具有公信力，否则，难以让公众接受。法律的制定具有滞后性，法律不能穷尽社会生活，就算法律概括立法时的所有社会生活，但是司法总是在立法之后，社会在进步、人类社会在不断向前发展，物质生活、精神生活都在走向丰富，所以，司法者在作出司法判决时总是要对法律、法令进行解释，即司法者对已有的法律、法令进行理解和阐述从而将其应用于具体案件中作出裁决。司法解释不是立法本身，立法专属于立法机关，立法解释也专属于立法机关。司法机关不能逾越立法领域，否则是对司法权力的滥用，司法和立法有着明显的边界，它们之间既不能越权解释，也不能代替解释，只能这样才能维护法制的统一。④

① 李富金：《地方法院无权发布司法解释性文件》，载《法学》1998 年第 2 期。

② 董皞：《司法解释论》，中国政法大学出版社 2007 年版，第 13 页。

③ Zenon Bankowski and D. Neil MacCormick, “Statutory Interpretation in the United Kingdom”, in D. Neil MacCormick, Robert S. Summers (ed), Interpreting Statutes: A Comparative Study, Dartmouth, 1991, pp. 386 – 387.

④ 张立堂、张茂：《析“立法解释”与“司法解释”》，载《河南大学学报（社会科学版）》1992 年第 5 期。

另外，语言具有模糊性、歧义性、主观性，因之法定法便具有简要性，这也使得司法解释对司法判决的形式具有必要性，不同的司法者对同一法条会有不同的理解和认识。司法必须把握法律文本之真意，“根据从文本中了解到的或给定的部分，提取文本的直接陈述背后所隐含的有关主题的结论——这一结论虽然直接表现在文本的字里行间，但它存在于文本的精神之中。”① 因此，在我国的司法体制下由“两高”对司法中法律、法令的具体应用问题作出解释具有合理性。

（三）司法解释具有司法权威性

在司法实践中，各级司法机关在处理案件形成裁判时可以直接应用“两高”作出的司法解释。司法机关在司法实践中对于司法解释应当是直接“应用”而不是只在判决中直接“引用”，司法机关作出的司法判决直接引用的是法律。司法解释是对法律的说明，它完全依赖于由立法机关制定的现行法律文本，因此不具有独立存在的意义，它与法律本身是一体的②。司法所作出的具有公信力的司法文书所用的是法律本身，司法解释是对法律的进一步说明，它依附于法律。“司法机关通过忠实地执行立法机关的原初意志以维护民主权威。”③

另外，我国各级法院之间的审判业务指导关系和检察院之间的直接领导关系，决定了“两高”的司法解释具有权威性，下级司法机关在司法实践中应予应用。

三、法律解释的对象

司法解释的对象是什么？这是研究司法解释时不可回避的问题，是研究司法解释中必须明确的，否则这个研究可能会偏离方向。“对象”一词常见于我们生活之中，它通常有三种含义：一是指行动或思考问题时所指向为目标的事物；二是特指恋爱的对方；三是北方方言中指物色配偶。显然，这里谈论的司

---

① Lieber, legal and political hermeneutics: principle of interpretation and construction in law and politics, 3d. cst. Louis: F. H. Thomas, 1880, p. 56.

② 刘峰：《论司法解释的地位与作用》，载《东方企业文化》2010年第11期。

③ Scott Fruehwald: Pragmatic textualism and the limits of statutory interpretation: Dale V. Boy scouts of America, Wake Forest Law Review, Vol. 35, p. 978.

法解释的对象问题当属于上述第一种含义。司法是具有公信力的权威机关对法律的适用活动，是一种法律的实践活动，是一种具体的司法活动。司法解释也要求有明确的对象，解释要有目标指向的事物。据此，司法解释的对象就是指司法机关的司法解释活动所指向的目标事物。有解释目标之物，解释才会有目的，有方向。

司法解释的对象概念在比较有代表性的权威典籍中，主要有两种解释：一是《新编法学词典》认为，司法解释是司法机关在审判中适用法律时，根据自己对有关法律条文的理解所作出的解释。这种观点是把法律条文视为法律解释的对象。① 二是《中国大百科全书·法学卷》认为，司法解释是司法机关将法律规范适用于具体案件或事项时，对有关法律规范的解释。② 这种观点是把法律规范当作司法解释的对象。两种权威的典籍，在定义上却存在不同，那么什么是法律规范？什么是法律条文？法律条文是否是法律规范呢？在我国关于法律规范的概念一直没有达成共识。张文显教授在《法学基本范畴研究》中也没有对该概念作出明确的解释，而在其主编的《法理学》教科书中，将规范和规则等同使用，“这里，我们也将规则与规范作为同一概念使用”③。在我国法学界将 Norm 翻译为规范，而将 Rule 翻译为规则。

凯尔森认为，立法者创设的是规范，而法律科学表述却是规则，规范是规定性的，规则是叙述性的，二者是有区别的。④ 在沃克看来，法律规则和法律规范都是规范人的行为，只是规则较为具体，规范较为抽象，规范比规则抽象。

郭道晖教授认为，法律规范（Norm of law）是规定行为主体在法定条件下的行为模式及其法律后果，以作为调整人的行为的标准和检验的尺度。⑤ 郭道晖教授也认为法律规则和法律规范有时是可以通用的。法律规范与法律规则是有区别的，法律规范较为抽象和概括，而法律规则是具体的。

在现代法治国家，法律条文一般是能直接表达法律本旨意思的条文，司法

---

① 乔伟主编：《新编法学词典》，山东人民出版社 1985 年版，第 246 页。

② 参见《中国大百科全书·法学卷》，中国大百科全书出版社 1984 年版，第 81 页。

③ 张文显主编：《法理学》，高等教育出版社、北京大学出版社 1999 年版，第 117 页。

④ 参见［奥］凯尔森：《法与国家的一般理论》，沈宗灵译，中国大百科全书出版社 1996 年版，第 48 页。

⑤ 郭道晖：《法理学精义》，湖南人民出版社 2005 年版，第 229 页。

也不仅仅限于法条的字面含义，更多的是需要将法律精神和立法意图实践于司法中，“在探求每一法律条款的意义之外，更需要考虑一个法律文本的总的立法意图。”[①] 立法意图是体现制定法律的根本目的所在，否则立法就显得多余。“一般来说，立法规范的条文表述，应当是立法本旨的符号现象。但是无论是法典中的条文，还是判例中援用或体现的具体规则，都有可能偏离立法的本旨。这不仅根源于人类文字在表述思想过程中无法避免的缺陷，还缘于立法过程的多个环节，容易使立法者关于规范的文字表述有时不能完全充分地体现立法的真正意旨。”[②] 这一现状使得对法律条文的解释尤为必要，使法律条文成为解释的对象。“法律之意思有赖文字为之表现，然文字仅为表现法律含义之标记，未必识细无误，恰如分际。且各国立法之习惯，法条文字咸以简明扼要为尚，乃不免晦涩不明，疑问滋生，而有待于解释之阐明。”[③]

可见，对法律条文的解释是司法中最重要的过程之一，没有解释的法律条文是难以应用于案件之中的，这就要求司法对法律条文的解释，法律条文成为法律解释的对象。

在我国法律规范不等同于法律条文，这已取得诸多共识。“法律规范在成文法中当然要由法律条文体现出来，但是一个法律规范并不等于一个法律条文，一个法律规范可能包括在多个法律条文中；一个条文也可以包括几个法律规范。”[④] 法律规范是法律条文的内容，法律条文是法律规范的表现形式，并不是所有的法律条文都直接规定法律规范，也不是每一个条文都完整地表述一个规范或只表述一个法律规范。法律规范隐含于法律条文之中，如在法律条文中找寻到法律规范，就找到了确定评判案件的规则。这样的规范在条文中已明确，就无须解释，这只是一种思维结果，而不是对法律的解释。

事实上，不是所有的法律规范都在法律条文中直接显示出来，“法律的规则、概念、用语，或简而言之，法律据以表达它自己的语言，并不具有数学的精确或逻辑的严密，这使法律具有一种‘开放性质’或曰‘空缺结构’”[⑤]。

---

① 苏晓宏：《论司法解释的对象》，载《华东政法学院学报》1999年第5期。

② 柴发邦主编：《体制改革与完善诉讼制度》，中国人民公安大学出版社1991年版，第55页。

③ 林纪东：《“中华民国宪法”释论》，台湾大中国图书公司1981年版，第78页。

④ 参见《中国大百科全书·法学》，中国大百科全书出版社1984年版，第81页。

⑤ 梁治平：《解释学法学与法律解释的方法论——当代中国法治国景中的法解释学》，载梁治平编：《法律解释问题》，法律出版社1998年版，第96页。

这使得司法过程中必然要对法律规范进行解释，经过解释的法律才能更好地应用于案件之中，维护当事人的权益，进而实现社会公平正义。

另外，仅仅将法律条文理解为司法解释的对象，这既缩小了解释范围，又不符合我国立法精神。1981 年的全国人民代表大会常务委员会《关于加强法律解释工作的决定》第 1 条明确规定，凡关于法律、法令条文本身需要进一步明确界限或作补充规定的，由全国人民代表大会常务委员会进行解释或用法令加以规定。第 2 条指出，凡属于法院审判工作中具体应用法律、法令的问题，由最高人民法院进行解释。凡属于检察院检察工作中具体应用法律、法令的问题，由最高人民检察院进行解释。从这两条规定可知，法律条文不能直接成为司法解释的对象，司法解释的对象只能是在司法工作中对具体应用的法律、法令。① 直接解释法律条文的权力属于立法权范畴，司法机关不能享有。因此，认为司法解释的对象是法律条文的观点是不符合立法精神、缩小司法解释的观点。那么，什么是具体适用法律呢？司法机关在司法过程中，将案件与法律（事实与规范）进行融贯，寻找其一致的契合点，以此作出公正的司法判决，解决社会纠纷。在这个过程中，司法机关不可能仅仅就制定法的条文进行解释，还必须考虑法律事实，对其进行说明。如“两高”《关于办理生产、销售假药、劣药刑事案件具体应用法律若干问题的解释》中，不仅要对法律条款进行说明，还要对“足以严重危害人体健康”、“对人体健康造成严重危害”等进行说明，这就是对法律事实的解释。因此，法律条文和法律事实均是司法解释的对象。“这就是司法解释的对象应包括两部分：一部分是作为‘本文’的成文法律，另一部分就是经过解释主体选择，并与成文法相关的事实，包括事件与行为。”② 因此，成文法律和法律事实都是司法解释的对象。

值得注意的是，我国法治之路刚起步，还很漫长，在立法技术和技能不高的条件下，我们的立法仍需提高质量、加快步伐。在很多部门法中，常会见到原则性规定，例如《民法通则》第 6 条规定：“民事活动必须遵守法律，法律没有规定的，应当遵守国家政策。”第 7 条规定：“民事活动应当尊重社会公德，不得损害社会公共利益，破坏国家经济计划，扰乱社会经济秩序。”这些是法律条文不能概括的社会生活部分，这类案件在社会中又是普遍存在的，没有法律条文能明确规范这些现象或无法规范这些现象，因此，用这类诸如

① 陈金钊：《司法解释的对象辨析》，载《法商研究》1994 年第 4 期。

② 陈金钊：《司法解释的对象辨析》，载《法商研究》1994 年第 4 期。

"社会公德"、"社会公共利益"、"国家经济计划"、"社会经济秩序"等进行概括性规定。另外，很多法律条文都为司法机关具体运用法律解决可能出现的新问题留有余地，常以兜底性条款的方式予以展现；有些时候，在涉外法律关系中，还常常出现各类法的技术性规范（如冲突规范），来为不同国家或地区的法律适用提供指引。因此可以这么说，几乎在所有的部门立法中都存在大量的法律原则、法的技术性规范以及兜底性条款，究其原因，乃法律规范无法穷尽一切社会现象。只有当这类案件出现时，司法机关据此类概括性、原则性的法律作出解释来处理案件，而且，很多已有的司法解释就是针对立法的此类框架性的设计根据司法实际情况进行细化设计，这都是司法解释需要存在的根本理由。这时候司法解释的对象就不仅仅是法律条文和法律事实，还包括"社会公德"、"社会公共利益"、"国家经济计划"、"社会经济秩序"等。但是，这样的解释也是有限度的，常见于民事类部门法、经济类部门法中。在国家刑事法律制度中，如犯罪和刑罚、对公民政治权利的剥夺、限制人身自由的强制措施和处罚等，这些基本制度《立法法》予以了严格限制，只能采用立法的方式明确规范的领域，不能采用司法解释予以处理，否则是对立法权的侵害。这是法律的保留，主要是涉及国家基本制度问题。

通过上面的论述可知，司法解释的对象是法律文本、法律事实，还有诸如"社会公德"、"社会公共利益"、"国家经济计划"、"社会经济秩序"等法律不能概括或难以概括的现象。这些解释对象也必须是发生在司法过程中，将司法机关具体应用法律处理案件时所指向的目标。

四、与司法解释相关的几个概念

（一）司法解释性文件

"文件"（Document）之含义可从广义和狭义两个层面进行解释。广义讲，是指公文、书信或指有关政策、理论等方面的文章。狭义的"文件"就是档案的意思。"文件"一词早已出现在我国的日常词汇中，应用较多的含义是公文、信件等。郑观应的《盛世危言·考试上》："次第而升，以资历练，文件自理，枪炮自发"，其中的"文件"就是指信件。具有公共管理职能的单位在日常职能中会遇到很多事务需要处理，但是这些事务也并非凭法律就能迎刃而解的，还需要相关文件和规定去指导司法或行政人员处理事务，因此，文件在公共管理职能单位尤为重要。

司法机关在日常的职能范围内处理司法事务也同样需要很多司法文件。因此，司法机关会根据需要制定相关司法性文件来“辅助”司法解释，使法律更加适用于社会的管理工作。司法解释性文件不是司法解释，它是司法机关制定的，用以规范或指导司法解释工作的相关文件，不是司法机关直接具体应用法律、法令问题的解释。而在实践中，常常有人将司法解释与司法解释性文件混为一谈，没有严格区分或根本不能区分两者的本质。常见的国内几个法律网站就将司法解释与司法解释性文件两者混同在一起，如“法律快车网站”就没有将司法解释与司法解释性文件区分开来①，如：2010 年 12 月 13 日，最高人民法院、最高人民检察院《关于废止部分司法解释和规范性文件的决定》（法释〔2010〕17 号）；葫芦岛法律服务网也将司法解释与司法解释性文件混为一谈，如将 2010 年 12 月 6 日最高人民法院颁布的《法官行为规范》（法发〔2010〕54 号）司法解释性文件归为司法解释。② 中国人大网将司法解释与司法解释性文件统归于“司法解释及文件”栏目中，这算是有点区分③。在此，司法解释性文件不是本书的研究对象，但是因它与司法解释有密切的关联，此处必须予以说明。本书中在司法解释的统计数据上，笔者是将司法解释性文件一起归入司法解释的数据来统计的，这将有助于研究司法解释，最高人民检察院制定的司法解释性文件很多还涉及最高人民检察院对法律、法令的解释。

（二）法规

“法规”是日常生活中的法律泛称，它泛指法律、法令、规则、条例、章程等法定文件。但是社会实践中在使用“法规”一词时总是在其前加上一个词语对其进行限定，如行政法规，即我国国务院制定和颁布的行政法规；地方性法规，如省、自治区、直辖市人大及其常委会制定和公布的地方性法规，还有省、自治区人民政府所在地的市以及经国务院批准的较大的市的人大及其常委会也会根据需要制定地方性法规。“法规”是具有法律效力，可用于司法实

① 参见法律快车网 http：//law. lawtime. cn/sfjs. html，2012 年 9 月 8 日访问。

② 参见葫芦岛法律服务网 http：//www. hldflfw. com/Article/ShowClass. asp？ClassID = 55，2012 年 9 月 8 日访问。

③ 参见中国法律法规检索系统 http：//law. npc. gov. cn：87/home/begin1. cbs，2012 年 9 月 8 日访问。

践中的规范性文件，但其不得与有着更高效力的法律规范相冲突，如行政法规不得与宪法、法律相冲突；地方性法规不得与行政法规相冲突。这种特制的法规是特定机关制定的，不属于全国人大及其常委会制定的法律、法令。因此，在我们看来，非全国人大及其常委会制定的法规不属于司法解释的“具体应用中的法律、法令”，司法机关不应当对其进行解释。在实践中，有人将法规、司法解释、司法解释性文件等相关概念混同，这是对司法实践中具体应用法律、法令的误解或误操作，我们期待这种做法在今后的司法实践中随着更加清晰的认识而有所改善。另外，我们在研究司法解释的时候，必须对司法解释的范畴予以限定，才使我们的研究具有意义，研究成果才能达到预期目的。

五、“两高”司法解释权力之来源

（一）法律法规对司法解释权的授权

根据我国《宪法》的规定，解释法律是全国人民代表大会常务委员会行使的职权之一。1955 年 6 月，全国人民代表大会常务委员会《关于解释法律问题的决议》规定：“凡关于审判过程中如何具体应用法律、法令的问题，由最高人民法院审判委员会进行解释。”1983 年修订的《人民法院组织法》第 33 条规定：“最高人民法院对于在审判过程中如何具体应用法律、法令的问题，进行解释。”该规定指出最高人民法院司法解释由“最高人民法院”作出，而不仅仅限定于“最高人民法院审判委员会”。

1981 年 6 月，全国人民代表大会常务委员会《关于加强法律解释工作的决议》进一步规定：“凡属于法院审判工作中具体应用法律、法令的问题，由最高人民法院进行解释。凡属于检察院检察工作中具体应用法律、法令的问题，由最高人民检察院进行解释。最高人民法院和最高人民检察院的解释如果有原则性的分歧，报请全国人民代表大会常务委员会解释或决定。”该决议明确了最高人民法院和最高人民检察院的司法解释权的法律依据。在此之前，最高人民检察院也制定了多项司法解释，但是该权力没有得到法律明确的授权。

因此，科学地说，最高人民检察院真正的司法解释是在 1981 年之后，之前所作出的司法解释虽没有法律明确授权，但是在当时的条件下享有司法解释权是得到立法机关默认的，这是特定历史条件所造成的司法解释实践实务问题。通过对新中国成立以来“两高”联合或单独出台的司法解释的收集整理，我们知道，新中国第一个司法解释是最高人民法院华东分院《关于财产刑罚使用问题的指示》(1950年1月8日),第一个最高审判解释是最高人民法院《关于送券手续及整理诉讼券证应注意事项的通报》(1950年5月29日),第一个最高人民检察院司法解释是中央人民政府最高人民检察署《关于处理战犯、汉奸、官僚资本家及反革命分子财产的初步意见》(1952年10月18日),第一个“两高”联合解释是最高人民法院、最高人民检察署、司法部《关于判处徒刑的反革命分子亦与判处死刑的一样一律不准上诉的指示》(1951年9月29日)。①

(二)法律对最高人民检察院司法解释权的确认

2006年8月27日,《各级人民代表大会常务委员会监督法》颁布,该法第五章专章规定了“规范性文件的备案审查”,其中第31条、第32条、第33条明确规定了最高人民检察院在检察工作中对具体应用法律的解释的备案制度,以及“两高”在司法实践中具体应用法律所作出解释的冲突的解决办法。② 这是我国法律第一次明确确认最高人民检察院的司法解释权,对于最高人民检察院司法解释工作的开展,对于当前社会纠纷的解决,对于社会正义的维护均有重大的现实意义和长远意义。以法律的形式对最高人民检察院的司法解释给予肯定,使其在司法实践中名正言顺。

---

① 笔者注:这是根据现有的资料查询的结果。

② 《各级人民代表大会常务委员会监督法》第31条规定:“最高人民法院、最高人民检察院作出的属于审判、检察工作中具体应用法律的解释,应当自公布之日起三十日内报全国人民代表大会常务委员会备案。”第32条规定:“国务院、中央军事委员会和省、自治区、直辖市的人民代表大会常务委员会认为最高人民法院、最高人民检察院作出的具体应用法律的解释同法律规定相抵触的,最高人民法院、最高人民检察院之间认为对方作出的具体应用法律的解释同法律规定相抵触的,可以向全国人民代表大会常务委员会书面提出进行审查的要求,由常务委员会工作机构送有关专门委员会进行审查、提出意见。前款规定以外的其他国家机关和社会团体、企业事业组织以及公民认为最高人民法院、最高人民检察院作出的具体应用法律的解释同法律规定相抵触的,可以向全国人民代表大会常务委员会书面提出进行审查的建议,由常务委员会工作机构进行研究,必要时,送有关专门委员会进行审查、提出意见。”第33条规定:“全国人民代表大会法律委员会和有关专门委员会经审查认为最高人民法院或者最高人民检察院作出的具体应用法律的解释同法律规定相抵触,而最高人民法院或者最高人民检察院不予修改或者废止的,可以提出要求最高人民法院或者最高人民检察院予以修改、废止的议案,或者提出由全国人民代表大会常务委员会作出法律解释的议案,由委员长会议决定提请常务委员会审议。”

第二节　最高人民检察院司法解释概述

一、人民检察院司法属性

关于人民检察院的司法属性问题，龙宗智教授在《检察机关办案方式的适度司法化改革》一文中指出根据我国检察机关的职能，检察机关是司法机关，仅仅是当前检察机关工作方式上还表现出一定的“行政化”，因此提出检察机关应当向司法化迈进，这样更显其本来的司法属性。[①] 龙宗智教授在该文中根据《宪法》及相关法律的规定从检察机关的职能入手对人民检察院的司法属性进行了较为全面的符合我国制度的论述。

2006 年中共中央《关于进一步加强人民法院、人民检察院工作的决定》（中发〔2006〕11 号）明确规定：“人民法院、人民检察院作为国家司法机关，是人民民主专政的重要组成部分，肩负着贯彻依法治国基本方略的重要使命，在巩固党的执政地位，维护国家长治久安，保障人民群众安居乐业，促进社会主义物质文明、政治文明、精神文明与构建社会主义和谐社会方面，负有重大责任。切实加强人民法院、人民检察院工作，充分发挥司法机关的职能作用，筑牢守护社会公平正义的坚固防线，有效地实现社会公平正义，为经济和社会各项事业全面发展创造良好的社会环境、市场环境、政务环境和法治环境，具有十分重要的意义。”这是中央文件明确规定人民检察院是国家司法机关之一。

在十八届三中全会和十八届四中全会的相关文件中也有相应文字对检察机关司法属性的表述。新一轮司法改革，也可以说是人民法院和人民检察院的改革。无论是来自官方的正式文件还是来自学术界的论证他们关于人民检察院的司法属性的规定和认同，就足以说明人民检察机关是国家司法机关。因此，检察机关对检察工作中的具体法律应用问题的解释即为司法解释。

二、最高人民检察院司法解释之概念

什么是最高人民检察院司法解释？比较好的定义是最高人民检察院的出版物上的定义，即是“根据国家权力机关的授权，针对检察工作中具体应用法

---

① 参见龙宗智：《检察机关办案方式的适度司法化改革》，载《法学研究》2013 年第 1 期。

律问题所作出的具有法律效力的阐述和说明，或者说是对相关法律规定的含义所作的阐述和说明”。[①] 在笔者看来，该定义是比较适当的。我国《宪法》规定，人民检察院是国家法律监督机关，最高人民检察院是国家最高检察机关。最高人民检察院领导地方各级人民检察院和专门人民检察院的工作，上级人民检察院领导下级人民检察院的工作。什么是监督？在我国古代就有“监督”一词，只是其意思较今天不同。如《周礼·地官·乡师》“大丧用役则帅其民而至，遂治之”。汉郑玄注：“治谓监督其事。”贾公彦疏：“谓监当督察其事。”《隋书·炀帝纪上》：“（大业）二年春正月辛酉，东京成，赐监督者各有差。”可见这里的监督是监察、督促。在现代汉语里，监督即是对某现场或某一特定环节或过程进行监视、督促和管理，并使其结果能达到预期目标。在我们看来，法律监督就是特定机关对法律的运行进行监督，使社会达到一种既定的有序状态，具体包括法律监督机关对普通公民（或组织）守法、特定公民职务上的守法及其国家行政机关执法活动和司法机关的司法活动的监督，并对违法和犯罪予以追诉及追诉的监督。

法院是国家审判机关，是对社会纠纷进行判决的法定机关，其审判依据是法律的规定。法院的审判就是在案件事实和法律规定之间找到一个很好的契合。当案件事实和法律规范之间不是直接契合时，就需要一种桥梁去衔接，这就是审判机关的司法解释。最高人民法院的司法解释是根据国家权力机关的授权，针对审判工作中具体应用法律问题所作出的具有法律效力的阐述和说明，或者说是对相关法律规定的含义所作的阐述和说明。

三、最高人民检察院司法解释之特征

在我国政治体制下，司法机关为人民检察院和人民法院，其他的机关均不属于司法机关，所作出的法律解释自然不具有司法效力。最高人民检察院所制定的司法解释虽属于司法解释范畴，但是因制定司法解释的主体还包括最高人民法院。因此，最高人民检察院的司法解释也有其特定的特征，要真正认识和把握并用好最高人民检察院司法解释就应当深刻理解其特征。通过对最高人民检察院司法解释的研究，笔者将其特征概括为以下几点：

---

① 最高人民检察院研究室编：《中华人民共和国最高人民检察院司法解释全集》，法律出版社 2005 年版，第 1 页。

（一）解释主体特定，即检察系统的司法解释主体专属于最高人民检察院

我国的检察系统是一个独立的统一体，上下级之间是领导与被领导的关系，为了维护国家法制的统一，检察机关必须一体化，必须具有很强的集中统一性。人民检察院是国家法定的法律监督机关，最高人民检察院是最高检察机关，主要任务是领导地方各级人民检察院和各专门检察院依法履行法律监督职能，保证国家法律的统一、正确实施。

地方各级人民检察院包括省、自治区、直辖市人民检察院；省、自治区、直辖市人民检察院分院，自治州和省辖市人民检察院；县、市、自治县和市辖区人民检察院。各专门人民检察院主要包括军事检察院、铁路运输检察院。各级人民检察院都是与各级人民法院相对应而设置，以便实现法律的程序办案。因此，除最高人民检察院外，其他各级人民检察院和各专门检察院是没有司法解释权的。

1981 年 6 月 10 日通过的全国人民代表大会常务委员会《关于加强法律解释工作的决议》授权“两高”司法解释权。最高人民检察院为了规范司法解释，在 1996 年 12 月 9 日制定《最高人民检察院司法解释工作暂行规定》，其第 11 条规定：“省、自治区、直辖市人民检察院和军事检察院报请最高人民检察院作出司法解释的请示或者报告，应当由本院法律政策研究室归口办理。在报请最高人民检察院作出司法解释的报告中，应当载明报请解释的问题、本院检察委员会意见，并附送有关案例和材料。省、自治区、直辖市人民检察院分院，自治州、省辖市人民检察院和县（市）、自治县、市辖区人民检察院对检察工作中具体应用法律问题认为需要作出司法解释的，应当层报省、自治区、直辖市人民检察院审核决定并向最高人民检察院提出请示。”由此可知，只有最高人民检察院享有司法解释权。随着法治的进步，最高人民检察院在 2006 年 4 月 18 日又一次对司法解释工作作出新的规定，废除了 1996 年的“暂行”规定。

2006 年 4 月 18 日最高人民检察院第十届检察委员会第五十三次会议审议通过了《最高人民检察院司法解释工作规定》，其第 8 条规定：“省级人民检察院报请最高人民检察院制定司法解释的请示、报告或者建议，应当由本院法律政策研究部门归口办理。在报请最高人民检察院制定司法解释的请示、报告或者建议中，应当载明报请解释的问题、本院检察委员会意见，并附送有关案例和材料。省级以下人民检察院认为需要制定司法解释的，应当层报省级人民检察院，由省级人民检察院审查决定是否向最高人民检察院提出请示、报告或

者建议。”第7条明确规定：“最高人民检察院法律政策研究室是制定司法解释工作的承办部门，最高人民检察院有关业务部门和地方各级人民检察院、专门人民检察院配合最高人民检察院法律政策研究室承办制定司法解释的工作。”可见，检察机关制定司法解释的唯一主体是最高人民检察院。

（二）解释对象特定，即检察工作中具体应用的法律、法令

司法解释的对象指解释时作为目标的事物，即检察工作中具体应用的法律、法令。我国是成文法国家，司法机关的司法依据是现行的制定的法律、法令。各级检察机关在司法实践中履行法律监督职能就是具体应用法律问题，因此，可能对法律作出解释。成文法是有局限性的，“这些局限性是其先天不足，必须经过后天的矫正和弥补，其形式就是司法解释”①。

在我国法令是政权机关颁布的命令、决定、指示等的总称。1981年6月10日全国人民代表大会常务委员会《关于加强法律解释工作的决议》规定，凡属于检察院检察工作中具体应用法律、法令的问题，由最高人民检察院进行解释。该规定将“法令”也纳入司法解释的范围。

在我国长期的封建历史中，统治者主要是以儒家思想统治人民，法治相对较为欠缺，立法也滞后于快速的社会发展。新中国成立以后特别是在党的十一届三中全会后，改革开放的步伐加快，社会对法治的需求更加突出，社会关系需要法治的调节和平衡，而立法却显得缓慢，正是在这样的背景下，改革开放的总设计师邓小平根据当时我国法制刚刚起步、立法工作量很大、经验不足、人手不够等问题，很有见解地提出一系列立法指导思想，如“成熟一条，制定一条”，“粗一点，逐步完善”，“有比没有好，快搞比慢搞好”等法制主张，这完全符合当时时代背景下的实际情况。因此，一些具有法律效力的政策就频频出台，这些政策很大程度上缓解了当时的立法滞后性。在刑事法上还有更为强烈的具有政策性的刑事政策，这些就法律性的“法令”不能直接应用于司法实践，因此需要司法机关在实践中去解释才得以运用。所以，法令也属于司法解释的对象。随着社会的发展，法治的进步，在当下少有法令的出现，司法机关对法令的解释就少见了。

检察机关作为司法机关，在司法程序中起到很大的作用。检察机关是法律

---

① 董皞：《司法解释论》，中国政法大学出版社1999年版，第23页。

监督机关，在民事案件中具有监督权，并且监督权越来越完善和具体，在刑事案件中更加突出，刑事案件的追诉中检察监督发挥很大的作用。检察机关对法律、法令的应用必然涉及解释法律、法令。“检察机关作为法律监督机关，自己不但要明白法律，而且还要正确理解和适用法律，统一对法律条文的理解，更好地把握法律规定的实质，消除分歧。”① 法律的意旨得到统一的执行，正是检察机关维护法制统一职能的重要体现。

第三节　最高人民检察院司法解释的发展及其编纂工作

一、最高人民检察院司法解释的发展

1952 年 10 月 18 日，中央人民政府最高人民检察署《关于处理战犯、汉奸、官僚资本家及反革命分子财产的初步意见》是新中国成立以来人民检察机关出台的第一个司法解释性文件②，这是我国检察机关司法解释的开始。新中国成立初期我国各机构刚刚建立，各自职能及制度尚不完备。那时国家各机构的主要工作任务服务于政治需要，着力于社会主义改造的各项工作，人民检察院的“法律监督”工作主要不是依据法律、法令而是依据党的政策，由于新中国成立之初涉及的经济、民事案件相对较少，因此其工作主要集中在对刑事案件的法律监督上，这些工作也表现在配合当时的“土改”、“三反”、“五反”等群众运动，以保障社会主义改造的顺利进行，总之这一时期的司法解释具有明显的政治性。

1955 年 6 月 23 日，全国人民代表大会常务委员会第十七次会议通过《关于解释法律问题的决议》，规定了最高人民法院的司法解释权，从制度构建上来讲，该决议未规定最高人民检察院司法解释权是一种缺憾。事实上，最高人民检察院也一直在根据检察工作的实际需要制定司法解释行使法律监督的司法职能，全国人民代表大会常务委员会对此也予以默认。这种境况一直持续至全

---

① 杨志宏：《论加强最高人民检察院的司法解释》，载《中国刑事法杂志》1993 年第 4 期。

② 1949 年 9 月 27 日通过的《中央人民政府组织法》规定设立最高人民检察署为检察机关，1954 年《人民检察院组织法》诞生并改“署”为“院”，此后一直沿用人民检察院一词。

国人民代表大会常务委员会《关于加强法律解释工作的决议》的颁布。

1981年6月10日，第五届全国人民代表大会常务委员会第十九次会议通过《关于加强法律解释工作的决议》，决议规定："凡属于检察院检察工作中具体应用法律、法令的问题，由最高人民检察院进行解释。最高人民法院和最高人民检察院的解释如果有原则性的分歧，报请全国人民代表大会常务委员会解释或决定。"决议首次从法律文件上授予最高人民检察院司法解释权，使得最高人民检察院的司法解释名正言顺，从制度上更具合法性。全国人大是国家权力机关，代表民意，依照民意按照法定程序进行立法活动，享有法律解释权，其授权"两高"司法解释权就具有合法性和合理性，因此，该授权的效力等同于法律。

最高人民检察院对司法解释工作一直很重视，自全国人民代表大会常务委员会《关于加强法律解释工作的决议》颁布后，于1996年颁布《最高人民检察院司法解释工作暂行规定》，暂行十年后又在2006年颁布《最高人民检察院司法解释工作规定》来规范其制定的司法解释，使司法解释工作更加规范化。

二、最高人民检察院司法解释的编纂工作

2005年8月，由最高人民检察院研究室负责编辑《中华人民共和国最高人民检察院司法解释全集》，该书收录了新中国成立以来最高人民检察院单独或联合其他机关制定的司法解释和规范性文件共计781件，决定废除140件，其中包括最高人民检察院单独制定的98件，与有关机关联合制定的29件，最高人民检察院在相关文件中予以明确废除的文件13件。2002年2月25日至2012年10月1日，此期间最高人民检察院单独制定司法解释及其文件131件，联合相关机关制定司法解释及其文件80件，共计211件①。截至2012年12月30日，最高人民检察院单独或联合其他单位制定司法解释及司法解释性文件共计712件。其中有关民事的3件，占总司法解释文件的0.4%；有关刑事的705件，占总司法解释文件的99.1%；有关行政的4件，占总司法解释文件的0.5%。单独制定329件，占总司法解释文件的46.2%。上述最高人民检察院司法解释均为最高人民检察院或其内设机构制定，表现形式主要有：意见、解答、通知、规定、若干规定、具体规定、纪要、答复、复函、批复、解释等。

① 中国法律法规检索系统 http://law.npc.gov.cn:87/home/begin1.cbs，2012年9月5日访问。

第二章　法律监督与最高人民检察院司法解释的关系

"法律监督权属于国家权力，来源于国家权力的分配。"[①] 人民检察院是国家的法律监督机关，这是宪法对其职能的定性。我国《刑事诉讼法》、《行政诉讼法》、《民事诉讼法》和《人民检察院组织法》等部门法也对此作了相应的规定。检察机关法律监督权的设置符合我国国情和政治体制，是国家机构权力制衡的体现。依法履行法律监督职能，保证国家法律的统一正确实施是我国各级人民检察院的神圣职责。履行法律监督职能是为了保障国家法律的统一正确实施，而法律的统一正确实施需要司法机关对法律的施行作出一致的、正确的解释。其解释也要依法进行，不得违背法理或偏离立法之精神。最高人民检察院的司法解释权就是在法律监督权域下运行的，并按照宪法的定位履行权力，保障法律统一正确实施。因此，有必要通过对最高人民检察院司法解释历史沿革的梳理，去探讨法律监督与检察权，从而对最高人民检察院司法解释进行定性，厘清最高人民检察院司法解释的权源，并探讨"两高"司法解释的关系，以完善"两高"司法解释在司法实践中的运行。在此基础上进一步探讨最高人民检察院司法解释的理念和原则，并提出自己的见解。最高人民检察院司法解释的定性及其权源、理念和原则等是我们研究司法解释理论、制定司法解释、适用司法解释所必须研究的基本问题。

第一节　我国语境下的法律监督

我们研究问题和思考问题都必须将问题纳入特定语境中，只有这样问题的

---

① 马晓玲、邵琛霞、孙秀娟：《检察机关法律监督的定位与缺失》，载《宁夏社会科学》2012 年第 3 期。

讨论才具有现实意义。当然现实意义是需要我们对其历史事实进行梳理，唯有如此方能全面思考和解决问题，因之结果才倍显真实和现实。因此，任何研究都必须回到现实中来，研究本该源自人类社会的需要。我们研究最高人民检察院的司法解释立足于中国语境，只有立足于中国现实，立足于中国司法现状，方能洞察具体问题，研究其解决方法。

一、新中国法律监督的历史沿革

大凡讨论问题寻根溯源是非常重要的，因为从事物的本源寻起方有利于从历史的、发展的眼光出发去把握事物之规律，通过对其发展足迹的探寻以便对事物将来的发展进行预设。或者说，对事物的研究有赖于对其历史沿革的深入探讨，发展性研究甚为必要。我国《宪法》将检察机关的法律属性定位为法律监督机关，因此，我们在研究检察机关法律监督权时，有必要对其历史沿革进行梳理。

在新中国第一部《宪法》尚未颁布前，关于组建人民检察院及其功能的讨论甚是激烈。时任最高人民检察署副检察长的李六如在1950年1月《检察制度纲要》中认为，苏联检察机关“主要是政府的监督机关”。① 1950年8月6日，李六如副检察长在全国司法工作会议上的报告——《人民检察院任务及工作报告大纲》中指出：“社会主义苏联检察机关的职权是法律监督。”② 在建国时，国家的机构设置几乎是因循苏联模式，再根据国情来设置国家机构，履行其职能。1950年9月4日，在《中共中央关于建立各级政府检察机关的指示》中指出：苏联的检察机关是法律监督机关，对于保障各项法律、法令、政策、决议等的贯彻执行，起了重大作用。③ 在新中国成立之初，我国在国家机构构建模式上选择采用苏联政体式的检察机关职能模式，拟将我国检察机关定性为法律监督机关，行使检察权，这在官方正式文件中多有端倪。

1954年《宪法》第81条规定：“中华人民共和国最高人民检察院对于国务院所属各部门、地方各级国家机关、国家机关工作人员和公民是否遵守法律，行使检察权。地方各级人民检察院和专门人民检察院，依照法律规定的范

① 闵钐：《中国检察史资料选编》，中国检察出版社2008年版，第829页。

② 闵钐：《中国检察史资料选编》，中国检察出版社2008年版，第506页。

③ 中共中央组织部、中共中央党史研究室、中央档案馆：《中国共产党组织史资料》（第九卷）（1949.10—1966.5），中共党史出版社2000年版，第31～32页。

围行使检察权。”该条首次在宪法的层面对我国检察机关的法律职能进行定性，检察权的内容即是围绕前述诸主体是否遵守法律行使检察权。

慢慢地，检察机关的职能随着国家工作重心的转移和时势需要发生了一些变化。检察机关被视为一种专政工具，在以“阶级斗争”为纲的时代，更显突出，国家的正式文件中也常常将检察机关的职能当成专政的武器。中共1958年10月17日在《中共中央对最高人民法院、最高人民检察院党组关于司法、检察会议的报告和务虚报告、公安部党组关于公安会议的报告和罗瑞卿同志在公安会议上的发言的批示》的附件一《关于召开第四次全国检察工作会议向中央的报告》中指出：“第一，我国的检察机关是无产阶级专政的武器，它通过审查批捕、审查起诉、出庭公诉、劳改检察、社改检察等法律监督职能，镇压敌人、惩治犯罪，从法律上保证对敌斗争的正确进行，同时，它应当保持‘一般监督’的武器，备而待用，以维护国家法律的统一。因此，我国的检察机关是专政机关，又具有法律监督职能，这种监督是专政前提下的监督，又是为专政服务的。专政和监督两者是统一的。”从这份文件可以看出，检察机关“维护国家法律的统一”的职能在文件中被明确为“‘一般监督’的武器，备而待用”。检察机关的职能已被当时的政治需要所篡改，成为阶级斗争的武器。

1963年8月26日最高人民检察院《关于审查批捕、审查起诉、出庭公诉工作的试行规定（修改稿）》第1条规定：“各级人民检察院必须按照人民检察院组织法的规定，认真做好审查批捕、审查起诉、出庭公诉工作，并通过这些职权的行使，对公安机关的侦查活动和人民法院的审判活动是否合法实行法律监督……”1954年《宪法》颁布以后，人民检察院履行国家机构职能、行使检察权是通过法律监督的方式进行的，这从最高人民检察院的一些文件可窥见一斑。

1975年《宪法》第25条第2款规定了检察机关的职能由公安机关代为行使，检察机关在宪法中“消失”，第3款还规定检察工作必须走群众路线，要求发动群众讨论和批判重大反革命案件。① 在1966年5月至1976年10月被称为“十年浩劫”的文化大革命的背景下，公、检、法曾一度被取消，公安、法院的政治遇境都稍强于检察院，作为一个国家法律监督机关，居然被“运动”所取消。可见，那个年代的法制环境是多么的不堪，更奢谈法治了。法律监督部门的职能被一个极具“暴力色彩”的行政机构所取代，这种取代还以《宪法》形式加以固化，这是对几千年来中华法律文化的抛弃和新中国成立以来至“文化大革命”前法制建设成就的否定。这十年的“运动”不知使我国法律制度建设倒退多少年，在这期间法制在探索前进中遭到严重的挫折。

“文化大革命”结束后，党和国家领导人遂意识到应当通过立法创设法律以规范社会诚为必要。紧接着，1978年《宪法》出台，其第43条第1款规定：“最高人民检察院对于国务院所属各部门、地方各级国家机关、国家机关工作人员和公民是否遵守宪法和法律，行使检察权。地方各级人民检察院和专门人民检察院，依照法律规定的范围行使检察权。人民检察院的组织由法律规定。”1978年《宪法》重新对人民检察院的职能进行定性，但与1954年《宪法》对检察机关的职能的法律定性没有太大变化；该法还规定各级人民检察院之间是上下级监督关系，各级检察机关对本级人民代表大会负责。

1978年，在总结我国社会主义建设历史的方方面面经验的基础上，党确立“有法可依，有法必依，执法必严，违法必究”的十六字社会主义法制建设的基本方针。1979年6月，改革开放的总设计师邓小平提出：“为了保障人民民主，必须加强法制。必须使民主制度化、法律化，使这种制度和法律不因领导人的改变而改变，不因领导人的看法和注意力的改变而改变。”该思想为1982《宪法》的制定奠定了坚实的基础。

1978年12月18日至22日，中共十一届三中全会在北京胜利召开。大会决定在党的生活和国家政治生活中加强民主建设。在这次全会的指引下，全国人民从“以阶级斗争为纲”的政治运动迅速转向生产建设，全面迈向加强民主和社会现代化建设的新路径。在此环境下，社会亟须法律对国家各项事务进

① 1975年《宪法》第25条规定：“最高人民法院、地方各级人民法院和专门人民法院行使审判权。各级人民法院对本级人民代表大会和它的常设机关负责并报告工作。各级人民法院院长由本级人民代表大会的常设机关任免。检察机关的职权由各级公安机关行使。检察和审理案件，都必须实行群众路线。对于重大的反革命刑事案件，要发动群众讨论和批判。”

行管理，唯有如此才能巩固发展成果，推动社会进步，维护社会秩序。1982年，我国的第四部《宪法》颁布了，该法第129条规定："中华人民共和国人民检察院是国家的法律监督机关。"以单独一条来对检察机关进行职能定性，将检察机关定性为"法律监督机关"，这是以国家根本法的形式对检察机关进行明确定性。

通过新中国成立以来四部《宪法》的历程演进我们可以看出，从1954年《宪法》规定的"行使检察权"到1975年《宪法》将"检察权"交由公安代为行使，再到1978年《宪法》重新恢复检察机关的"检察权"，再到1982年《宪法》首次将检察机关的宪法职能由"行使检察权"改为"法律监督权"，历经四次艰难发展才最终确定为现行《宪法》所界定的"法律监督权"。检察机关的"法律监督权"是符合我国政治体制和基本国情的，在国家机构职能中担当起重要的作用，为"依法治国，建设社会主义法治国家"担当起重要角色。

二、法律监督的概念

关于法律监督，有学者认为，"一个国家的法制包括立法、执法和守法三个环节，只有同时对这三个环节进行监督，才能称得上法律监督"。① 在西方法律中不存在"法律监督"这一概念，《牛津法律指南》（The Oxford Companion to Law）、《布莱克法律词典》（Black's Law Dictionary）和《布莱克维尔政治学百科全书》（The Blackwell Encyclopaedia of Political）等法学工具书中，都没有"法律监督"这一词汇。在现代汉语中，"法律"一词是作名词来用，而"监督"很多时候是作动词使用。两词合成"法律监督"，有人就将其片面地理解为"监督法律"或"用法律来监督"，其实这都是很不全面的，甚至是错误的、想当然的观点，法律监督在我国有其特定含义。

如前所述，自新中国成立以来，我国检察机关的职能经过四部《宪法》定位，最终将人民检察院的国家职能定性为"法律监督机关"。监督（supervise）在现代社会生活中较常用，特别是一些官方语言中最为常见，如十五大

① 汤志勇：《论检察监督与司法公正的相洽互适性》，载孙谦、张智辉主编：《检察论丛》（第5卷），法律出版社2002年版，第48页。

报告中提出，要“把党内监督、法律监督、群众监督结合起来”。[①] 在十六大报告的第五部分中“监督”一词就出现了17次。“监督”一词频频出现在高层声音、官方语境中倍显其在国家管理中的重要性。“监督”一词在我国古已有之，但在古代较常用于军事方面，如《后汉书·荀彧传》：“古之遣将，上设监督之重，下建副二之任。”《文选·沉约〈齐故安陆昭王碑文〉》：“军麾命服之序，监督方部之数，斯固国史之所详，今可得而略也”，这里即为督察军事之意。还有用于指称官名，如清代设十三仓监督。还有就是监察督促之意，如《周礼·地官·乡师》“大丧用役则帅其民而至，遂治之”。汉郑玄注：“治谓监督其事。”也有人认为“监督”是外来词，源自于日本，为导演的意思。“监督”一词在现代汉语中主要是监视、督促和管理，即通过监视、督促和管理达到某种预想的目的，主要有四种用法：（1）地位不平等的上级对下级的监督管理；（2）身份平等之间的监督；（3）地位不平等的，下级对上级的监督；（4）外界的监督。[②] “监督”的目的就是达到一种预期的状态。这就出现了三种不同的主体间的监督关系，即上级对下级的监督，主要体现出一种管理、一种纪律、一种行政的管理；平等主体间的监督，主要体现在相互制衡、相互制约的功能上；下级对上级的监督，主要体现于积极主动的提请、提示注意等，如公众对政府的监督。

对于“法律监督”一词，我们不能仅仅从字面意义上将其理解为“监督法律”、“通过法律去监督”、“用法律去监督”、“法律的监督”等，这些都是不全面的或不正确的理解。其实“法律监督”一词是一个专业的国家机构职能词汇，是对我国检察机关和检察权的定位和属性的界定。在法学著作和法学词典中，专家学者们在论及一个概念时常常习惯于作广义和狭义的概念区分，对于“法律监督”一词也不例外。广义的法律监督是指国家机关、社会组织、社会团体和公民依法对国家的立法、行政、执法、司法和守法进行监督和督促的活动。这是一个很宽泛的监督概念，指由不同主体监督另外不同主体的行为以达到规范效果。狭义的法律监督则是指特定机关经过国家法律的授权和法定程序，督察或督促或检察纠正严重违反国家法律的行为的专门活动。就我国具

① 江泽民：《高举邓小平理论伟大旗帜，把建设有中国特色社会主义事业全面推向二十一世纪》（1997年9月12日），载《中国共产党第十五次全国代表大会文件汇编》，人民出版社1997年版，第35页。

② 参见张智辉：《法律监督三辨析》，载《中国法学》2003年第5期。

体语境而言，也有学者对法律监督定义作出不同的论述。比如“所谓法律监督，是指对于国家的宪法、法律能否得到正确的理解与实施所进行的规范性、制约性监督。”① 又如有学者认为，在我国，“法律监督特指人民检察院依据宪法和法律所进行的监督，也就是检察监督，因为宪法规定，人民检察院是国家的法律监督机关。”② 对于法律监督一词，笔者比较赞同张智辉教授对“法律监督”的定义。他认为，“法律监督是指专门的国家机关根据法律的授权，运用法律规定的手段对法律实施情况进行监察、督促并能产生法定效力的专门活动。”③ 这是法律监督的普适定义，再结合我国法律对检察机关法律监督的定义，笔者认同张智辉教授的观点，他指出，我国的法律监督“特指人民检察院通过运用法律赋予的职务犯罪侦查权、公诉权和诉讼监督权，追诉犯罪和纠正法律适用中的违法行为，保障国家法律在全国范围内统一正确实施的专门工作。”④ 笔者认为，张智辉教授对我国法律监督的定义是符合我国语境的，应得到普遍认同。

在国家权力运行机制中需要不同的监督机制，法律监督有别于其他类别的监督，如党的监督、人民监督、媒体监督、民主监督等，法律监督有其特殊的功能和使命。笔者认为，我国检察机关的法律监督具有下列特征：

其一，法律监督主体只有一个，即人民检察院。我国监督机制中，监督主体十分广泛，国家机关、社会组织、人民团体和公民个体均可成为监督主体，对任何组织及其个人的违法违纪行为均可提出建议或批评等。但产生司法效力的法律监督机关只有人民检察院，人民检察院可以依据法律规定按照法律程序行使侦查、追诉和纠正违反司法的严重行为。法治建设需要特定的机关依据法律规定享有法律监督权行使法律监督职能才能产生法律效果，这样才能保证法律的权威性和严肃性，从而提高法律的公信力。有学者认为，人大监督也属于法律监督，这种观点严重混淆了检察机关的职能和人大的职能。我国法律规定中，没有哪一条法律将各级人民代表大会的监督定性为法律监督。在我国，人大是权力机关，其他机关由它产生、受它监督。这里的监督主要包括：

---

① 梁玉霞、沈志民：《走向公平正义——浅谈法律监督的意义与局限性》，载《广州大学学报（社会科学版）》2006 年第 1 期。

② 梁玉霞、沈志民：《走向公平正义——浅谈法律监督的意义与局限性》，载《广州大学学报（社会科学版）》2006 年第 1 期。

③ 张智辉：《法律监督三辨析》，载《中国法学》2003 年第 5 期。

④ 张智辉：《“法律监督”辨析》，载《人民检察》2000 年第 5 期。

(1) 人事监督，即通过选举、任命、决定、罢免等权力行使考察、考核国家机关、审判机关和检察机关的负责人及其工作人员的任职资格和履职情况；(2) 工作监督，即通过每年的会议审议和听取并讨论“一府两院”的工作；(3) 权限监督，即通过代表民意的立法权规定限制各机关的职权职责；(4) 质询监督，即通过对具体事项的议题或议案或提案的质询，监督“一府两院”执行宪法和法律的事项；(5) 财政监督，即通过会议审议或批准国家预决算，决定国家财政的供给并监督其使用情况。可见人大监督不是法律监督。

其二，我国检察机关法律监督方式是检察权的行使，有别于其他机关和团体或公民个人对法律遵守和实施的监督。其他机关和团体或公民个人对法律实施的监督是法律规定的权利或权力，如《宪法》规定的批评或建议权，法律规定的检举权、举报权等具有监督属性的权力。这些权力的行使不是行使检察权。法律规定检察机关法律监督职权的同时也赋予了检察机关特殊的监督手段和方式，主要有：对职务犯罪进行侦查管辖，对公安机关管辖案件的立案侦查管辖及其侦查活动进行监督，对逮捕实行监督，并对法院的公诉活动进行监督，对人民法院的错误判决进行抗诉监督等。这些是法律赋予检察机关的法律监督权，其他机构和个人均不享有该项职能和职权。

其三，在监督内容上，人民检察院的监督是依据法律规定并限于对国家工作人员职务活动中触犯法律的行为进行立案、侦查和提起公诉，对守法的监督只限于当事人严重违反法律构成犯罪时对其行为的追诉，对法律的施行只限于确有错误的判决和裁定。检察机关的监督内容必须是在法律规定的范围内进行，而不得超出该范围，法律没有明确规定监督的范围，检察机关不能行使其监督职权。

其四，法律监督方式由法律规定，法律监督机关不能任意选择监督方式，只能依据法律在法律规定的监督范围内进行监督，具有较强的严肃性。在我国，人民检察院法律监督方式主要有：(1) 通过对职务犯罪的侦查管辖督促国家机关工作人员严格依法履行法定职责；(2) 通过对严重违反法律的犯罪行为行使追诉权，维护正义，督促全体公民遵守法律，维护社会正常秩序；(3) 法律监督机关参与诉讼中，并对诉讼中违法行为予以纠正，维护法律适用的正确性和合法性；(4) 对确有错误的判决、裁定进行抗诉，维护司法公正、维护司法权威和增进司法公信力。

我国检察机关是专门的法律监督机关，是符合我国国情和政治体制需要的法律监督机关。法律监督是通过对严重违反法律的行为和法律适用中违反法律规定的行为提出纠正来保障法律的统一正确实施。可见，法律监督是由国家法律规定的，有其具体的监督范围，而不是无限制或无边域的监督，是受国家权力分配严格限制的法律监督。

三、法律监督与检察权的关系

现代意义上的检察制度，起源于13世纪的法国，但对于我国的检察制度来讲，有其本土资源。我国两千多年的封建文化制度中的御史制度为我国检察制度奠定了坚实的基础。从秦代开始，御史制度在封建皇权中起到很重要的作用，备受皇权青睐。御史制度在皇权维护上发挥了极大的作用，“并从在战国时代负责图书秘籍和记录帝王言行的御史，改为负责纠察弹劾官吏的御史大夫，执行行政监察和司法弹劾的双重职责，以维护封建的法制。”① 御史制度在不同的朝代肩负不完全相同的职能。监察御史官员要负责监察百官的行为，并采取纳谏、巡察、参审、议政和弹劾官员等形式来检察、督促活动。孙中山先生吸取我国古代的御史制度和西方权力分权与制衡的思想，提出了“五权宪法”思想，主张设立纠察违法与纠举犯罪于一身的监察制度。

在国外，早在古希腊时期，思想家柏拉图就在其《法律篇》中强调国家是需要“法律维护者”。他在论及理想和法治的关系时说，“你们必须指派一个官员，他要有极锐的目光去监督规则的遵守情况，这样，各种各样的犯法行为都会引起他的注意，而犯法者受到法律及神的惩罚。”② 在国家权力结构中历来就有监督机构，在民主法治的社会国家结构中更需要法律监督机构，只是不同社会和国家中监督机构的名称及其运作方式不同。我国的法律监督机关是在继承、扬弃及发展检察制度的基础上，逐步确立检察机关为法律监督机关。

关于检察权的性质有多种学说，但是主要有下列几种主流学说：

第一种学说认为检察权是行政权。在持该观点的学者和专家看来，因为检察机关的侦查权具有行政权性质，检察机关的领导体制属于一体化领导体制。另外，就是西方的检察权属于行政权之一，在西方检察制度中，检察官很大程度上属于行政部门派往各级法院的代理人，代行提起公诉之职能。还有种观点认为检察机关主要履行公诉权，以公诉为基本职权和终极目标的检察权当属于

① 李仕英主编：《当代中国的检察制度》，中国社会科学出版社1987年版，第5页。

② ［古希腊］柏拉图：《法律篇》，何勤华译，上海人民出版社2001年版，第152页。

行政权。笔者认为，该种观点是没有看清我国检察机关的属性，未结合我国的具体制度来认识我国检察机关的检察权。

第二种学说认为检察权是司法权。在他们看来，司法权是裁判权。检察机关对侦查、公诉及其他诉讼活动进行监督，是检察机关依法主动积极追诉犯罪、完成诉讼各个环节的诉讼活动，就此将检察机关的检察权定性为司法权。这有些片面，根据我国法律规定检察机关的性质属于司法机关，但是该司法机关属性是有别于西方所定位的司法机关。在我国政治体制和国家权力制衡构建中，检察机关有其特定司法机关的属性。

第三种学说认为检察权是一种独特的权力，它兼具有司法权和行政权的特点。对于该权力中是司法权力还是行政权力占主导地位无法确定，“因此，这种权力的属性应在传统的三权之外来判断”。①

第四种学说认为检察权的某些方面表现出司法属性，在某些方面表现出行政属性，但是其本质是法律监督权。② 张智辉教授则认为，“检察权是一种实存的权力。在国家权力分类中，它要么属于这种权力或那种权力，要么作为一种独立的权力存在，不可能既属于此种权力又属于彼种权力。”③ 这种观点认为权力的划分不应当局限于传统的“三权分立”的学说，在三权之外理应存在其他权力的划分。“检察权的本质属于法律监督权而不是行政权、司法权或者其他性质的权力。”④ 支持该观点的学者认为，不应当将检察权划分为司法权或行政权，应当结合我国政治体制中的人民代表大会制度去研究、定位检察权。

在认为检察权是法律监督权的观点中又可分为两种不同的观点。一种观点认为我国的法律监督是很宽泛的概念，检察机关的法律监督只是其中之一，还存在其他的法律监督，诸如人大的监督、其他国家机关的监督等。另一种观点认为法律监督与检察权是一种事物的两种不同的命题。只是因具体提及的语境不同而有所区别。“当我们在提及法律监督权的时候，强调的是它的性质和功能；当我们提及检察权的时候，强调的是它的具体权能和实际行使。”⑤

---

① 林钰雄：《检察官论》，学林出版社 1999 年版，第 15～17 页。

② 韩成军：《检察权基本理论研究综述》，载《河南社会科学》2010 年第 2 期。

③ 张智辉：《检察权研究》，中国检察出版社 2007 年版，第 21 页。

④ 叶建丰：《法律监督权：检察权的合理定位》，载《河北法学》2004 年第 3 期。

⑤ 韩成军：《检察权基本理论研究综述》，载《河南社会科学》2010 年第 2 期。

检察权是检察机关依据宪法所享有及履行的职权，检察机关的法律监督性质决定了检察权的法律监督属性。检察机关行使检察权监督法律的执行和遵守，维护我国法律的统一正确实施。我国的政权体制不同于西方一些国家的“三权分立”制度，我国是人民代表大会制度下的“一府两院”制。在国家权力运行中必须要有一个机构来监督法律的实施，才不至于使国家权力在运行中偏离法治的轨道，进而保证社会安定有序、健康发展。把检察机关作为国家法律监督机关有其合理性，它深深根植于中国的特殊国情，是建设有中国特色社会主义法治国家的客观要求和理性选择。① 因此，检察机关作为国家的法律监督机关具有价值合理性、现实必要性和历史必然性。②

我国宪法经过四次修改，并最终确定检察机关是“国家的法律监督机关”，这一界定已经基本定型。《人民检察院组织法》第 5 条规定了各级人民检察院行使的职权有五种：（1）对于叛国案、分裂国家案以及严重破坏国家的政策、法律、法令、政令统一实施的重大犯罪案件，行使检察权。（2）对于直接受理的刑事案件，进行侦查。（3）对于公安机关侦查的案件，进行审查，决定是否逮捕、起诉或者免予起诉；对于公安机关的侦查活动是否合法，实行监督。（4）对于刑事案件提起公诉，支持公诉；对于人民法院的审判活动是否合法，实行监督。（5）对于刑事案件判决、裁定的执行和监狱、看守所、劳动改造机关的活动是否合法，实行监督。

《人民检察院组织法》第 5 条对检察机关的职能进行了概括式例举。从概括的上述职能可知，我国检察机关的权能是职务犯罪侦查权、侦查监督权、公诉权、审判监督权和执行监督权，检察机关通过行使法律监督追诉犯罪和纠正法律在适用中的违法行为，以保证法律在全国范围内统一正确实施。由此可知，“检察权与法律监督权应是同一位阶的概念，检察权不是下位概念，在同一位阶中，二者的含义同一，而非各自另有定义的概念。”③ 因此，检察权是法律监督的表现形式，法律监督是检察权的实质内核。将检察机关的性质定位为法律监督权具有科学性，而且充分体现了它的合理性和正当性。在“依法

---

① 陈卫东：《我国检察权的反思与重构——以公诉权为核心的分析》，载《法学研究》2002 年第 2 期。

② 张智辉：《检察权研究》，中国检察出版社 2007 年版，第 22～43 页。

③ 石少侠：《论我国检察权的性质——定位于法律监督权的检察权》，载《法制与社会发展》2005 年第 3 期。

治国，建设社会主义法治国家”的法治进程中，检察机关必须充分发挥法律监督职能，维护社会公平正义。

第二节 法律监督中的司法解释权

最高人民检察院是法定的法律监督机关，法律监督机关有没有司法解释权？最高人民检察院的司法解释是否入侵了最高人民法院的司法解释权？“两高”司法解释有何关系？笔者认为，最高人民检察院的法律监督权是为了法制统一、正确适用而进行监督守法、执法、司法，有其合法性和正当性。

一、法制的统一：法律监督中的司法解释权

我国《宪法》第129条、《人民检察院组织法》第1条均规定：“中华人民共和国人民检察院是国家的法律监督机关。”这是以国家根本法和宪法性文件规定了我国检察机关的性质。

关于法律解释权的归属问题，我国历次《宪法》均有相关法条予以规定：

1954年《宪法》第31条规定：“全国人民代表大会常务委员会行使下列职权：（一）主持全国人民代表大会代表的选举；（二）召集全国人民代表大会会议；（三）解释法律；……”

1975年《宪法》第18条规定：“全国人民代表大会常务委员会是全国人民代表大会的常设机关。它的职权是：召集全国人民代表大会会议，解释法律，制定法令，派遣和召回驻外全权代表，接受外国使节，批准和废除同外国缔结的条约，以及全国人民代表大会授予的其他职权。”

1978年《宪法》第25条规定：“全国人民代表大会常务委员会行使下列职权：（一）主持全国人民代表大会代表的选举；（二）召集全国人民代表大会会议；（三）解释宪法和法律，制定法令；……”

1982年《宪法》第67条规定：“全国人民代表大会常务委员会行使下列职权：（一）解释宪法，监督宪法的实施；（二）制定和修改除应当由全国人民代表大会制定的法律以外的其他法律；（三）在全国人民代表大会闭会期间，对全国人民代表大会制定的法律进行部分补充和修改，但是不得同该法律的基本原则相抵触；（四）解释法律；……”

综上可知，我国历次《宪法》均规定了法律的解释权属于全国人民代表大会常务委员会享有，其他机关不能行使该权力。全国人民代表大会常务委员

会是全国人民代表大会的常设机关。它在全国人民代表大会闭会期间，行使最高国家权力，受全国人民代表大会监督，并对全国人民代表大会负责并报告工作。全国人民代表大会常务委员会内设有法律委员会和全国人大常委会法制工作委员会。这两个内设机构有不同的职能，依据全国人民代表大会常务委员会内设机构的分工，可知全国人大常委会法制工作委员会的职能主要是受委员长会议委托从事立法、修法、废止法律、立法解释、备案审查和制度建设等多个方面。因此，法律解释工作具体由全国人大常委会法制工作委员会负责。

对于全国人民代表大会常务委员会的法律解释权，笔者认为应当是立法解释权，它是重新制定法律的解释，不同于司法机关在司法运行中就法律的具体适用进行的解释。

2000 年 7 月 1 日起施行的《立法法》第 42 条规定："法律解释权属于全国人民代表大会常务委员会。法律有以下情况之一的，由全国人民代表大会常务委员会解释：（一）法律的规定需要进一步明确具体含义的；（二）法律制定后出现新的情况，需要明确适用法律依据的。"可见《立法法》再次对法律的解释权授予机关予以明确。

司法是或主要是同立法行为、行政行为相区别的检察、审判行为。① 司法工作是具体适用法律的过程，法律是否符合社会现实的需要、司法工作人员是否正确统一适用法律、立法原旨是否真正应用于司法实践等，都需要在司法实践中体现。制定的法律要想很完美地适用于实践，需要司法机关及其工作人员正确理解法律并作出解释。解释法律是一件很严肃的事情，尤其是国家机关的有权解释，要使法律的解释得到普遍遵守，它必须代表民意，而人民将权力赋予国家权力机关来行使。根据《宪法》规定，法律解释权归于全国人民代表大会常务委员会，可是全国人民代表大会常务委员会并非司法机关，不具体办理案件，对于制定的法律在适用中需要解释的问题，当然只有司法机关及其工作人员知道如何解释才能更加促进其完善。

《宪法》规定法律的解释权属于全国人民代表大会常务委员会，具体的法律解释工作由其内设机构全国人大常委会法制工作委员会负责，这就出现了一个工作脱节现状，即有权解释法律的不用解释法律，不具体接触法律的适用，法律适用者无法律解释权。在司法实践中，"两高"已经在司法工作中制定司

---

① 郭道晖：《法理学精义》，湖南人民出版社 2005 年版，第 320 页。

法解释，并应用于司法实践，其制定的司法解释的效力得到全国人民代表大会常务委员会的默认，只是没有全国人民代表大会常务委员会的书面授权。“两高”和全国人民代表大会常务委员会均已认识到，该困境制约司法工作，影响司法机关的司法活动，于是“两高”是否享有司法解释权便进入讨论。直到1979年颁布的《人民法院组织法》第33条规定：“最高人民法院对于在审判过程中如何具体应用法律、法令的问题，进行解释。”这是从法律上第一次赋予审判机关司法解释权。

可是在检察司法层面上，《人民检察院组织法》经过几次修正至今仍没有将人民检察院司法解释权纳入该法律中予以确认。在1981年6月10日，全国人民代表大会常务委员会作出《关于加强法律解释工作的决议》，该《决议》规定：“凡属于检察院检察工作中具体应用法律、法令的问题，由最高人民检察院进行解释。”这是全国人民代表大会常务委员会正式通过决议的方式授权“两高”司法解释权。如此才使“两高”司法解释具有合法性依据。最高人民检察院对司法解释工作十分重视，自《关于加强法律解释工作的决议》出台以来，在1996年12月9日最高人民检察院制定《最高人民检察院司法解释工作暂行规定》，来规范高检院司法解释。该暂行规定实施十年后，最高人民检察院在总结检察机关司法实践经验和存在的问题后，决定予以修正。

2006年5月10日，最高人民检察院制定《最高人民检察院司法解释工作规定》，这次修正将“暂行规定”改为“规定”不再“暂行”了。从标题可见，本次修正是较为完善的，是根据检察机关司法解释的经验和存在的问题，提出解决问题的措施，进而制定该规定。

司法解释的主体只能是司法机关。在我国政治体系下，只有人民法院和人民检察院是国家司法机关，其他机关不具有司法属性，不是司法机关。最高人民检察院在具体应用法律、法令的检察工作中解释法律，使法律更加有利于在检察系统内正确实施，维护法律的统一正确适用，“法律监督的目的就是保证法律的统一有效实施”。① 最高人民检察院在法律规定的法律监督权限内，将自己的法律监督权细化为23项，其中第14项规定“对于检察工作中具体应用法律的问题进行司法解释。”② 同时，也更加能对公安等侦查机关的侦查活动

---

① 石茂生：《论检察权的宪政地位》，载《郑州大学学报（哲学社会科学版）》2008年第2期。

② 参见最高人民检察院网 http：//www.spp.gov.cn/。

和法院的审判活动进行法律适用的监督。

西方国家的司法解释权通常统一于最高法院。究其原因，是因为西方的政治体制中，法院是审判机关，检察机关往往作为行政机关代替国家进行追诉，其在本质上不同于我国的检察机关的性质。我国检察机关是法律监督机关，行使检察权维护法律的统一实施，因此，理应具有司法解释权。在笔者看来，最高人民检察院司法解释由两个部分组成：一是行使侦查权时所作出的司法解释；二是监督司法活动中所作出的司法解释。这两个部分构成最高人民检察院司法解释的全部内容。

有学者认为，从法制统一的角度来看，将司法解释权统一于审判机关是世界的通行做法，人民检察院是法律监督机关，既是法律监督机关又负责解释法律，无疑是自己监督自己，极可能导致监督流于形式，无法发挥监督职能。再者，“两高”同时享有司法解释权，无疑是检察权对审判权的“入侵”，导致政出多门，出现施法混乱局面。在笔者看来，该观点根本没有认识到在我国检察机关是维护法制统一的职能机关。我们不能以国外的做法来要求和衡量自己，这根本是忽略了我国体制的基础前提去探讨问题，政出多门的现象是缺乏统一协作或监督规范的机制所致，是可以用制度来解决的。在检察机关行使法律监督权过程中，需要适用法律办理案件，在办理案件过程中，需要检察机关或检察官将目光在案件事实与法律之间往返，以至于找到适用案件的法律，“在将某个事实归入法律规范之前，必须首先对规范进行解释：即使从严格的逻辑角度来看，这种归入是可能的，也必须首先进行解释。”① 因此，检察工作是需要对法律进行解释，才能使案件与法律规范间无迹地契合。“司法解释与法律相比，它更为接近司法实践，为检察机关办理案件提供了更为直接、具体的依据。”② 最高人民检察院司法解释在检察一体化体制下，对指导当前检察司法工作起到很大的作用，为检察系统统一适用法律提供很好的现实条件。

在肯定最高人民检察院司法解释权的正当性地位后，有学者提出最高人民检察院的司法解释应当限定于刑事方面和部分刑事诉讼程序方面的解释。对此笔者认为，最高人民检察院的司法解释权限应当且限定于最高人民检察院的职

① ［德］卡尔·拉伦茨：《德国民法通论》，谢怀栻、邵建东等译，法律出版社2004年版，第100页。

② 杨志宏：《论加强最高人民检察院的司法解释》，载《检察理论研究》1993年第4期。

能范围，凡是在最高人民检察院职能范围内的法律监督事项，就认为最高人民检察院对此享有司法解释权。这个问题将在后文“两高”司法解释的关系中予以讨论，此处不再展开。

二、法律解释与最高人民检察院司法解释

在思考法律解释的时候，首先要明白另一个极易与之相互混淆的词汇，即“理解”。什么是理解呢？“理解”是主体对客体的认识，是主体对客体本质属性的一个较为客观的把握。“理解”是对事物由不知到知之的过程。它是一个内在的，无须表现和展示出的一种心知状态。“解释”则是在观察事物的基础上再进行思考，合理、全面地说明事物本质原因及事物之间的联系的行为，或对事物发展根本规律等的认识作出说明。“解释”往往是将自己“心知”的事物本质展现出来，让别人知晓以示正确性。正如郭道晖教授所言：“解释是人类认识事物的一种过程和方法。”① 因此，“解释”往往需要展示出来，而“理解”却是一种内化无展示的状态。

关于“法律解释”，学者在讨论的时候往往将其概念作广义和狭义之分。广义的“法律解释”是指有关国家机关、组织团体或公民个人，为了适用和遵守法律规范，根据有关法律规定，结合法律精神，应用法律原则、根据法治理念或自己的理解，对现行法律规范或法律条文的内容、含义以及所使用的概念、术语等所作的说明。之所以说它是广义的解释，是因为解释主体具有广泛性、解释方法显示多样性、解释对象具有多重性。它不特指特定国家机关的专门活动。

狭义的“法律解释”，“特指有权的国家机关依据一定的标准和原则，依据法定的权限和程序，对法律的字义和目的所进行的阐释。”② 这个概念的定义是相对于广义含义而言的，是特定机关作出的解释，解释主体具有法定性。在我国司法解释体制中，法律规定解释主体是全国人民代表大会常务委员会，但是鉴于全国人民代表大会常务委员会的业务与司法实践业务的脱节，全国人民代表大会常务委员会根据实际情况将法律解释权授予“两高”。“两高”在自己的职能范围内对具体应用法律问题进行解释，全国人民代表大会常务委员会的授权形成了我国司法解释的二元体制模式。“两高”在各自的司法职能范

① 郭道晖：《法理学精义》，湖南人民出版社2005年版，第320页。

② 孙国华、朱景文主编：《法理学》，中国人民大学出版社1999年版，第336页。

围内，对具体应用法律予以解释，如“情节严重”、“数额巨大”、“近亲属”、“以上”等。“两高”的解释均应立足于自己的职权范围，不得越权解释，更多的还需要协同解释，共同联合解释。

司法解释其实不仅仅是现代法治社会的新问题，古已有之。1975 年 12 月在湖北省云梦县睡虎地出土的《法律答问》就是以问答的形式对秦律某些条文的精神实质和其中的名词术语所进行的解释。在永徽三年当时的中央与地方对法律条文理解不一致，导致适用出现不同标准，唐高宗下令召集律学通才和一些重要臣僚对《永徽律》逐条逐句作解释，以期待统一的解释得以适用。历时一年多时间，撰《律疏》30 卷奏上，与《永徽律》合编在一起，在永徽四年十月经高宗批准，将疏议分附于律文之后颁布施行，称为《永徽律疏》。到元代后，人们以疏文皆以“议律”字始，所以被称为《唐律疏议》。因疏议对全篇律文作出权威性的统一法律解释，给当时司法审判实践带来便利，以至《旧唐书·刑法志》说当时的“断狱者，皆引疏分析之”。

可见当时的法律解释就引起官方足够的重视，为了得到统一的适用，皇帝亲自下令对法律作出统一的解释来适用于具体案件。法律解释对于司法实践是非常重要的。从某种意义上讲，没有对法律条文的解释就没有法律条文的适用。“法律解释的基本含义是在现有法律的范围内把不清楚的法律讲清楚，解释的视野被严格限定在法律上，对解释的结果的合理性、合法性不允许任意发挥。”① 法律解释的目的就是使法律更好、统一地适用于司法。

法律解释在西方也是很早就被重视的。早在古罗马时期，一些法律职业人士或集团为了给市民提供法律服务，就进行法理解释活动。在那个时代一些权威人士对法律的解释还被看作重要的法律渊源之一。在中世纪时期，法律解释甚为发达，法学解释者对《罗马法大全》进行解释，在意大利还形成不同的法律解释派别，其中最为重要的是注释法学派和注解法学派。在 11 世纪末 12 世纪初，《罗马法大全》在意大利波伦亚被发现，法学家们开始认真研读，力求对此作出详尽的解释。由于历史的久远，罗马法的内容已不再符合当时的社会事实，法学家们用了大量的注释来解释，这就形成了法学解释的一个派别，即注释法学派。注释法学派是以宗教与神学相结合的经院哲学为方法论进行注释法律的，将《罗马法》分为五个部分进行注释。在 13 世纪中期至 16 世纪

① 陈金钊、焦宝乾、桑本谦、吴丙新、杨建军：《法律解释学》，中国政法大学出版社 2006 年版，第 7 页。

初，罗马法学者对《罗马法》进行注解，因此，在这一阶段罗马法的学者们研究成果主要是以注解形式出现，因此，被称为注解法学派。注解法学派采用辩证的方法解决法律实务问题，在解释条文方面存在很大的弹性，以此适用在新的实践。

广义的法律解释可以根据不同的标准进行分类。通常有如下几种划分：

其一，依据解释主体和产生的法律效力划分，可分为正式解释和非正式解释。正式解释又被称为“法定解释”或“官方解释”或“有权解释”，是指获得授权的国家机关在其授权范围内对法律文本作出具有普遍法律效力的解释。其中正式解释又区分为立法解释、行政解释和司法解释。在我国法律解释体系中，最高人民检察院属于国家司法机关，因此，最高人民检察院的司法解释属于正式解释中的司法解释。非正式解释也称为无权解释，是指未经授权的国家机关、社会团体和公民个人对法律规范所作出的没有约束力的解释。该类解释又可细分为任意解释和学理解释。任意解释是指公民、当事人、辩护人等个体对法律所作出的解释，没有任何法律约束效力。严格来讲，这只是个体对法律的理解，而不属于法律解释。但是这些个体在司法实践中可能通过自己对法律所谓的“法律解释”影响司法行为。学理解释是指学术研究机构或团体或个人对法律规范所作的解释。由于该类解释属于非法定机构所作出的解释，因此没有法律效力。但是，该类解释在各国法制建设上曾起到积极的作用，一般来说该类解释出于专家、学者之手，因此具有很高的理论性、实用性、系统性等特点，它们常常被立法机构所采纳形成正式的有权解释，以推进法治建设。在我国曾一度出现的“专家意见”就属于学理解释，一些司法人员，特别是别有用心的律师就充分利用所谓的“专家意见”去影响司法，达到个人目的，他们常常在案件代理中找几个专家一起制作出“专家意见书”向司法机关提交，以此向司法机关施压以达到个人目的。殊不知，在一个法治的国度里，该类解释属于学理解释，没有法律约束效力。

其二，将法定解释根据其所使用的方式和产生效力的范围，划分为规范性解释和个别性解释。规范性解释的适用范围是一切场合、环境和对象，具有普遍的约束力。该解释是根据立法精神、法律原则等规范对法律进行解释。“两高”在司法实践中作出规范性司法解释常常以“意见”、“规定”、“通知”等形式表现出来，对司法实践具有普遍效力。个别性解释则是根据具体情况、场合作出针对个案的、不具有普遍约束力的解释。在司法实践中，省、市（州）、县级人民检察院遇到法律适用困境时常常向各自所属的上级检察院逐级报请案情以期待最高人民检察院作出指示，并以此来处理案件。最高司法机关在此种情况下往往以“解释”、“答复”、“批复”等形式作出个别规范性司法解释。同时，“两高”在作出该个别规范性解释时也常常以司法解释性文件下传下级检察院或采用公报方式公布。因此，该类针对个案的个别性司法解释也具有普遍约束效力。

法律本身的属性决定了法律在司法实践中需要解释才能更加适合司法实践。法律解释是对法律文本应用于司法实践中的再认识，是司法实践中不可回避的问题。司法工作人员在适用抽象的法律文本于具体案件时，遇有法律适用的疑惑，就需要有司法解释来解决疑惑，司法解释就这样频频出现了。最高人民检察院司法解释是在“凡属于检察院检察工作中具体应用法律、法令的问题”的解释。在检察工作中，将检察工作的事实与法律规范的完美结合就是最高人民检察院的最佳司法解释。最高人民检察院司法解释是法律解释的一种，属于法律解释范畴，当然最高人民检察院司法解释是特定司法机关的司法解释，除有法律解释的共性外，还具有自己的个性。其个性将在后文中逐一阐述。

三、法律监督中“两高”司法解释的关系及再调整

（一）法律监督中“两高”司法解释的关系之现状

现行《宪法》第123条规定了人民法院的性质，即中华人民共和国人民法院是国家的审判机关。我国法院系统上下级之间是监督与被监督关系，不存在上下级行政隶属关系，最高人民法院给自己的职能定位是我国的最高审判机关，其“负责审理各类案件，制定司法解释，监督地方各级人民法院和专门人民法院的审判工作，并依照法律确定的职责范围，管理全国法院的司法行政工作。”[①] 最高人民法院在自己职能中规定“制定司法解释”，可见，最高人民法院对于这项职能较最高人民检察院似乎更具有“优越感”。而最高人民检察院只在其内设的法律政策研究室的工作职责之一项提到“对检察工作适用法律问题提出司法解释意见”。笔者认为，这是检察机关将司法解释工作具体分工到相关具体部门负责完成，这在《最高人民检察院司法解释工作规定》

---

① 参见最高人民法院网 http://www.court.gov.cn/jgsz/rmfyjj/，2012年11月5日访问。

中也有明确规定。检察机关在我国体制中属于司法机关，在检察工作中当然会应用到具体的法律、法令处理案件，在不能直接适用法律、法令规定时需要对法律作出解释才予以适用。因此，理应享有检察工作中具体应用法律、法令的司法解释权。

1954 年 9 月 21 日第一届全国人民代表大会第一次会议通过了《人民法院组织法》，该法未对人民法院司法解释权作出任何规定，但在当时人民法院已事实上承担了制定司法解释的职能。

1955 年 6 月 23 日全国人民代表大会常务委员会第十七次会议通过的《关于解释法律问题的决议》规定了最高人民法院审判委员会负责解释在审判过程中遇到的具体应用法律、法令的问题。[①] 全国人民代表大会常务委员会第一次以决议的形式授权最高人民法院审判委员会司法解释权。这次授权是授予最高人民法院的审判委员会。审判委员会是人民法院的最高审判组织，负责审理重大疑难复杂案件以及对审判业务进行指导，其成员一般来说由院领导和资深法官组成，审判委员会的决议，合议庭必须服从。

现行《人民法院组织法》第 10 条第 1 款规定："各级人民法院设立审判委员会，实行民主集中制。审判委员会的任务是总结审判经验，讨论重大或者疑难的案件和其他有关审判工作的问题。"《人民法院组织法》还对其职能进行法律规定。可见全国人民代表大会常务委员会是相当重视该工作的，并要求最高人民法院的最高审判机关组织制定司法解释，但是该规定有一个明显的缺憾，就是将最高人民法院审判委员会作为一个独立的机构对待，将最高人民法院和最高人民法院审判委员会同等对待。由此可以看出，在当时人们对国家机构及其内设机构的认识不够清晰，对其职能划分没有严格划定界限。

1979 年修正并通过的《人民法院组织法》第 33 条第一次以法律的形式规定人民法院在审判中对于"如何具体应用法律、法令的问题"享有解释权，赋予人民法院的司法解释权以法律上的合法性。尽管法律规定最高人民法院享有法律解释权，但我国《宪法》明确规定法律解释权属于全国人民代表大会常务委员会享有。在全国人民代表大会常务委员会授权的条件下，《人民法院组织法》明确规定最高人民法院享有对审判中"如何具体应用法律、法令的问题"进行解释。这是司法需要，其具有正当的合理性和合法性。

---

① 《全国人民代表大会常务委员会关于解释法律问题的决议》规定："二、凡关于审判过程中如何具体应用法律、法令的问题，由最高人民法院审判委员会进行解释。"

当然，这一问题在当时已引起人们的注意，时值改革开放初期，法制建设刚刚兴起。为了让权力得到正当行使，1981 年 6 月 10 日第五届全国人民代表大会常务委员会第十九次会议通过《关于加强法律解释工作的决议》，该决议第 2 条规定："凡属于法院审判工作中具体应用法律、法令的问题，由最高人民法院进行解释。凡属于检察院检察工作中具体应用法律、法令的问题，由最高人民检察院进行解释。最高人民法院和最高人民检察院的解释如果有原则性的分歧，报请全国人民代表大会常务委员会解释或决定。"这是全国人民代表大会常务委员会根据司法实际和实践的需要以决议形式授权"两高"在司法工作中享有司法解释权。该决议的授权不仅使最高人民法院司法解释权获得正当性，而且授予最高人民检察院司法解释权，并规定"两高"司法解释存在原则性分歧时，由全国人民代表大会常务委员会解释或最后决定。

在这次会议上，全国人大常委会法制委员会副主任王汉斌在《关于加强法律解释工作等三个决定（草案）的说明》中论述道："第五届全国人民代表大会第二次会议通过几个法律以来，各地、各部门不断提出一些法律问题要求解释。同时，在整顿社会治安工作中，由于对某些法律条文理解不一致或者不准确，也影响了法律的正确实施，发生一些该捕不捕、该判不判或者重罪轻判的现象，不利于加强同现行刑事犯罪活动进行斗争。"在当时，对一些基本的法律概念都会作出不同的解释，如"强奸罪"、"故意杀人"、"抗拒逮捕"等法律基本术语和概念都存在不同的解释，令人无所适从，因此制定统一的司法解释成为当务之急。正如王汉斌在该决议的说明中所讲，一切之情况均说明"加强法律解释工作，对于正确执行法律，健全社会主义法制，具有重要的作用"。可见在当时的条件下授权给"两高"司法解释权处理司法事务实为迫在眉睫的需要，最后，在这次会议上该决议得以顺利通过。

1983 年 9 月 2 日，第六届全国人民代表大会常务委员会第二次会议修正并通过的《人民法院组织法》第 33 条规定："最高人民法院对于在审判过程中如何具体应用法律、法令的问题，进行解释。"此次修正中关于最高人民法院的司法解释权限较之前没有作任何修改。

最高人民法院获得授权解释后，这只是一个权限，但是如何制定司法解释，以及如何更好地规范司法解释，这就需要制定具体制度去规范。在这样的背景下，最高人民法院从 1981 年获得司法解释授权时起至 1997 年长达 16 年的时间里，制定出大量的司法解释，这些司法解释表现出的特点是：解释在体系上缺乏系统性，在制定内容上表现出不科学性，在表现形式上表现出非规范性。制定相关规则规范最高人民法院司法解释成为必要。1997年6月23日颁布的《最高人民法院关于司法解释工作的若干规定》（法发〔1997〕15号），共17条对其自己制定的司法解释的目的、程序、表现形式等作了具体规定。通过司法实践该规范也暴露出一些问题，显得不适应当时司法解释工作之需要。

2006年10月31日第十届全国人民代表大会常务委员会第二十四次会议修正并通过的《人民法院组织法》第32条规定："最高人民法院对于在审判过程中如何具体应用法律、法令的问题，进行解释。"该次修改对最高人民法院的司法解释权限亦未作任何修改。

1997年施行的《最高人民法院关于司法解释工作的若干规定》有关制定司法解释的相关规定，表现出很多不适宜性，于是最高人民法院谋划和研究重新修改该规定。于2007年4月1日，《最高人民法院关于司法解释工作的规定》（法发〔2007〕12号）正式施行。该规定共计31条，对最高人民法院的司法解释工作作出了更为详细的规定，更有利于司法实践，具有较高的实践可操作性和规范的约束力。

我国的政治体制决定了我国的司法机关是人民法院和人民检察院，"一府两院"中的"两院"都是司法机关，各自在宪法规定的职权范围内行使职权。审判权和检察权都是司法权，在司法实践中均会遇到解释法律的情况。因此，全国人民代表大会常务委员会授予"两高"司法解释权。"两高"的司法工作均需要司法人员在案件事实与法律规范之间互动，对法律进行解释，"没有解释者在法律文本与事实之间进行目光之交的互相流转，不可能在法律与事实之间建立起理性的逻辑关系。"① 法院是司法（审判）机关，是负责审理各类案件，解决纠纷的国家机构。在审判中以对案件性质的认定、权利的维护、正义的回归等程序上和实体上的认定来作出判决。而检察院在行使侦查权、监督执法和公民守法等自己职权范围内适用法律，需要对法律作出正确统一的解释。有人认为，最高人民检察院的刑法解释是对审判权的入侵，其实这只是片面的观点，"最高人民检察院对刑法作出司法解释同样不能认为是在直接行使定罪

① 陈金钊、焦宝乾、桑本谦、吴丙新、杨建军：《法律解释学》，中国政法大学出版社2006年版，第21页。

和适用刑罚权"[①]。最高人民检察院的司法解释只是在具体应用法律的检察中对法律、法令的解释。

全国人民代表大会常务委员会《关于加强法律解释工作的决议》规定，"两高"司法解释有"原则性分歧"的，报请全国人民代表大会常务委员会解释或决定。关于该规定，笔者认为，严格来讲这是不会有分歧的，只要"两高"依法在自己的权限范围内行使职权，因为"两高"职权职能没有重合的地方，所以应当没有分歧的地方，这样的分歧只能说在"两高"制定司法解释时没有充分协商，可能在出现揽权时才会产生"原则性"的分歧。

检察机关是国家的法律监督机关，依法履行法律监督职能，保证国家法律的统一正确实施。什么是法律的统一正确实施呢？笔者认为，对这个问题的认识要从三个方面去认识，即文化因素、政治因素和法律因素。

1. "统一"一词在我国使用有其悠久的历史，在古代就已较为常用了。在古代汉语语言中"统一"主要有两个含义：（1）意为"合为整体"，与"分裂"相对应。如《汉书·西域传赞》："西域诸国，各有君长，兵众分弱，无所统一。"又见宋代的苏轼在《周公论》："昔高帝击灭项籍，统一四海，诸侯大臣，相率而帝之。"（2）意为"归于一致"，与"分歧"相对应。如《汉书·叙传下》："武功既抗，亦迪斯文，宪章六学，统一圣真。"又见宋代叶适的《谢宰执登科》："考之以无所统一之言语，寄之於不可测度之权衡，靡人不求，惟艺是择。"[②] 可见在古代"统一"常为此两种含义。经过人类不断向前发展，人类在文化交流中同一词汇可能会发生一定的变化。

在现代汉语词汇中，"统一"一词在我们日常生活中也随处可见。《现代汉语词典》中有以下几种意思较为常见：（1）各部分联成整体，使分歧归于一致，如统一体、统一战线、大家的意见逐渐统一了等。（2）一致的、整体的、单一的，如统一调配、统一的意见、统一领导等。[③] 又见《辞海》中"统一"有三种含义：（1）国家由一个中央政府统治，没有分裂和割据的状态，如天下统一。（2）部分联合成整体，如归于一致、统一祖国、统一认识

---

① 杨志宏：《论加强最高人民检察院的司法解释》，载《检察理论研究》1993 年第 4 期。

② 参见百度百科 http://baike.baidu.com/view/291869.htm。

③ 参见 eduu 在线词典 http://cidian.eduu.com/detail/32612.html。

等。(3) 一致的、集中的，如统一的认识、统一领导等。①

可见“统一”一词是常见于我们日常生活中，但具体意思要根据具体的语境来理解。它最根本的意思是使事物趋于一致或形成一个不可分割的整体。法律本源是一种文化，是人们对待事物的处理方式的文化，一种态度的文化，这种处理社会事务（或纠纷）的各方面的方式或态度的文化，由所处一定区域的人所共同表现出来就形成一种法律文化。文化是通过语言和文字来表达和传递，在记录和传递文化中文字较语言来讲更具有保存性和延续性。司法解释是用文字来传递司法解释的意旨，我们研究司法解释要从文化层面去探讨，对其文字进行寻根溯源。这有助于对司法解释进行全面而深入的探讨。

将“统一”与法制或法律结合，组成“法律统一”或“法制统一”词汇，就有其深刻和特定的意义。从文化角度来讲，这样的词汇的结合不是偶然的，而是法治的需要，是国家机关的职责和职能的体现。一个国家的法制首先是国家代表民意对社会的各个领域的社会现状进行抽象概况进而形成规范从而立法，不同的领域构成特定的调整对象，形成不同的部门法。在法律的适用中，由于不同的人或不同的执法机关或司法机关对于同一法律规定可能有不同的理解，常导致不同的人作出不同的行为。人是理智的动物，人的行为是受其思想支配的，对事物的理解在人的脑海中逐渐形成一定的概念或思想，正常人的行为受其思想所支配。在相同法域之内，同一部法律中的内容应当也必然是适用于相同案件，相同案件才有相同结果，这样法律规范社会的功能才没有失范，这就是法律的统一。

2. 政权组织形式（form of government）即政体，是指特定的国家采取何种原则和方式去组织旨在治理社会、维护社会秩序的政权机关。它反映了政权组织内部结构的状况以及各个组成部分之间的相互关系，同时也反映了人民同国家机构之间的相互关系。因此，它是特定国家的民主制度的最基本表现形式。我国的根本政治制度是人民代表大会制度。人民代表大会制度是中国特定历史条件所决定的，是适合我国基本国情的政权组织形式，是人民行使国家权力的新型政权组织形式，是国家其他制度赖以建立的基础，体现了国家的一切权力属于人民的国家本质属性。《宪法》第 2 条规定国家的一切权力属于人民。人民行使国家权力的机关是各级人民代表大会。《宪法》第 3 条规定了国家机构

① 参见辞海在线查询 http：//www. k366. com/gj/cihai/two. asp？ id = 263450。

实行民主集中制，各级人民代表大会由民主选举产生，对人民负责，受其监督。行政机关、审判机关和检察机关由人民代表大会民主选举产生，对其负责，受其监督。[①] 我国的政权组织形式决定了全国人民代表大会和地方各级人民代表大会产生国家的行政机关、审判机关和检察机关。国家各级行政机关、审判机关和检察机关对各级人民代表大会负责，受其监督。这种“一府两院”的国家机构，其权力分配不同于西方的“三权分立”制度。在这种政权形式下，检察院是国家的法律监督机关，依法履行法律监督职能，保证国家法律的统一和正确实施。

检察机关的法律监督职能是监督执法、司法和守法是否符合法律规定，并对违反规定的予以追究，维护社会公平正义。在我国的体制下，检察机关对行政机关和司法机关享有监督权。行政机关或行政工作人员拥有权力，在使用权力中极易滥用权力，这就需要一个监督机关对滥用权力的现象予以监督并加以追究，才能使权力正确行使。在我国检察机关行使监督权，对一切违反法律的行为按照法律规定予以查处，防止权力被滥用。同时，对于不同的机关，对于同一法律可能存在不同的理解，以至于在司法实践中可能存在对于同一事实适用不同的法律、产生不同的结果的问题。这种现象对于社会的治理是危险的，是一个严格意义上的法治国家所不能接受的，必须要由一个机构来统一行使或监督法律的统一适用。“当不同的执法单位、执法人对某一法律规则的理解、解释不一致时，就应通过专门的机构进行统一解释，以确保对法律规则理解、解释的统一。”[②] 监督法律统一、正确实施十分必要。另外，在我国公安机关属于“一府两院”的政府组成部门，是政府的职能机构，在其职能中对于较小、未达到犯罪的案件的处理具有一定的终局性，因此，有学者就此认为公安机关是“准司法机关”，公安机关在其职责范围内具体应用法律享有解释权。在笔者看来，这种观点是错误的，不能因公安机关对一些违法现象享有一定的处罚权，就此下结论认为公安机关是“准司法机关”，享有司法解释权。在我国的体制下，司法机关只有人民检察院和人民法院，其他机关不是司法机关，

① 《宪法》第3条规定：“中华人民共和国的国家机构实行民主集中制原则。全国人民代表大会和地方各级人民代表大会都由民主选举产生，对人民负责，受人民监督。国家行政机关、审判机关、检察机关都由人民代表大会产生，对它负责，受它监督。”

② 梁慧星：《关于法律统一解释问题及设立统一解释法律委员会的建议》，载《法学》1999年第3期。

所作出的解释不是司法解释。

值得注意的是，1984 年 11 月 8 日发布的公安部《关于印发最高人民法院、最高人民检察院两个司法解释文件的通知》指出："根据全国人大常委会《关于加强法律解释工作的决议》规定，今后凡涉及司法解释问题，以最高人民法院、最高人民检察院下发文件为准，公安机关均应参照执行，公安部不再印发。"公安部的该通知正式取消了自己的司法解释权。从此之后，司法解释的制定主体仅仅限于最高人民检察院和最高人民法院。但这些年来，公安部似乎有权力膨胀的趋势，也时不时制定司法解释。

3. 在法律运行过程中，法律适用需要统一的解释。其原因主要有以下几个方面：

（1）法律是对社会生活现象的抽象概括的规范。"法律规则的抽象使得它远离现实生活，但法律的实施又必须和现实生活结合。"① 社会生活具有相当的广泛性，而法律的制定是对社会现象的抽象概括。法律文本中往往隐含许多法律价值的因素，这就要求司法机关处理案件时必须综合各种价值因素来考量判决的正义性。同时，法律文本会追求言简意赅，这就可能出现不同主体对同一法条有不同的理解，适用不同案件，形成不同的司法结论。司法机关及其工作人员在司法实践中往往会考虑许多法律价值因素来衡量作出结论，保证处理结果的正义，这就需要司法机关在司法中作出合理的解释来处理案件。"解释是一种彻头彻尾的蕴含着考量基本价值的事务。它只有通过对所有法律价值的反思和平衡的学习才能完成。"② 因此，正确解释法律是司法机关处理案件，实现社会公平正义的关键。

（2）语言具有模糊性。人类通过语言进行交际，语言是人们进行沟通与交流的各种表达符号。人们相互交往离不开语言。语言在人类发展和延续上保存和传递人类文明的优秀经验和成果，语言是人类交流思想的媒介，它会对政治、经济、文化、社会、科技等产生重大影响。对于同一文字，不同的人通过不同的语言所表达出来的法律效果极有可能存在差别，这就是语言的模糊性。

---

① 陈金钊：《法律解释学——权利（权力）的张扬与方法的制约》，中国人民大学出版社 2011 年版，第 68 页。

② D. Neil MacCormick and Robert S. Sunmmers, "Interpretation", in D. Neil MacCormick, Robert S. Summers (ed.), Interpreting Statutes: A Comparative Study, Dartmouth, 1991, pp. 537 – 538.

“法律都是用语言来加以表述的，语言本身的概括性、模糊性需要解释才能具体、清晰。”① 因此，要对同一法律条文在法律适用中针对不同的语境所表达的意思具有一致性，这就需要有统一的解释才能达致法律的精神和意旨。“从积极的方面看，法律的模糊增强了法律适应社会的能力，为法官能动地把法律文本适用到社会提供了一些较为灵活的空间。”② 因此，法律解释成为法律适用的必要手段和方式。

（3）法律具有一定的地域性。法律是由国家有权机关统一制定适用于全国的行为规范。由于历史、经济、文化等因素的影响地区之间存在很大的差异，法律适用不可能“一刀切”，“一刀切”地适用法律必然导致法律失去公正性。在这方面最为显著的是法律中有关数额的规定，如毒品犯罪中，云南省的规定与上海市的规定是有一定区别的。这不违反法律的统一性，相反，这种存在地域性差异的不同数额规定有其合理性和合法性，体现了立法精神，展示了法制的统一性。如贵州贩卖毒品罪数量追诉起点数额与上海的追诉起点数额就可能不一样。

（4）法律条款的规定存在一定的滞后性。随着社会快速发展，法律一方面追求稳定性，另一方面法律的稳定性所表现出来的是对某些犯罪的追诉上相对社会发展来说具有一定的滞后性。“我们不能没完没了地立法，应当学会尊重法律的稳定性，在解释中完善法律，在解释中使法律适应社会的发展。”③ 面对社会快速发展，对出现的“新问题”再适用“旧”规定有违社会进步，否定了法律在调整社会生活上的进步性。因此，法律要具有较强的与时俱进性，法律因之时时作出调整。而法律修改有着严格的程序，面对案件的紧迫性，只有通过司法解释才能予以解决。这主要表现在对一些犯罪的追诉上，如贪污罪的追诉起点的变化等。

（5）法律解释是解决法律漏洞的有效手段。立法机关在制定法律过程中，尽可能地将对社会纠纷解决方案体现于法律文本之中，但任何立法机关也无法做到全面预测未来，将社会所有纠纷纳入法律规范之中。因为社会是在向前发

① 陈金钊：《法律解释学——权利（权力）的张扬与方法的制约》，中国人民大学出版社 2011 年版，第 71 页。

② 陈金钊：《法律解释学——权利（权力）的张扬与方法的制约》，中国人民大学出版社 2011 年版，第 75 页。

③ 陈金钊：《法律解释学——权利（权力）的张扬与方法的制约》，中国人民大学出版社 2011 年版，第 69 页。

展，社会环境和法律环境均在变化，制定法就会或多或少显得不合时宜，出现漏洞。制定法当前的语境和随后的进化，尤其是制定法的社会环境和法律环境都已经随着时间的变化而发生了实质性的变化。[①] 为了实现正义，面对这一困境，司法就需要对法律作出解释，以弥补之漏洞。“现代的法律解释已不仅仅限于对法律的说明，而且还可以对法律作出一定程度的弥补，存在一定程度的创制法律规范。”[②] 具体在我国，面对法律之漏洞，“两高”在司法实践中必须对法律进行本旨性的解释，最高人民检察院更应当依据其职能对最高人民法院的司法解释进行监督，以此保证法律的统一、正确实施。

上述几个方面均显示出司法解释的必要性，但是实践中司法解释由谁来制定呢？在我国，享有司法解释权的主体有最高人民检察院和最高人民法院。在追诉中是检察院在行使侦查管辖和移送起诉的法律程序，而在审判过程中是法院在审理案件，由于两机构的职能不同，在具体应用法律的阶段也各有差异，因此，两机构在履行职能中所应用法律的范围就“自然”区分出“检察工作中具体应用法律问题”和“审判工作中具体应用法律问题”。由于两机构适用法律的阶段、对于法律的认识和理解、各自工作重点、职能要求等方面的不同，这就极有可能对于同一规范产生不同的理解，作出不同的司法结论。对于需要对法律进行解释的地方，由于上述因素也可能作出不同的解释。因为，在司法实践中两机构对同一法律规范极有可能形成各自的“思想”，就有各自的解释，最终作出不统一的司法解释，这就出现了司法解释的不统一现象。

在司法实践中往往出现法院不承认检察院的司法解释，检察院对于法院的司法解释也不予认定其效力，自然启动监督职能对此进行抗诉，以此重新启动法律程序，如此反复下去，导致案件久拖不决或案件处理不公，很有可能由案件双方当事人对抗演变为法院与检察院之间的对抗。因此，在笔者看来，司法解释应当具有统一性，不应当存在对于同一法律规范出现不同的司法解释。“法治要求法律解释应该符合法律文本的原意和调整社会的目的。”[③] 如何使“两高”司法解释统一呢？笔者认为，应当从“两高”的职能和我国的政治体

---

① ［美］William Eskridge：Dynamic Statutory Interpretation. University of Pennsylvania Law Review，Vol. 135，No. 6.（Jul.，1987），pp. 1479 - 1555.

② 张大根：《立法学总论》，法律出版社 1991 年版，第 336 页。

③ 陈金钊：《法律解释学——权利（权力）的张扬与方法的制约》，中国人民大学出版社 2011 年版，第 69 页。

制去统一司法解释，只有真正地统一了司法解释，才能达到法制的统一，最终才能实现法治的统一。

在我国的政治体制中，人民法院和人民检察院都是司法机关，在各自的具体工作中具体应用法律自然会产生司法解释，我们不否定“两高”同时享有司法解释权。对于有学者认为检察机关不应当享有司法解释权的观点，笔者不予认同。① 因为这种观点是脱离了我国政治体制的现状而空谈主义。研究的有用性就是研究本身应当针对具体的制度去进行，研究具体问题，找准制度中的缺陷，进而去弥补缺陷，而不是脱离实际去空谈、泛谈。作为普通的法律人，不是也很难做到社会主义法治制度的设计者，我们只是社会主义法治的建设者，做一些实在的和具体的贡献。因此，法律的进步都需要我们每位法律人做实际的、具体的法律工作，才能从事实把法律事务真正地推进法治进步，使“人民群众在每一个案件中都感受到公平正义”。

当今世界上，无论何种政治体制的国家，其设置的法院都属于审判机关，对案件进行审理，以此解决纠纷。在三权分立的国家，法院行使的司法权与立法权、行政权相并列，在整个国家权力运行体系中占据重要地位。我国《宪法》和《人民法院组织法》明确规定，人民法院是国家审判机关，通过审判活动行使国家的审判权，“其职能在于对国家法律的适用，即运用国家法律处理诉讼案件或非诉案件，解决纠纷，维护良性的社会秩序”。② 我国的政治体制有别于西方的政治体制，人民法院由代表民意的人民代表大会产生，受其监

---

① 比如，持反对论的学者指出：“在英美，检察权基本上属于行政权。从组织上看，英国的皇家检察机构和美国联邦等各州的检察机构大体上都属于行政分支的有机组成部分。从其职能上看，英美检察机构大体上属于单纯的刑事起诉机构，它们站在政府的立场上，负有对犯罪案件提起公诉、支持公诉的使命。从活动方式上看，英美检察官在警察的协助下，单方面地从事起诉前的准备活动，并在法庭上充当案件的控诉方，成为法院定罪量刑的申请者。这表明，检察官和警察一样，都在代表政府行使着刑事追诉权，这种权力实质上属于行政权力。大陆法系国家的情况有所不同。在法国和德国，检察机构在设置上具有‘审检合署’特征，它们设于各级法院内部，但与法院采取分离管理的体制。同时，德国、法国的检察机关都负有发现实体真实、维护司法公正的使命，在刑事追诉过程中，也要收集有利于被告人的证据，对于法院作出的初审或二审裁判，他们有时会提出有利于被告人的上诉，但此点充其量不过说明检察机构在履行刑事追诉职能的同时，注意尊重事实真像和维护法律尊严，并没有否定这种刑事追诉权的行政权性质。”参见安徽省法学会编：《法治热点透视》，安徽人民出版社2005年版，第281~282页。

② 周叶中：《宪法学》，高等教育出版社、北京大学出版社2000年版，第336页。

督，代表最广泛的民意。

《宪法》第126条规定：“人民法院依照法律规定独立行使审判权，不受行政机关、社会团体和个人的干涉。”任何公民、组织和社会团体有权拒绝其他任何机关和组织的非法审判。司法机关的判决是有其权威性和公信力的。如何来保障司法的最高的公信力呢？笔者认为，最重要的是法律的统一实施。司法要做到在法律规定下的“类似情况类似处理”，才能取信于民，才能使民众产生司法信任。司法信任的重要因素是法律的统一、正确适用。这要从司法机关的自身做起，“打铁要靠自身硬”，司法机关自身做到“法律的统一、正确适用”，才能保证司法为民众所期待，最终产生司法信任。统一司法解释是正确适用法律的前提。在西方国家，“法官应当去寻求法律文本的含义，这个含义就是那些对宪法赋予权威的批准者和当时各州的人民对宪法含义的一般理解。”① 这些国家只有法院是司法机关。而我国除了人民法院是司法机关外，人民检察院也是司法机关，更为重要的是，为了更进一步保障法院司法判决的公正性，设置检察机关对司法判决进行监督。因此，在制度上，最高人民检察院对人民法院的司法解释及其适用均有监督职责，这样才能实现司法机关对法律的统一、正确适用。

法律的正确、统一适用主要取决于两个因素：一是在宏观制度上需要有一系列法律统一、正确适用的制度来规范法制的统一。二是在微观上要有相应的制度来规范司法人员代表国家司法的司法行为。以此类制度去保障法律的正确、统一实施，促进司法公正、司法正义。目前，在宏观上规范法院和检察院的司法行为的法律及其相关制度较多，如刑法中的徇私枉法罪，民事、行政枉法裁判罪，执行判决、裁定失职罪，执行判决、裁定滥用职权罪，私放在押人员罪，失职致使在押人员脱逃罪，徇私舞弊减刑、假释、暂予监外执行罪等。对于严重侵害司法公正的行为，我国是以最为严厉的刑罚加以惩戒。对于一些轻微的违反司法公正的行为，是从政治上和纪律上进行惩治。

司法是将立法活动形成的法律应用于具体案件，司法的过程体现司法工作人员对法律的正确理解，案件能否得到公正的判决很大程度上取决于司法工作人员对法律理解的正确与否。只有正确的理解才能保证正确的司法结论（判决）。1998年8月26日，最高人民法院颁布《人民法院审判人员违法审判责

① Transfer Lee J. Strang, Originalism and Legitimacy, Kansas Journal of Law & Public Policy 11 (2002), p.659.

任追究办法（试行）》，该办法第 22 条规定了审判人员不承担责任的五种情形，分别是：(1) 因对法律、法规理解和认识上的偏差而导致裁判错误的；(2) 因对案件事实和证据认识上的偏差而导致裁判错误的；(3) 因出现新的证据而改变裁判的；(4) 因国家法律的修订或者政策调整而改变裁判的；(5) 其他不应当承担责任的情形。这是最高人民法院以“办法”的形式对审判人员对法律理解的偏差免于追责的规定。在笔者看来，此处的偏差正是对法律的理解或解释，即不是正确地适用法律的意旨。该办法对人民法院审判人员在判决案件中出现的两种“偏差”和一种兜底性的“其他不应当承担责任的情形”的免责情形。在笔者看来，该规定不利于保证法制的统一、正确实施，主要是基于如下几点原因：

首先，在制度上，我国法院规定审理案件的组织形式有力地保障了案件的公正判决机制。不同的审判组织形式是保障案件公正判决的结果，审判组织主要包含以下几种：(1) 独任制。它是指由审判员一人独自完成案件的审判工作，并作出司法判决的制度。这主要是针对案件事实清楚、证据充分所适用的审判形式。仅适用于基层人民法院以简易程序对简单案件的审判形式。(2) 合议庭。合议庭是合议制审判的组织形式，是我国审判活动较为常用的审判组织形式。合议制有利于发挥司法人员的集体智慧，集思广益，防止审判工作中出现主观、片面地断案、个人专断、徇私舞弊，保证了办案质量，防止和减少错案的发生概率。不同级别的法院采用合议庭审理案件的组成人员有所不同，但是组成合议庭的人数必须是单数。合议庭对案件进行评议时，坚持民主原则。合议庭的各个成员充分发表对案件的意见，作出表决时少数服从多数，按多数人的意见作出决定，对少数人的意见也应记入笔录。对于复杂、疑难、重大的案件，经过合议庭合议后仍难以形成统一意见，难以作出决定的，由合议庭提请院长决定提交审判委员会讨论决定。对于审判委员会的决定，合议庭应当执行。(3) 审判委员会。审判委员会是在人民法院内部设立的对审判工作实行集体领导的组织。根据我国相关法律规定，在各级人民法院均设有审判委员会。审判委员会成员一般由院长、庭长和资深审判员组成。审判委员会的任务是总结审判经验，讨论重大或疑难案件和其他与审判工作有关的问题。审判委员会在讨论、决定案件时，实行民主集中制原则，获得半数以上的委员同意方能通过。对审判委员会的决定，合议庭应当执行，如果仍有意见的，可以建议院长再次提交审判委员会复议决定。

法院的三种审判形式可以避免对法律的不正确适用。一个法官或合议庭的法官拿到案件时候，通过对案件事实的了解，将寻找法律规定去适用于案件，这样办案人员就在事实与规范之间来回穿梭，寻找案件事实与法律规范的最佳结合。在我国的审判制度下，法官对案件事实和法律适用不能达到事实与规范的结合，那就通过合议庭合议或审判委员会讨论。不会出现对法律的“偏差”，这里的“偏差”是可以通过不同的审判形式予以解决的。只要司法人员心中充满正义，将目光不断往返于事实与规范之间，就会形成最终的正义的司法判决。因此，这种免予追责的内部办法，在一定程度上纵容了法官办错案的行为。最高人民法院允许法官对法律的“偏差”理解而出现“偏差”的判决，有了这样的“办法”，法官们就可能存在办错案的胆识，因为对法律的“偏差”的理解是主观问题，不是客观问题。在实践中很难认定什么是“偏差”，这里的“偏差”也只有承办法官才知道是否真的是因对法律的理解的“偏差”而导致判决的“偏差”，这样的制度使法官办理错案后可以理解“偏差”为由而逃脱被追究的可能心理。因此，这样的做法不利于法制统一、正确实施。

其次，这种制度允许法官对法律的认识和理解的偏差存在，对于法官办理错案是一种先前的心理安抚。在部分法官看来，就是工作中办理了错案，也无所谓。因为法院系统允许存在对法律的理解和认识上的存在“偏差”，只要允许对法律的理解和认识上存在“偏差”，判决结论出现“偏差”就很自然了。在有这样保护性制度下，法官们办理“错案”就会自然大胆了。从而产生了可以任意理解、任意发挥而不受追究，除非其行为严重触犯刑法，才可能被追究的心理界限。

最后，这一制度的制定对检察工作也是一种挑战。依据现行的法律规定，检察机关在行使法律监督职能中，对于确有错误的判决行使抗诉权。法官在这样的认识和理解上的“偏差”所产生的判决是否是错误判决？在笔者看来，在这样的制度下，法官的判决极易出现错误，这样的错误不是显而易见的错误，而是一种具有隐蔽性的错误。认识和理解的偏差导致判决的错误，检察机关面对的更多的是当事人要求上诉和自己认为判决错误而上诉。这无疑增加了检察机关的工作量，更为不利的是降低了司法公信力。

我国《宪法》第 129 条明确规定人民检察院是国家的法律监督机关。“在我国，人民检察院通过行使检察权，对各级国家机关以及国家机关工作人员、公民是否遵守宪法和法律实行监督，以保障宪法和法律的统一实施。"① 保证国家法律的统一和正确实施是检察机关的职能。我国政治制度设计时，就将法律监督职能赋予检察机关，检察机关履行法律监督职能，维护社会秩序，实现公平正义。"我国法律监督的方式有四种：一是通过对职务犯罪的立案侦查监督国家工作人员依法履行职责，依法办事；二是通过对犯罪的追诉，伸张正义，督促全民守法；三是通过参与诉讼发现和纠正诉讼的违法行为，维护法律适用的合法性；四是通过对确有错误的各类判决、裁定的抗诉，维护司法公正。"② 法律的统一、正确实施均需要检察机关的法律监督职能的发挥，才能更加有效。

鉴于上述原因，笔者认为，要实现法律的统一、正确实施，必须解构现在的司法解释体制，重建新的司法解释体制。立法规定了明确的法律制度来规范各种社会现实的不良现象，以此推动社会有序运行和健康发展。如果制定出来的法律不能得到统一、正确的实施，这不但解决不了社会纠纷，反而是司法对立法权的侵害以及对立法成果的否定。法治最为权威的定义莫过于亚里士多德所作的经典性表述了，他认为法治应当包含两重意义，"已成立的法律获得普遍的服从，而大家所服从的法律又应该本身是制订得良好的法律"。③ 法治国家要求已经制定的法律获得普遍的遵从，遵从必须要求对法律的统一、正确实施。目前我国享有司法解释权的"两高"在很大程度上对司法解释是各自为政的现状，缺乏相应的协调、统一的机制。因此，当前的司法解释的制定及其适用机制是存在问题的，要使法律统一、正确实施，必须根据我国政治制度中国家机构的权力分配来划分和行使司法解释权及其监督机制。

（二）法律监督中"两高"司法解释之再调整

笔者认为，要达到法律的统一、正确实施应当从以下几点做起：

1. 从立法上确立"两高"司法解释权，加强对人民检察院司法解释权的再认识。

在司法实践中，法院适用的法律条文在量上较检察院多，因"两高"的职能不一样，所涉及法律的适用也有一定的差异。从新中国成立后，"两高"

---

① 周叶中：《宪法学》，高等教育出版社、北京大学出版社2000年版，第339页。
② 张智辉：《"法律监督"辨析》，载《人民检察》2000年第5期。
③ ［古希腊］亚里士多德：《政治学》，吴寿彭译，商务印书馆1981年版，第199页。

组建并运行宪法赋予的国家权力开始，“两高”的司法解释权成为必要，当“两高”不享有司法解释权时，“两高”的国家权力就无法运行，即法院的审判权和检察院的检察权就处于停滞状态。民意经过人民代表大会立法活动产生法律，法律经过解释才能适用于社会，才能达到立法之目的。法律作用于社会一般有两种方式：一是通过社会个体或组织对法律的遵守，即公民或组织自觉遵守法律、践行法律，以实现社会有序。二是通过有权机关履行法律赋予的职能实现法律的目的，这又具体区分为两种权力的实现达到法律应用于社会生活的目的，即行政执法行为和司法机关的司法行为。享有行政执法权的行政机关执行法律被喻为执法，即法律执行，是指国家行政机关严格依照法定职权和法定程序，行使行政管理职权、履行行政职责、贯彻和实施法律的活动。司法机关的司法行为也是实践法律治理社会的重要途径之一。

司法机关是通过司法活动的实践来治理社会的。司法是指国家司法机关及其工作人员严格依照法定职权和法定程序，具体运用法律处理各类案件的专门活动。在我国，司法机关是人民检察院和人民法院，司法是实施法律处理案件的过程。人民法院和人民检察院面对各类案件需要对案件所适用的法律作出正确的理解，才能作出公正判决。当司法机关在适用法律的过程中对法律和案件两者不能做到完全契合时，或法律条文没有“表面”① 明确规范该个问题的时候，司法困境就出现了。这就需要司法机关对法律进行解释，方能将法律运用于案件作出判决。因此，司法机关享有司法解释权就具有自然的正当性了。法律本应当由代表民意的国家权力机关依据其职权和法定程序制定。但是，法律具有其自身的稳定性和实践性。实践中，在任何国家不可能因为一个法条需要解释就重新制定法律，法律也是讲究效率和稳定性的，法律的施行需要履行既定的程序。

另外，代表民意的权力机关，在我国是人民代表大会。人民代表大会不具有司法职能，不从事司法活动。因此，对具体的案件与法律规范间的契合与否，权力机关是不了解的，对于司法活动来说是远离的，可以说立法权是远离

① 在此处，笔者使用“表面”一词，这是因为法律是对社会现象和事实进行抽象概括后所作出的规范社会不良现实和想象的规范总称。一边是法律未“表面”明确规范该问题，一边是社会正义观念支持下不能放纵犯罪。因此，法律条文不能穷尽社会生活，法律条文极易出现概括性和原则性的条款，不能直接适用于具体案件的就需要对“原始”的法条进行解释，或是对案件事实予以法律归纳找出其适用法律原则或概括性规则以适用案件，处理纠纷。

司法权的。法律的制定本属于立法机关，对法律的解释产生司法解释，司法解释直接适用于案件产生法律效力。我国历次宪法将法律解释权赋予权力机关，如现行《宪法》第67条规定了全国人民代表大会常务委员会行使的职权有：(1) 解释宪法，监督宪法的实施；(2) 制定和修改除应当由全国人民代表大会制定的法律以外的其他法律；(3) 在全国人民代表大会闭会期间，对全国人民代表大会制定的法律进行部分补充和修改，但是不得同该法律的基本原则相抵触；(4) 解释法律；等等。法律解释权归于权力机关是有其正当性和合理性的，但全国人民代表大会常务委员会不具体办理案件，不享有司法权，对于法律在运行中是否需要解释是陌生的。因此，全国人民代表大会常务委员会的法律解释权是远离司法中法律的实际解释。

"两高"在司法实践中遇到法律需要进一步解释时也不能总是向全国人民代表大会常务委员会请示，让其作出司法解释。全国人民代表大会常务委员会在技术上很难做到对法律适用的完美解释，因为法律是一门实践的事业，司法解释是为了法律规范与案件事实更好地契合，以至于司法判决适用法律不偏差、不偏离法律而得出公正的司法结论。全国人民代表大会常务委员会对法律的解释是间接的解释，是脱离司法实际的解释，而司法机关却没有法律的解释权。因此，全国人民代表大会常务委员会对司法中的法律解释就可能存在不切实际的解释，可能是脱离司法实践的解释。

事实上，在司法解释的数量上，全国人民代表大会常务委员会也做不到司法解释量上的工作。2000年1月1日至12月30日，最高人民法院出台司法解释及其文件160件，最高人民检察院出台司法解释及其文件44件。① "两高"每年的司法解释量均有几百件，在司法解释的量上全国人民代表大会常务委员会就无法应对。因此，早在1955年6月23日全国人民代表大会常务委员会第十七次会议通过《关于解释法律问题的决议》就规定：(1) 关于法律、法令条文本身需要进一步明确界限或作补充规定的，由全国人民代表大会常务委员会分别进行解释或用法令加以规定。(2) 关于审判过程中如何具体应用法律、法令的问题，由最高人民法院审判委员会进行解释。该决议授权最高人民法院审判委员会对审判过程中具体应用法律、法令的问题，由最高人民法院审判委员会进行解释。第一次以决议形式授权人民法院司法解释权。

---

① 参见中国人大网 http：//law. npc. gov. cn：87/home/begin1. cbs，2012年11月18日访问。

1981年6月10日第五届全国人民代表大会常务委员会第十九次会议通过《关于加强法律解释工作的决议》第一次同时规定了“两高”的司法解释权，并就两者冲突的解决作出规定，具体来说，包括以下三点：（1）凡属于法院审判工作中具体应用法律、法令的问题，由最高人民法院进行解释。（2）凡属于检察院检察工作中具体应用法律、法令的问题，由最高人民检察院进行解释。（3）最高人民法院和最高人民检察院的解释如果有原则性的分歧，报请全国人民代表大会常务委员会解释或决定。

2000年7月1日起施行的《立法法》中没有规定“两高”的司法解释权。《立法法》第42条第1款规定：“法律解释权属于全国人民代表大会常务委员会。”言外之意，法律解释权仍然属全国人民代表大会常务委员会享有，其他机关不能享有，全国人民代表大会常务委员会授予“两高”的司法解释权，是限定“两高”在司法实践中具体应用法律、法令的问题的解释权。“两高”在司法过程中需要对法律规范的司法活动进行深入的认识，对于案件应当适用哪些条款及如何适用法律条款都应当有真实、全面的认识。《宪法》、《立法法》及其他法律将法律解释权授予全国人民代表大会常务委员会，但全国人民代表大会常务委员会根据司法实际需要将司法机关在司法过程中具体应用法律、法令的司法解释权以“决议”的形式授权“两高”。事实上，司法解释是司法机关在司法过程中具体应用法律、法令的解释，而不是立法活动，《立法法》当然不予规范。因此《立法法》对法律解释的规定符合我国政治制度和国情的选择。目前官方和民众对司法解释权的归属认识不清，主要体现在：现行的《人民法院组织法》中明确规定了法院的司法解释权，即其第32条规定的：“最高人民法院对于在审判过程中如何具体应用法律、法令的问题，进行解释。”

我国的《人民法院组织法》已经过了三次修正，仅在1954年的《人民法院组织法》中没有涉及人民法院司法解释权问题，1979年、1983年和2006年修订的《人民法院组织法》均规定了人民法院的司法解释权。而《人民检察院组织法》自1954年颁布以来，经过1979年、1983年和1986年三次修正，均未涉及人民检察院的司法解释权，这是《人民检察院组织法》立法不足之处。究其原因，笔者认为，主要是受西方制度的影响，一部分学者撰文讨论检察机关的属性，将检察机关划定为行政机关，从而或多或少地影响到官方的行为。这些学者没有真正认清我国政治体制下的检察机关的属性，在他们看来，西方的检察机关很多属于行政机关，在一些国家，如美国“检察长不仅是联邦政府的首席法律顾问，而且是联邦司法系统的行政长官。”①

在大陆法系国家检察机关也很多属于行政机关，但是，在检察机关属于行政机关的国家，检察职能也存在很大的区别，如在法国、德国及北欧国家，“检察官隶属于司法部，有的国家法律规定司法部长只能对检察官工作发表一般性的指导方针，检察官遵从这些方针独立负责处理具体案件；有的国家法律规定司法部长不仅可以对检察官的工作发布一般的指导方针、原则，同时对具体案件也可以发布决定起诉与否的指令。”② 事实上，“检察制度自设立以来，关于检察官的性质，即检察官属于行政官抑或司法官，各国学术界多有争论，历来有‘司法官说’、‘行政官说’和‘双重（兼具司法与行政性质）属性说’等观点。”③ 认识我国检察制度要从我国的政治制度、基本国情和文化传统等多方面来考察，我国的检察机关既不是行政机关也不是纯粹的司法机关，而是法律监督机关。在我国，检察机关的职能是依法履行法律监督职能，保证国家法律的统一、正确实施。

综上所述，从立法上确立“两高”司法解释权，加强了民众对司法解释权的再认识。我国应当在《人民检察院组织法》中明确规定检察机关的司法解释权，以此强化检察机关的司法解释权。全国人民代表大会常务委员会已经授权“两高”以司法解释权，“两高”在司法实践中也必须适用法律，要适用法律则须对各自具体应用法律问题作出解释，才能形成司法结论。因此，在当前的司法状况下，《人民检察院组织法》应当从法律的层面来规定检察院的司法解释权，使最高人民检察院针对检察工作中具体应用法律问题而作出的司法解释名正言顺地成为司法解释，而不是处于现在的尴尬处境，以此来提高民众对最高人民检察院的司法解释的再认识。任何事物在认识上都有一个导向问题。在我国法治改革的观念和行为都是一种自上而下的改革，改革是从观念开始，观念指引人的行为。从法律层面规定司法解释，让民众通过了解法律、学习法律来改变西方法治观念的影响，强化对我国制度下人民检察机关的属性认识，进而加强对检察机关司法解释的合理性和合法性的再认识。

2. 采用“两高”司法解释权分制的当前模式，但检察机关还应承担对法院司法解释的监督职能。

---

① 漆树洁主编：《美国司法制度》，厦门大学出版社 2010 年版，第 447 页。

② 陈国庆：《检察制度原理》，法律出版社 2009 年版，第 67 页。

③ 陈国庆：《检察制度原理》，法律出版社 2009 年版，第 56 页。

在我国“两高”均是司法机关，这是一个不争的事实，在社会主义法治理念下，“两高”司法机关的属性已经趋于达成共识。行政机关执行法律属于行政执法范畴，司法机关应用法律属于司法范畴，行政重在管理社会，而司法重在解决社会纠纷。行政机关的执法是有严格限定的范围，必须严格依据“法无授权即禁止”的原则行使权力、管理社会。因此，行政机关的执法活动不具有司法属性，行政机关在行政执法活动中对相关法律作出的解释不是司法解释，属于行政解释。“两高”在自己的职权范围内履行职能涉及法律的具体应用问题，需要对法律规范的适用作出更进一步的解释，才能使法律得以适用于具体案件，才能完成由纸上的法律向规范生活中案件事实的法律的转变。尽管全国人民代表大会常务委员会在1955年才授权最高人民法院司法解释权，在1981年才授予“两高”司法解释权。但事实上“两高”自从新中国成立以来就面临实质上根据案件的需要而制定司法解释来处理案件、解决法律适用的困境。

自1981年全国人民代表大会常务委员会《关于加强法律解释工作的决议》授权后，“两高”为了进一步规范司法解释，先后各自两次制定“规定”规范司法解释工作。“两高”在全国人民代表大会常务委员会的授权下形成了“两高”司法解释的分权模式，即在各自的职权范围内对具体应用法律、法令进行解释。当前“两高”司法解释工作经过多年的实践和摸索已经取得一定的实效，为法律适用、社会治理等做出了巨大贡献，面对我国现阶段的法律现状，我们无法想象没有“两高”的司法解释，我国的法治状况将会是什么样子。但是，透过当前司法解释的现状，我们也看到了我国司法解释存在的问题。要使我国法治建设更加快速、健康、有序发展，必须在巩固“两高”司法解释权理念下加强司法解释的规范化和统一监督职能，才能使司法解释沿着法治的轨道前行。对此，笔者认为司法解释的监督权当然属于最高人民检察院，由最高人民检察院统一行使司法解释监督职能，以达到法律的统一、正确实施，理由如下：

首先，目前司法解释的监督职能是由全国人民代表大会常务委员会行使，但笔者认为，全国人民代表大会常务委员会的这一职权形同虚设，完全是“软”监督甚至是无监督的境况，或者说只尽到了司法解释的备案职责。理由如下：（1）全国人民代表大会常务委员会虽然享有立法权，但是其不办案，其工作职能是远离司法实践的，对于法律在司法实践中的具体应用困境知之甚少，如法律的漏洞、法律语言的模糊性、法律的滞后性等需要进一步解释，全国人民代表大会常务委员会不办理案件自然难以知道法律适用上的诸多困境。(2) 每类案件都有其相应的司法时效，法律规定时效功能至少给当事人心灵慰藉和经济负担的安抚，减少司法机关的诉累。

试想一个县级法院（或县级检察院）在司法实践中遇到需要对法律的具体适用问题作出司法解释才能处理具体案件时，这要经过多长时间才能获得全国人民代表大会常务委员会针对此案件所作出的法律解释以处理案件呢？在如此漫长的时间里等待案件处理对当事人来说是极大的不接受，因为这属于"迟到的正义"。而人民法院和人民检察院系统均有着高度效率化的诉讼程序，案件出现疑难现状，下级法院均可以通过层报的方式请求"两高"就某一问题作出解释，"两高"均会在诉讼程序规定的时效期内作出及时有效的解释，以弥补法律漏洞，解决法律冲突，调整社会关系。因此，在我们看来，由全国人民代表大会常务委员会作出司法解释是不切实际的，是不合理的，而全国人民代表大会常务委员会授权"两高"司法解释权具有合理性和正当性。

其次，在我们看来，全国人民代表大会常务委员会对司法解释的监督是软监督，没有实质性的效果，仅仅是备案的职能。笔者认为，司法解释的监督应当由检察机关统一履行，全国人民代表大会常务委员会负责备案。若全国人民代表大会常务委员会进行司法解释监督，鉴于其职能和工作环境无法达到法律适用的效果，这原因上文已然论及。因此，我们建议由检察机关对司法解释统一监督，具有其正当性和合理性。

宪法规定法律的解释权属于全国人民代表大会常务委员会，全国人民代表大会常务委员会将司法解释权授权"两高"，这是实践的证明和事实的需要，因为全国人民代表大会常务委员会不是司法机关，其对法律的具体应用问题中需要解释的事实是远离的、陌生的。但是，尽管其将司法解释权授予"两高"，其仍将司法解释的审查权和备案权握住，没有授予相关部门。2007 年 1 月 1 日施行的《各级人民代表大会常务委员会监督法》第 31 条规定了"两高"制定司法解释应当自公布之日起 30 日内报全国人民代表大会常务委员会备案。① 该条明确规定了"两高"的司法解释自公布之日起应当向全国人民代表大会常务委员会报送备案的规定。在我们看来，全国人民代表大会常务委员

① 《各级人民代表大会常务委员会监督法》第 31 条规定："最高人民法院、最高人民检察院作出的属于审判、检察工作中具体应用法律的解释，应当自公布之日起三十日内报全国人民代表大会常务委员会备案。"

会属于国家权力机关，要求司法机关作出的司法解释备案当属于正当权力的监管。试想，若“两高”制定的司法解释确实存在违法或侵害当事人权益的行为，全国人民代表大会常务委员会再根据相关规定撤销该司法解释，在保护合法法益方面这仍然是迟到的正义，全国人民代表大会常务委员会对此审查还得召开专家会议或者进行论证等程序去否定司法解释机关的司法解释。

一般来说，全国人民代表大会常务委员会召开论证会的专家多属于学界，在司法实务方面的经验相对较少，对司法实务中具体的法律运行了解较少，这不利于司法解释的审查工作。因此，在我们看来，全国人民代表大会常务委员会的备案审查实质为形式意义上的备案审查。《各级人民代表大会常务委员会监督法》第33条规定：“全国人民代表大会法律委员会和有关专门委员会经审查认为最高人民法院或者最高人民检察院作出的具体应用法律的解释同法律规定相抵触，而最高人民法院或者最高人民检察院不予修改或者废止的，可以提出要求最高人民法院或者最高人民检察院予以修改、废止的议案，或者提出由全国人民代表大会常务委员会作出法律解释的议案，由委员长会议决定提请常务委员会审议。”该条规定了全国人民代表大会常务委员会的有关内设机构认为“两高”司法解释与法律相抵触的救济办法。这些规定均显示出全国人民代表大会常务委员会对法律的监督是软监督，没有从司法解释技术和内容上起到真正监督的作用。笔者认为，这主要是因为全国人民代表大会常务委员会的职能性质决定了其不能进行实质监督。

人民法院是司法机关，在其履行职能的工作中遇有不能直接适用法律条文时需要对其进行解释才能将其间接应用于案件，作出判决。根据《最高人民法院关于司法解释工作的规定》第10条规定，最高人民法院制定司法解释有以下六项立项来源，分别是：（1）最高人民法院审判委员会提出制定司法解释的要求；（2）最高人民法院各审判业务部门提出制定司法解释的建议；（3）各高级人民法院、解放军军事法院提出制定司法解释的建议或者对法律应用问题的请示；（4）全国人大代表、全国政协委员提出制定司法解释的议案、提案；（5）有关国家机关、社会团体或者其他组织以及公民提出制定司法解释的建议；（6）最高人民法院认为需要制定司法解释的其他情形。”最高人民法院对作出司法解释的情形用五种例举式进行例举出来，同时还用一种概括性的方式对需要作出司法解释的情形作出概括式规定。

2006年5月10日生效的《最高人民检察院司法解释工作规定》第6条则规定了最高人民检察院制定司法解释的五项立项来源，其分别是：（1）省级人民检察院向最高人民检察院提出制定司法解释的请示、报告或者建议；（2）最高人民检察院领导同志关于制定司法解释的批示；（3）最高人民检察院法律政策研究室和其他有关业务部门提出制定司法解释的建议；（4）有关机关、单位提出制定或者商请最高人民检察院联合制定司法解释的建议；（5）全国人大代表、全国政协委员提出制定司法解释的议案、提案。

最高人民检察院是采用例举式立法模式明确了五种需要作出司法解释的情形，而未采用概括式，这区别跟“两高”的内部体制有关，法院上下级之间是监督关系，检察系统是领导关系，所以在最高人民检察院的司法解释来源中规定了“最高人民检察院领导同志关于制定司法解释的批示”，因此，“两高”在司法解释来源上有一定的区别。“两高”的职能不同，在司法解释来源上就存在一定的区别。

关于“两高”之间对司法解释的冲突解决办法，“两高”各自也有相应的规定。《最高人民法院关于司法解释工作的规定》第7条规定：“最高人民法院与最高人民检察院共同制定司法解释的工作，应当按照法律规定和双方协商一致的意见办理。”而《最高人民检察院司法解释工作规定》第21条规定：“对于同时涉及检察工作和审判工作中具体应用法律的问题，最高人民检察院应当商请最高人民法院联合制定司法解释。最高人民检察院与最高人民法院联合制定的司法解释需要修改、补充或者废止的，应当与最高人民法院协商。”同时，其第22条规定：“最高人民检察院的司法解释同最高人民法院的司法解释有原则性分歧的，应当协商解决。通过协商不能解决的，依法报请全国人民代表大会常务委员会解释或者决定。”

可见，“两高”对需要共同制定、修改和补充司法解释的，是通过协商一致解决。对于有原则性分歧的，先协商，协商不成的报全国人大常委会解释和决定。上文已经分析过，司法解释由全国人大常委会解释不具有其合理性。事实上，自新中国成立以来全国人大常委会也很少制定司法解释。因此，在我们看来，在目前的制度下，“两高”对制定司法解释有原则性分歧的只能由全国人大常委会决定或解释。

对当前的“两高”司法解释分制格局，有学者称之为二元格局的制度。这种局面其实不利于法治的进程，容易出现制定司法解释争揽事实。在制定司法解释时往往是无协调、不协调，各自在自己的权域内制定各自的司法解释，最终导致司法解释之间出现不一致的适用困境。这样的例子是存在的，2006年7月26日，最高人民检察院《关于渎职侵权犯罪案件立案标准的规定》

（高检发释字〔2006〕2号）中关于“环境监管失职案”（第408条）致使公私财产遭受重大损失或者造成人身伤亡的严重后果的行为的立案标准，在规定中的第六部分如此规定：“造成基本农田或者防护林地、特种用途林地10亩以上，或者基本农田以外的耕地50亩以上，或者其他土地70亩以上被严重毁坏的。”2006年7月28日实施的最高人民法院《关于审理环境污染刑事案件具体应用法律若干问题的解释》（法释〔2006〕4号）中关于第408条规定的“公私财产遭受重大损失”的第二部分规定：“致使基本农田、防护林地、特种用途林地五亩以上，其他农用地十亩以上，其他土地二十亩以上基本功能丧失或者遭受永久性破坏的”。可见“两高”在仅仅相差一天时间颁布司法解释在认定标准上存在如此差异，这充分说明了“两高”在制定司法解释时缺乏共同协商，更不用说协商一致而制定司法解释了。

“两高”分制的制度极可能导致司法解释不一致的混乱局面。主要是目前司法解释缺乏监督，全国人大常委会的监督是流于形式的监督。这一现象告诉我们，由一个机关来监督司法解释的统一性成为必要，这是法制统一的基本要求。因此，“由有权机关依法作出法定解释，统一口径，化解矛盾冲突，就可以避免适用上的困惑或混乱。”① 目前法院的司法解释权存在扩权之嫌。据了解，根据现实的法院内部办案制度，一些基层法院或中级法院遇到稍难一点的案件就不愿深入思考，不在案件事实与法律规范之间进行深入的契合思考，就尽快上报上级院直至最高人民法院，希望出台司法解释，以此态度和心情去办理案件显然不利于深入科学办案。笔者参与的课题调研组曾在几个县级检察院和法院对此问题进行实地调查和访谈，他们的回答是合理的、坦诚的。他们主要是基于如下考虑：对于这样的貌似疑难案件通过请示上级作出司法解释是责任的推卸，如果办成错案，则案件是经过请示上级之最高人民法院要求制定司法解释的，案件的承办人无责任。如果最高人民法院对此确定为疑难案件，用现有的法律不能直接适用，需要制定相关的司法解释才予以配合适用的，对此将会制定司法解释，这对案件承办人更是一件好事，因为目前在各级院，均有相应的奖惩制度，承办法官（或检察官）的建议被最高部门采纳后制定司法解释，承办法官（或检察官）将获得年终较高的评价，有利于年终考评。这样的事对法官（或检察官）来说何乐不为呢？因此，在实践中，基层法院和

① 郭道晖：《法理学精义》，湖南人民出版社2005年版，第263页。

县级检察院存在着貌似疑难的案件就试图层报最高人民法院和最高人民检察院，以此将案件的风险推脱的办案倾向。

针对当前我国司法解释的现状，笔者的建议是：司法解释的审查权由检察院来行使较为合适，人大备案制度应保持不变。

检察机关法律监督的属性使其监督法院的司法解释具有正当性。检察机关的检察职能就是监督法律的统一、正确实施。司法解释要无限贴近法律本旨才能保证统一、正确的司法，才不会偏离立法之精神，进而符合民众之意愿。然而事实证明，任何权力都容易被滥用，正如孟德斯鸠所言："一切有权力的人都容易滥用权力，这是万古不易的一条经验。"可以看到的是，最高人民法院这些年来制定的一些司法解释存在扩权之嫌。如我国《刑法》第 67 条第 2 款规定："被采取强制措施的犯罪嫌疑人、被告人和正在服刑的罪犯，如实供述司法机关还未掌握的本人其他罪行的，以自首论。"这里的"其他罪行"笔者认为，应当包括《刑法》中同种类罪和不同类罪，这样才符合立法的精神和原旨，才能为普通民众所接受。1998 年 5 月 9 日起施行的最高人民法院《关于处理自首和立功具体应用法律若干问题的解释》，该解释第 2 条规定："……与司法机关已掌握的或者判决确定的罪行属不同种罪行的，以自首论。"可见最高人民法院的这一解释是对《刑法》规定的"其他罪行"的限制性解释，其解释是不利于法治建设的，因为其缩小了"其他罪行"的范围。

最高人民法院的司法解释还表现出入侵立法解释之嫌，如最高人民法院于 1998 年 8 月 28 日出台的《关于审理骗购外汇、非法买卖外汇刑事案件具体应用法律若干问题的解释》第 4 条规定："……为他人向外汇指定银行骗购外汇，数额在五百万美元以上或者违法所得五十万元人民币以上的，按照刑法第二百二十五条第（三）项的规定定罪处罚。"① 这是在当时刑法没有对骗购外汇罪作出规定的情况下出台的。最高人民法院以类推解释的方法将骗购外汇的行为解释确定为"非法经营罪"，此处有僭越刑事立法权限之嫌。司法解释是对法律文本的解释，是在现有法律涵盖内容下的解释，而不是在无法律文本的情况下进行所谓的"解释"，否则这与立法有何不同？在法律没有作出规定的情况下，就应当由立法机关作出立法解释，立法解释在我国的法律地位等同于

① 《刑法》第 225 条规定的是非法经营罪。

法律本身，以此来填补法律漏洞，显然合乎法理。否则如此做法便是司法对立法权的“入侵”。因此，最高人民法院无权对法律尚未规定的问题作出司法解释。类推司法解释当属于无法律效力之解释，是不能适用于司法实践的。对此，1998 年 12 月 29 日，全国人民代表大会常务委员会《关于惩治骗购外汇、逃汇和非法买卖外汇犯罪的决定》第 1 条增设了“骗购外汇罪”，真正取代了最高人民法院的上述无法律效力的刑事司法解释。至此，最高人民法院的上述司法解释才被废止。

再比如，我国《刑法》第 384 条规定的挪用公款罪的犯罪构成，必须是挪用公款“归个人使用”。而最高人民法院于 1998 年 5 月 9 日出台的《关于审理挪用公款案件具体应用法律若干问题的解释》第 1 条第 2 款作如下解释：“挪用公款给私有公司、私有企业使用，属于挪用公款归个人使用”，这个解释明显是对《刑法》规定的“个人”作了扩张的司法解释，将“私有公司、私有企业”单位，进行扩张解释为“个人”，让人难以理解。全国人民代表大会常务委员会 2002 年 4 月 28 日制定《关于〈中华人民共和国刑法〉第三百八十四条第一款的解释》，将“归个人使用”的含义解释为三种情形：（1）将公款供本人、亲友或者其他自然人使用的；（2）以个人名义将公款供其他单位使用的；（3）个人决定以单位名义将公款供其他单位使用，谋取个人利益的。全国人大常委会作出此立法解释对最高人民法院关于“归个人使用”的错误解释再一次进行纠正。最高人民法院的司法解释扩大了“归个人使用”的范畴，明显违背了罪刑法定原则，这样的解释在司法实践中将会使很多无辜之人走向“犯罪”。

宽严相济的刑事政策是与司法实践有关的，服务于国家特定时期的社会政策，这本无可厚非。但是，法律也不能伤及无辜，对法律本意的无限扩大将会使本来无罪之人走向“犯罪”，也违背了公众社会生活中对法的可预测性，这也不是法律的初衷。因此，法律的扩张解释应当被限制。

从上述最高人民法院的三个司法解释可以看出，司法解释需要规范的制度才能得以规范。我国法律规定人大对“一府两院”进行监督，这里的监督主要是工作责任的监督，在具体职能业务技能上，人大对“两院”监督的可操作性较弱，这是由人大的职能及“两院”的司法专业性所决定的，这正所谓“术业有专攻”。因此，当前全国人大常委会对“两院”的司法解释的专业监督是不合理的，在监督技术上缺乏专业性，在监督的时间上存在滞后性，在监督的运行上缺乏可操作性。全国人大常委会对“两院”的监督主要是权力监督和职能监督。

而检察机关对法院的司法解释的监督具有正当性。这是因为：首先，在法律职能上，检察机关本属于法律监督机关，检察机关的职能就是履行法律监督，保证国家法律统一、正确实施。司法解释是司法机关在具体应用法律中对法律的解释，所作出的解释本该是也应当是法律原旨的具体化。因此，司法解释当属法律规范的范畴，司法机关作出司法解释当属法制的范畴，保证法制统一、正确实施本是检察机关的职能，因此，检察机关对法院的司法解释监督是题中应有之义。

其次，检察机关在我国是司法机关，事实上也是在履行司法职能，检察机关在行使检察权的过程中具体应用法律，对法律的运行及其运行状态中的现状有细微的洞悉。而不像全国人大常委会那样是远离司法工作实际、对法律实施的了解是间接的。全国人大常委会对法律的运行现状也是间接的，其了解程度在很大程度上取决于办案人员的文字功底及其表达能力，进入全国人大常委会视野的材料与司法实际困境是否完全吻合一致，将直接影响全国人大常委会所作出的解释与司法实际问题的吻合程度。

检察机关进行司法实践工作，深知司法中法律的具体困境及其解决办法，即对法律在司法中的具体情况具有较为全面的、深入的、彻底的把握和了解。因此，检察机关监督法院制定的司法解释具有现实性和专业性。

最后，检察机关对法院司法解释进行监督具有可接受性。社会民众对事物的接受性源自于该事物的基本属性及其能力的尽责程度。检察机关的法律监督职能早已深入人心、家喻户晓，并自新中国成立以来一直担当起监督职能，取得很好的社会效果和法律效果，民众在遇有需要法律监督的时候总是想起检察机关。在民众眼里检察机关具有较高的社会正义性，具有法律监督的天然属性。检察机关对法院的审判活动进行监督也早已是深入民众之心，民众遇有审判不公之事几乎都是找检察机关。而全国人大常委会在民众眼里是远离司法机关，与司法活动没有关联的机构。因此，在民众眼里，能够监督、敢监督的机关是检察机关。因此，检察机关监督法律的统一、正确实施具有较为广泛的民众观念基础，具有监督的可信赖性。

通过上述论证分析，也许有人会说，检察机关监督法院的司法解释，那检察机关自身的司法解释由谁来监督呢？在我们看来，这是对我国政治制度缺乏深入认识的原因造成的，这样的问题就类似于世界上是先有蛋还是先有鸡的问题。其实，检察机关制定的司法解释在实际审判中就处于法院的监督之中。如果检察机关制定的司法解释不合法律的基本要求和实质精神，法院在具体案件的处理过程中就不会在司法中予以采纳引用，这也是一种监督方式。

检察机关对法院司法解释的监督是在我国的政治体制下的监督，是符合制度设计和司法现实的监督。在现有的司法解释制度上增加检察机关对法院司法解释的监督，全国人大常委会备案制度仍然保存。笔者对此制度的设计是：

第一，在制定司法解释时涉及共同司法解释权限领域的解释由“两高”共同协商确定制定司法解释。如协商不成，报全国人大常委会决定由谁解释或解释哪些内容。

第二，在最高人民检察院设置相关司法解释审查职能内设机构，专门审查司法解释的程序和实质内容是否具有合法性。最高人民法院的司法解释送最高人民检察院司法审查机构审查，由该机构作出是否具有合法性的审查。如不具有合法性，立即不予认定其效力，这种做法有两个好处：其一是司法解释是否合法适用预先被进行实质审查，使司法解释真正具有司法实效性；其二是这样的做法避免了司法生效后，才被全国人大常委会审查的相对滞后性。按照现行的规定，“两高”制定司法解释后30日送交全国人大常委会备案，30日对于一个案件的处理是来得太迟了，并且这样的审查极易引起司法的混乱，即全国人大常委会一旦事后对司法解释作出否定性评价，那么对于已经依据司法解释作出的判决是否又将重走司法程序，进行纠错？如果司法审查结论具有合法性，则由该审查职能部门送交全国人大常委会备案产生法律效力。

第三，最高人民法院制定司法解释的，应当在制定后3日内送交制定司法解释的材料，具体包括制定理由、制定依据、制定程序等。最高人民检察院收到该材料后应当在7日内作出处理意见，并统一配以司法解释文号，以规范现实中“两高”司法解释文号混乱的现状。检察机关履行好司法解释的监督职能，才能更好地履行法律监督职能，保证国家法律的统一正确实施，结束当前司法解释的混乱局面。“为了防止各种解释观点的误用，有必要培养一种对民主、分权、法治和人类基本权利等价值的深思熟虑的适当的平衡意识。”[①] 因此，检察机关对法院的司法解释的监督就显得尤为必要。司

① D. Neil MacCormick and Robert S. Sunmmers, “Interpretation”, in D. Neil MacCormick, Robert S. Summers (ed.), Interpreting Statutes: A Comparative Study, Dartmouth, 1991, p. 541.

法需要法制的统一正确实施，才能产生公信力，才具有权威性，才能获得民众的广泛信仰。

第三节 最高人民检察院司法解释的理念与原则

《中国大百科全书·哲学》对理念一词的解释是："一种理想的、永恒的、精神性的普遍范型。"① 理念是人对待事物的基本看法、想法，是思维及其观念的理性认知。人是高级动物，在针对客体行为时是在理念支配下做出的有意识的行为。法律对社会的治理本身就是人类理念的伟大成果，并且人类的发展要求人类对这一成果进行不断的更新、完善，使之用更加理性、更加完善、更加人性的法律治理来保障人类整体的权利。原则是说话、行为、处事所依据的根本准则，它直接表现在人意识行为上，违背原则的行为将承担责任，并给予追究。司法解释是法律运行中的重要环节，它关系到国家法律运行的状况，直接影响到法治的建设。所以，司法解释在运行中必须注重司法解释的理念和原则。只有在正确的司法解释的理念和原则指导下，才会有符合法治精神的司法解释的制定与适用。

一、最高人民检察院司法解释理念之探索

理念是对待事物的一种价值观、一种信念，它指引人的行为，有什么样的理念就会表现出什么样的行为。从制度的层面来讲，一种制度在设计和建构过程中所蕴含的基本态度、思维、观念，即是这种制度的建构理念。司法解释也一样是基于一定的基本态度、思维、观念、价值取向而建构。这种指引司法解释制度构建的基本态度、思维、观念、价值取向就是司法解释的理念。从行为层面来讲，一种正确的、有效的行为都是在具体的基本态度、思维、观念、价值取向指引下完成的。最高人民检察院行使司法解释权的行为也一定需要正确的基本态度、思维、观念、价值取向的指引。因此，最高人民检察院司法解释的理念就是指引最高人民检察院制定司法解释的基本态度、思维、观念和价值取向。

---

① 参见《中国大百科全书·哲学》（I卷），中国大百科全书出版社1987年版，第465页。

最高人民检察院司法解释理念是反映最高人民检察院司法解释的性质、宗旨、功能、结构和价值取向的理性观念和信念，是最高人民检察院司法解释的基本指导思想。认识最高人民检察院司法解释理念必须从其职能入手，其职能就是法律监督，保障法律的统一正确实施。

什么是最高人民检察院司法解释的性质？性质是反映事物本身所具有的属性。司法解释不是立法，而是对立法在司法实践中的二次“立法”，即根据法律条文的意旨在法律条文不能直接适用案件的情况下，对具体的法律条文所作的具有法律效力的解释。因此，最高人民检察院的司法解释的性质不是立法，而是在履行职能中依据法律的原旨而作出的进一步适用于类似案件的解释。

最高人民检察院司法解释的宗旨是其主要的思想和意图，即是在社会主义法治理念指导下，依据法律的原旨制定更加适用于案件的解释来指导案件的侦查、追诉和审判，做到司法为民。最高人民检察院的司法解释应当在法治统一的条件下，依据法律的基本原则而制定，其立足点是司法为民。立法、执法和司法最终落到实处都必须是保障社会秩序，保护公民基本权利。因此，最高人民检察院的司法解释必须是在法律的统一正确实施的前提下，对影响法律的诸多方面进行考量而对法律条文作出更为详细的解释。

功能就是效用。最高人民检察院的司法解释有何功能？笔者认为，最高人民检察院的司法解释的功能是保障司法公正，促进正义价值之实现。法律条文本身要求其具有较强的稳定性、原则性，法律条文自身的品格要求其语言尽可能简明精炼。这一方面是法律必备的品格；另一方面是法律在司法实践中要求语言达到细微，这样才能最大化地适用于具体的千变万化的案件，这就是一对矛盾，司法解释就是统一此矛盾的最好方法。法律的精简导致法律语言具有一定的模糊性，“从积极的方面看，法律的模糊增强了法律适应社会的能力，为法官能动地把法律文本适用到社会提供了一些较为灵活的空间。”① 因为，法律不能穷尽生活，法律的上述品质为法官在案件中适用法律提供了时机和空间。司法解释的功能就是要解决法律自身在适用中的困境。最高人民检察院司法解释的功能就是解决其在司法实践中依据法律的本旨，具体应用法律处理案件的效能。

---

① 陈金钊：《法律解释学——权利（权力）的张扬与方法的制约》，中国人民大学出版社 2011 年版，第 75 页。

价值取向（value orientation）是价值哲学的重要范畴。它是指主体基于自己的价值观念在面对或处理各种矛盾与冲突的关系时所持有的基本价值立场、价值态度、基本价值倾向。价值取向具有较强的实践品格，它决定和支配了主体的价值选向，因而对主体自身、主体之间以及其他主体间的各种关系均有重大的影响。价值取向的合理与否关乎主体的社会评价好坏。① 最高人民检察院司法解释的价值取向就是在其自己的价值观念上面对处理案件事实和法律规范时所持有的基本立场、价值态度、基本价值倾向。作为法律监督机关的基本价值观是维护社会秩序，实现公平正义。在我们看来，检察机关的价值观是依据法律履行监督职能，对破坏社会秩序的行为予以监督，对遭到破坏的公平正义予以恢复，进而促进正义价值之实现。检察机关的价值观就是社会、有关组织、机关和个人对法律监督职能的履行需要。检察机关制定司法解释是为了在检察工作中具体应用法律对待案件事实时，当没有直接的法律条文可资引用，而依据检察职能价值观与法律文本制定出更加细化的，能直接适用于案件的解释。

综上所述，最高人民检察院的司法解释是最高人民检察院在处理案件事实与法律规范之间所应当持有的基本态度、思维、观念和价值取向所制定的司法解释。最高人民检察院司法解释惟有符合司法解释的性质、宗旨、功能和价值取向，才是具有社会主义法治理念属性。脱离了最高人民检察院司法解释理念而制定的司法解释是无效的，是不符合民意的，这样的司法解释应当被权力机关所否定。最高人民检察院制定的司法解释为社会法治建设作出了巨大贡献，弥补了法律文本的不确定性，完善了法律与时俱进的时代品格，为再次立法积累了较为丰富的经验，值得肯定和褒扬。

二、最高人民检察院司法解释原则之探索

（一）最高人民检察院司法解释原则之研究史略

自最高人民检察院成立以来，由于行使法律监督职权的需要而对法律在司法实践中的适用作出解释，在1981年全国人大常委会做出《关于加强法律解释工作的决议》前最高人民检察院的司法解释属于事实上制定司法解释的阶段，因为当时尚未得到法定的法律解释机关之授权。在全国人民代表大会常务

---

① 参见百度百科 http：//baike. baidu. com/view/1151623. htm。

委员会《关于加强法律解释工作的决议》之后，全国人大常委会授予最高人民检察院“凡属于检察院检察工作中具体应用法律、法令的问题，由最高人民检察院进行解释”，即授权最高人民检察院在检察工作中依法进行司法解释。全国人大常委会的授权结束了最高人民检察院司法解释没有合法来源的历史，使其获得合法性。最高人民检察院先后两次制定“司法解释工作”的相关制度来规范其司法解释。实践证明，最高人民检察院制定的司法解释对我国法律的统一正确实施，对追诉犯罪、保障人民合法权益、保障社会秩序的良好运行等起到积极作用。

那么，最高人民检察院的司法解释原则应有哪些呢？在法治国家里，我们必须对最高人民检察院的司法解释进行这样的追问。所谓“原则”，简言之就是言行所依循的准则，它指导人的意识行为。最高人民检察院的司法解释权是全国人大常委会授予的，它必须在法律的框架内运行，必须依据一定的原则进行。

其实，对司法解释原则或专门针对最高人民检察院司法解释的原则研究也早已有之。周道鸾教授认为司法解释的原则应当有五个，分别是：(1) 独立行使司法解释权原则；(2) 合法原则；(3) 具体明确原则；(4) 公开化原则；(5) 程序规范原则。①

周道鸾教授认为，“独立行使司法解释权原则”是“两高”依职权独立或联合制定司法解释，不应当与其他机关或组织联合制定司法解释，但是涉及相关问题时，应当征求其意见，以至尽可能统一思想、达成共识。对此观点笔者表示赞同，因为司法解释顾名思义是司法机关对法律所作的解释，其他机关不能制定或参与制定。

周道鸾教授在论及“合法原则”时主要是论证司法解释的内容必须合法，即将法律条文所有的内涵和外延作为司法解释的对象和范围。在过去，“两高”未制定相关制度保证司法解释的合法性时，出现了一些“司法机关在进行司法解释时，不但可以脱离具体的纠纷案件进行，而且甚至可以不顾法律文本的规定，擅自作出补充、限缩，甚至是创制性的解释”。② 这大大影响了司法解释的适用，对司法解释的实践工作带来一定的负面影响，降低了司法解释的

---

① 周道鸾：《论司法解释及其规范化》，载《中国法学》1994 年第 1 期。

② 吴萍、蒙柳：《海峡两岸司法解释之比较》，载《甘肃政法学院学报》2005 年第 3 期。

权威性。

“具体明确原则”就是要求通过解释使法律规定更加具体化和明确化，以保证在司法实践中对法律的正确适用。司法解释是对抽象的、模糊的、原则的法律条文的具体和细化，以使其能够直接适用于司法个案。因此，司法解释必须具体明确。

“公开化原则”就是将司法解释通过一定形式和渠道向社会公开，让社会各主体充分知晓。法律必须公开，让社会知晓，才能具有其相应的效力。司法解释是对法律条文的解释，当然应当公开，让社会公众充分知晓，才能去指引人的行动，让个体在行为时去判断是为还是不为，从而作出决策。

“程序规范原则”则是指制定和发布司法解释应当遵循一定的程序规范，使其制度化和规范化，而不是任意、随心所欲地制定和发布司法解释。尽管司法解释的制定来源于多种需要，如下级院的报请、社会管理的时事需要、其他机关的提请等。但是，这些制定的必要性均要求司法解释制定机关遵循一定的程序原则，对司法解释进行监督，从而保证司法解释的内容的正确性与形式的合法性。

江西财经大学谢志红教授认为，司法解释应当遵循三个原则，分别是：(1)个案因应原则；(2)尊重法律原则；(3)司法终决原则。[①] 谢志红教授认为，个案因应原则是司法机关在制定司法解释时，应当根据具体的个案的需要进行解释，而不能脱离个案凭空解释法律。谢志红教授认为，司法机关在对法律文本进行解释时，依据的是当前案件和当事人的需要而制定司法解释的，法官不能脱离具体案件对法律文本进行解释。“在普通法系，尽管法官有很大的自由裁量权，甚至有‘法官造法’之说，但法律规则的确立和成文法的解释都必须通过具体判例来实现，法官不得脱离具体案件抽象地去解释法律或抽象地去制定类似于法律形式的规范。”[②] 我们的制度是法官办案时，不是独立的个体对外解释，法官不是个人独立，而是法院独立。我们的司法解释均是由代表国家最高司法权的机关制定的，法官个人不能制定司法解释，这一观点是值得商榷的。

笔者认为，个案因应只是制定司法解释的一个来源，因此，不能将此作为司法解释的原则。现行的《最高人民检察院司法解释工作规定》（高检发研字

---

① 谢志红：《论司法解释的原则》，载《江西社会科学》2007 年第 9 期。

② 董皞：《司法解释之管见》，载《政法论坛》1997 年第 6 期。

〔2006〕4号）规定了最高人民检察院司法解释的五种主要立项来源，分别为：省级人民检察院向最高人民检察院提出制定司法解释的请示、报告或者建议；最高人民检察院法律政策研究室和其他有关业务部门提出制定司法解释的建议；最高人民检察院领导同志关于制定司法解释的批示；有关机关、单位提出制定或商请最高人民检察院联合制定司法解释的建议；全国人大代表、全国政协委员提出制定司法解释的议案、提案。①《最高人民法院关于司法解释工作的规定》（法发〔2007〕12号）规定最高人民法院制定司法解释立项的六类来源，分别是：最高人民法院审判委员会提出制定司法解释的要求；最高人民法院各审判业务部门提出制定司法解释的建议；各高级人民法院、解放军军事法院提出制定司法解释的建议或者对法律应用问题的请示；全国人大代表、全国政协委员提出制定司法解释的议案、提案；有关国家机关、社会团体或者其他组织以及公民提出制定司法解释的建议；最高人民法院认为需要制定司法解释的其他情形。② 可见，“两高”制定司法解释的来源不仅仅是“个案需要”而制定司法解释。

司法解释是司法机关在司法实践中对法律的适用需要而作出的解释，它是在不改变法律原旨的前提下作出的解释，“就司法解释而言，它应当以尊重法律为第一要务。”③ 因此，司法解释必须以尊重法律为原则，不得改变法律原旨。

谢志红教授认为，司法终决原则是人民法院依据法律文本所作出的解释，是最终解释，其效力优于其他机关所作出的解释。对此原则笔者不敢苟同，司法解释在我国现行体制下就仅仅指“两高”在司法过程中对法律所作出的解释，其他机关所作出的解释不是司法解释，不具有司法属性，当然不具有判决效力。因此，就不存在所谓的与其他机关之间的司法终局之说。另外，依据全国人民代表大会常务委员会《关于加强法律解释工作的决议》，“两高”的解释如果有原则性分歧的，报请全国人大常委会作出解释或决定。据此规定，全国人大常委会对“两高”的司法解释的裁决是对“两高”司法解释本身的裁

① 参见《最高人民检察院司法解释工作规定》（高检发研字〔2006〕4号）第6条之规定。

② 参见《最高人民法院关于司法解释工作的规定》（法发〔2007〕12号）第10条之规定。

③ 胡玉鸿：《尊重法律：司法解释的首要原则》，载《华东政法大学学报》2010年第1期。

决，而不是对案件的裁决，不涉及司法领域，因此，这里也不涉及所谓的“司法终决原则”。倘若“两高”制定的司法解释被全国人大常委会予以否定，“两高”先前根据司法解释作出的司法判决就是错误判决，理应依据相关程序启动错案纠错程序，这也不涉及所谓的“司法终决原则”。因此，笔者认为，这一原则不应归为司法解释原则。

关于“两高”与其他机关联合制定司法解释的问题，在此不予讨论。司法解释在我国专指“两高”的司法解释，学者们对司法解释的原则做了很多研究，但是最高人民检察院的司法解释与最高人民法院的司法解释由于其职能不同，理应存在区别，对于“两高”的司法解释的共性，已有学者做出研究。为了更进一步了解事物的本质属性，研究“两高”司法解释的个性成为必要。最高人民检察院法律政策研究室主任陈国庆、刑事申诉检察厅副厅长罗庆东均认为，最高人民检察院司法解释应当存在下列四个原则：（1）合法原则；（2）及时原则；（3）规范原则（形式）；（4）公开原则。① 这是来自司法实务界的观点。

在他们看来，合法原则指的是司法解释的制定主体合法，根据全国人大常委会的授权规定，在检察工作中具体应用法律、法令问题，由最高人民检察院作出解释，其他机关、组织均无权对检察工作中具体应用法律、法令问题作出解释。过去在实践中出现一些地方检察机关根据当地具体情况和政策作出相关司法解释，对此问题，《最高人民检察院司法解释工作规定》明确规定，在检察系统中，只有最高人民检察院有司法解释权。如果地方检察机关认为有必要制定相关司法解释则依据该规定上报最高人民检察院立项制定司法解释。这一阻止地方检察机关私自制定司法解释的行为，为司法解释的权威性、统一性奠定了基础。制定的内容必须合法，不得违反法律的规定。这就要求最高人民检察院制定司法解释必须依据现行的法律条文作出，并且制定的司法解释不得违背法律的原旨，不能侵犯立法领域而制定司法解释，否则是无效的司法解释。司法解释的应用并产生法律效力是指导检察机关处理案件和司法裁决的依据，因此其产生有着严格的法定程序，在制定司法解释时必须遵守相关规定。

目前依据《最高人民检察院司法解释工作规定》的规定，最高人民检察院制定司法解释的程序如下：（1）确立司法解释项目；（2）调查研究并提出司

---

① 罗庆东：《最高人民检察院司法解释的基本原则》，载《人民检察》1997 年第 11 期；陈国庆：《检察制度原理》，法律出版社 2009 年版，第 247～251 页。

法解释意见稿；（3）论证并征求有关部门意见，提出司法解释草案；（4）提交分管检察长审查，报请检察长决定提交检察委员会审议；（5）检察委员会审议；（6）核稿；（7）签署发布。①

最高人民检察院制定司法解释用来解决当前的、现实的检察工作中需要立即制定司法解释的具体问题，具有很强的实效性。如果不立即制定司法解释，对于检察机关当前正在办理的案件有很大的影响，很有可能致使罪犯逍遥法外，无法追诉，失去法律保障社会秩序的真正功能。及时原则还包括司法解释的修改、废除和清理等工作的及时快捷。这就是司法解释弥补法律滞后性的好处，它能及时弥补法律的某些不足。对于及时原则，《最高人民检察院司法解释工作规定》已作出了相关规定，最高人民检察院法律政策研究室对于立项的司法解释应当于1个月内提出司法解释意见稿。对于重大、疑难、复杂的案件情况，提出意见稿的时间可以适当延长。对于省级检察院提出制定司法解释的请示，应当在立项后15日内提出司法解释意见稿。② 可见，最高人民检察院对司法解释制定的时间是有具体严格要求的，必须在规定时间内完成。

规范原则是指司法解释的表现形式要规范。过去最高人民检察院的司法解释的表现形式呈现多样性，给民众的感觉就是很乱，导致在适用中出现一些困境。如："意见"、"批复"、"解释"、"答复"、"解答"、"通知"、"规定"、"若干规定"、"纪要"等。《最高人民检察院司法解释工作规定》明确规定司法解释的表现形式有"解释"、"规则"、"规定"、"批复"、"意见"等，并且由最高人民检察院统一编排司法解释文号。对此原则，笔者表示赞同。司法解释的表现形式是普通公民对司法解释的表面感观，表现形式多变、复杂且不固定，极易给民众带来理解上的混乱，会直接影响到民众对司法权威丧失信任。在我们看来，最高人民检察院的司法解释应当注重司法解释的表现形式，坚持规范原则的指导，唯有如此才能使其制度化、规范化，为提高司法信任、增加司法权威等产生积极作用。关于最高人民检察院的司法解释的规范化问题，我们将在后文"最高人民检察院司法解释的表现形式合理性"部分进行专门讨论，在此不予深入展开。

① 参见《最高人民检察院司法解释工作规定》（高检发研字〔2006〕4号）第10条规定。

② 参见《最高人民检察院司法解释工作规定》（高检发研字〔2006〕4号）第12条规定。

关于最高人民检察院的司法解释的“公开原则”，我们认为具有合理性，这在上文已讨论过，此处不再重复。

（二）最高人民检察院司法解释原则之重新厘定

经过上述讨论，结合最高人民检察院司法解释本身性质属性、作用及其功能。笔者认为，最高人民检察院司法解释应遵循以下基本原则：尊重法律原则、程序规范原则、形式规范原则、及时公开原则。

1. 尊重法律原则

尊重法律原则是指司法解释必须以法律文本的意旨为出发点而制定，不得与此相悖。最高人民检察院在履行法律监督职能中，需要对抽象的法律文本进行细化和明确，对如何适用进行解释和说明。司法解释必须以法律为“蓝本”进行解释，其一定是以现有法律为依附的，正所谓“皮之不存，毛将焉附?”如果司法解释逾越了法律既定的规范之道，那将是“入侵”立法权域。司法实践中，“司法解释的‘立法化’或‘泛立法化’现象已经成为我国司法解释的一个基本特征和普遍趋势”①。因此，这种做法应当予以禁止，司法机关只能在立法制定的法律条文原旨内进行司法活动，处理案件，而不能从事实质的立法活动。“法官除了法律就没有别的上司。法官有义务在把法律运用于个别事件时，根据他在认真考察后的理解来解释法律。”② 故此，司法工作者要根据法律条文原旨来处理案件。司法工作人员在司法中需要对法律文本作出解释，是因为“法律本意并不总是清晰无疑而不存在解释空间的，而且案件事实本身也并不总是严丝合缝地符合立法时的情形假定，因此，法官有必要在自由裁量权的范围内自主地调整利益关系。”③ 司法解释就是在立法的原旨下对法律文本予以解释，使之与案件事实之间完全的严丝合缝，而无空隙。法律需要具有稳定性，而不是朝令夕改，否则将导致民众无所适从。

立法者在制定法律时往往也会注意到社会变迁对法律产生的可能影响，不必然会对法律文本作出生硬的规定，而是更显原则性和灵活性，给予司法者一

① 袁明圣：《司法解释“立法化”现象探微》，载《法商研究》2003 年第 2 期。

② 《马克思恩格斯全集》（第 1 卷），中央编译局译，人民出版社 1995 年版，第180～181 页。

③ 陈甦：《司法解释的构建理念分析——以商事司法解释为例》，载《法学研究》2012 年第 2 期。

定空间，以便使得司法更具可操作性。

社会在前进，人类在进步，各种利益在社会中进行各种博弈，立法、司法都要考量社会诸种因素，“立法者之所以对不同的行为采取不同的立法政策，核心原因还是对各种社会利益进行取舍的结果”。[①] 立法对社会的调整较司法来说更显困难，在这样的条件下，司法就充当立法的调整器，在立法原旨下对社会各种利益进行博弈、考量进而作出解释。“尤其是当社会处在转型期时，要实现一种规则调整，可能就更要正视法律的刚性、在制定时缺乏某种预期而可能出现的一些问题。”[②] 这些问题的解决，司法解释就充当应有的责任，司法解释也将对社会各种利益进行博弈，最终作出正义的解释，以用于处理案件。“法律解释的过程是一个政治博弈的过程，从而使法律在保守和自由的政策倾向中来回波动。”[③] 司法解释要以保证法律文本的词义为基础，进行法律意旨的解释，遵循词义原理解释。“词义的原理要求我们的解释是属于本词意义范畴的，离开了该词意义范畴的解释就不是对该词的解释，就是解释别的词语。”[④]

对于法律的司法解释来说，在对词义表面意思不能作出合理的解释无法处理案件时，就应当寻找立法者的立法客观意思。“在一个法治国家里人民应该考虑和遵循的仅仅是立法者表现在法律文献中的客观意思，而不应该是立法者的主观意思”。[⑤] 司法解释应当遵循立法者在法律文本中所表述的“客观意思”，使法律文本更适用于司法实践，这就是司法解释应当尊重法律原则的真意。这样的法律才使得司法解释具有合法性，才能得到民众的普遍遵守和拥护。

2. 遵循程序规范原则

程序规范原则是指最高人民检察院制定司法解释应当按照相应的程序严格进行，以保证司法解释的实质正义。法律是讲究程序的，程序是保障实体的根本。司法解释也必须要以相应的制定程序去规范，才能保证制定的司法解释具有司法解释应当具有的品质。通过相应的程序对司法解释的每一个程序进行严

---

① 汤唯、雷振斌：《论立法政策取向与利益衡量》，载《法学论坛》2006 年第 3 期。

② 张志铭：《法律解释原理》（上），载《国家检察官学院学报》2007 年第 6 期。

③ William N. Eskridge, Jr: Dynamic statutory Interpretation, Harvard University press, Cambridge, Massachusetts London England, 1994, p. 50.

④ 王元华：《词语解释对错的判断原理》，载《语文知识》2009 年第 3 期。

⑤ 张志铭：《法律解释原理》（中），载《国家检察官学院学报》2008 年第 1 期。

格把关，通过司法解释的制定程序来保证司法解释的实体内容。目前《最高人民检察院司法解释工作规定》规定其制定司法解释的程序包括立项、论证、审查、审议、公布。立项可以检验所需制定司法解释的必要性，制定司法解释必须具有现实的、必要的、紧迫的需要才予以立项，否则不予立项。法律具有稳定性，司法解释也应当具有稳定性，一经制定就得应用于实践，司法解释的修正和废除也必须具有一定的现实需要。因此，通过立项可以保证制定司法解释的必要性。这里的论证是对司法解释诸多因素进行实质的论证，如对将要制定司法解释所涉及的内容、与其他法律之间的关系、适用后的效果等进行考察论证，以此确保将要制定的司法解释其内容和效果具有司法解释应当具有的品质。

《最高人民检察院司法解释工作规定》指出，司法解释立项后的意见稿应当征求地方人民检察院、最高人民检察院相关业务部门和专门检察院的意见。以集思广益，慎重制定司法解释。并且规定在“必要时”“可以”征求有关部门和专家意见。对于“重大”、“疑难”、“复杂”的问题，才是“应当”召开有关部门和专家参与的司法解释论证会进行论证，“必要时”“可以”向社会公开征求意见。① 但是在实践中什么状况才是“必要时”呢？在笔者看来，这样的规定极有可能导致对“必要时”的认定存在不同的个人主观色彩。此处的两个“可以”征求意见的正确解读就是征求意见与否属于征求行为人的自由，没有强制规定。

事实上，很多机关由于日常事务繁忙，很有可能在这一环节就不用去征求意见了，这就导致可能有很好的建议没有机会进入司法解释中，直接影响司法解释的质量。什么是司法解释制定中的“重大”、“疑难”、“复杂”呢？这个问题的认定也存在问题。这样的现实的规定很大程度上趋于由领导或承办人的主观去认定“重大”、“疑难”、“复杂”，这就显示出很大的随意性，没有严肃性，而可能的后果就是真正的“重大”、“疑难”、“复杂”问题却被忽视了，难以进入司法解释的层面。对此，笔者认为，司法解释一经立项，就应当向社会公开，让民众参与讨论，通过一定的程序让先进的、具有代表性的、专业性的观点被广泛吸纳到即将制定的司法解释中。集广大民众的智慧去制定司法解释，是法律“从群众中来到群众中去”的工作路线，具有广泛的民意基

① 参见《最高人民检察院司法解释工作规定》（高检发研字〔2006〕4号）第13条规定。

础。这样的规范才能使司法解释的制定更加具有规范性、严肃性。这样就能从程序上保障司法解释实质正义，因此，司法解释的程序规范尤为重要。

3. 遵循形式规范原则

形式规范原则是指司法解释的表现形式要规范化、制度化，以固定的表现形式出现。表现形式是民众对司法解释的表面认知的直觉来源，不同的表现形式导致民众眼花缭乱。在未制定《最高人民检察院司法解释工作规定》之前，最高人民检察院的司法解释的表现形式曾一度呈失控之势，采用形式多样，如“意见”、“答复”、“解释”、“批复”、“解答”、“通知”、“规定”、“具体规定”、“若干规定”、“纪要”等。对普通民众而言，标题为“……批复”、“……解答”、“……意见”等却未有“解释”二字的是否是司法解释？他们不得而知。这导致了司法解释的误用、滥用、不用等现状。《最高人民检察院司法解释工作规定》明确将司法解释的表现形式规范为：“解释”、“规则”、“规定”、“批复”、“意见”等。这对于规范最高人民检察院的司法解释的表现形式具有积极的意义，这之后最高人民检察院的司法解释的表现形式混乱的现象得到一定程度的治理，表现出一定的规范化。但在笔者看来，目前的司法解释表现形式仍有其不规范性，这将在后文“最高人民检察院司法解释的表现形式合理性”部分予以重点论述。

4. 遵循及时公开原则

及时公开原则是指司法解释一经制定备案后，应当立即通过一定的形式向社会公开，让社会公众及时、充分地知晓。“法律公开且为公民所知晓还有利于公民对法律的关注，这种关注既是产生法律权威的因素，也是监督立法者的一项隐性措施。”① 法律必须公开，才具有普遍效力，司法解释作为权威的国家司法机关所作的有权解释，其制定的初衷就是为了使法律文本更好地得以适用。如果不予以公开，广大民众知道司法解释的内容，司法机关就将其适用于案件，这样导致的结果就是当事人不明白司法解释。

及时公开原则要求最高人民检察院制定司法解释应当及时地公开，而不是事后地、滞后地公开。《最高人民检察院司法解释工作规定》中规定，司法解释以公告的形式在《最高人民检察院公报》和全国性的媒体上予以公开发布。笔者认为，这一规定有些落后，这里仅规定了公开，没有规定何时

① 杨春福：《论法治秩序》，载《法学评论》2011 年第 6 期。

公开的问题。因此，最高人民检察院的司法解释仅仅规定了公开原则，没有规定及时原则，这违背了司法解释适用的及时性原则，司法解释制定的必要性之一就是法律文本不宜直接适用于案件，才予以解释，因此据此制定出的司法解释应当及时向社会公布，让社会公众早日知晓，以至全面广泛地应用于案件的解决。

第三章　最高人民检察院司法解释合法性依据研究

法律要获得普遍的遵从，则它必须具有合乎法律的基本品性。司法解释源于法律文本的意旨。因此，司法解释也一样要具有法律的基本品性，才能获得普遍的遵从。在此，笔者试从《宪法》、《立法法》、《关于加强法律解释工作的决议》和《最高人民检察院司法解释工作规定》的相关规定出发，对最高人民检察院司法解释的合法性进行探讨。

第一节　《宪法》、《立法法》与最高人民检察院司法解释

一、《宪法》与最高人民检察院司法解释

《宪法》是规定国家的根本任务和根本制度的“母法”。《立法法》则是规范立法活动，健全国家立法制度，建立和完善社会主义法律体系，保障和发展我国社会主义民主，推进依法治国，建设社会主义法治国家的宪法性法律。在讨论最高人民检察院司法解释权的合法性问题时，需要从法律解释权的源头进行梳理，以论证其合法性问题。

1949 年 9 月 29 日，中国人民政治协商会议第一届全体会议选举了中央人民政府委员会，通过了起临时宪法作用的《中国人民政治协商会议共同纲领》(以下简称《共同纲领》)，《共同纲领》没有规定法律解释权，因为在共和国刚刚成立之时，国家机构尚未完全建立。在 1954 年我国才制定《宪法》，迄今为止我国共产生了四部《宪法》，在这四部宪法中均规定法律解释权属于全国人大常委会行使。即分别为 1954 年《宪法》第 31 条第（三）项、1975 年《宪法》第 18 条、1978 年《宪法》第 25 条第（三）项、1982 年《宪法》第 67 条第（四）项所规定。由此可见，法律解释属于国家权力运行中的重大问

题。全国人大常委会是在全国人民代表大会闭会期间行使最高国家权力的常设机关，其根据宪法规定，行使国家立法权，有权修改和制定除全国人民代表大会制定的法律以外的其他法律，决定国家的重大问题，任免和决定国家机关领导人员，监督国家机关工作，批准国际条约，并行使全国人大授予它的其他职权。它与国家主席结合起来行使国家元首的职权，对全国人民代表大会负责，并接受它的监督，由全国人大选举产生。

全国人大常委会监督检察机关和法院工作，但是全国人大常委会的职能不涉及司法职能工作领域，对国家法律在司法领域的具体应用状况是陌生的，对于国家根本法中规定解释法律的职能显得很遥不可及。司法解释是具体的、实践的工作。没有在司法实践中针对具体案件应用法律规范，或者说没有在大前提与小前提之间进行来回的逡巡，是无法探知国家法律对于案件适用的优劣及其社会效果的。

全国人大常委会法律解释的职能被学界称为立法解释。这是根据全国人大常委会的职能作出的定位。法律解释根据解释机关的职能可划分为三种：立法解释、司法解释和行政解释。

中国社会科学院李步云教授在《中国立法的基本理论和制度》中指出："立法解释是指有权产生和变动法的特定国家机关，依照法定的职权和程序，对现行法的规范、原则和概念的内涵与外延所作的阐明和规定。它既可以依据立法者的原有意旨对法的规范、原则和概念进一步作出明确的界定，也可以依据社会生活的发展变化对其内涵与外延作出新的扩大或缩小的解释，以及作出某种特殊情况下的灵活处理。"笔者赞同李步云教授对立法解释的定义。立法解释的权限相对较大，它可以"对依据社会生活的发展变化对其内涵与外延作出新的扩大或缩小的解释"，有一定的"新立法"之能。立法机关对法律的解释曾是备受质疑的，因为立法机关的职能是立法，立法后再进行立法解释，这显得太专横，有"一言堂"之嫌。"如果由立法者行使法律解释权，实际上是在立法领域内混淆了立法权和司法权的界限。"① 在法治国家，法律各个阶段的行使均有严格边界，各权力机关只能在法律赋予自己的权力范围内行使职权，不得侵犯其他机关的权域。"法律解释的逻辑起点应当在立法完成之后的

① 陈金钊：《何谓法律解释——对〈立法法〉中设置"法律解释"一节的认识》，载《法学论坛》2001年第1期。

法律应用环节”①，而不是立法环节。

事实上，立法机关行使法律解释权，这对于司法实践中随时有可能发生某些只有通过法律解释才能正确适用法律的事项，对于远离司法实践的立法机关，它是不可能及时对此作出反应的，更不可能完成司法实践中过于繁多的法律解释任务，立法解释无法满足司法实践中对法律解释的需求，这就会严重影响到司法效益与司法公正，从而降低司法公信力和权威。因此，在我们看来，作为权力机关的全国人大常委会不应当享有法律解释权，或者说不能享有完全的法律解释权，即使容许这种权力的存在，其法律解释权也是应当受到一定限制的。法律具体应用的解释权主要属于法律应用层面的法律适用的权力，理应由司法机关享有，更显正当。

面对复杂千变万化的社会，法律规范往往是滞后于社会变化的，法律对社会的预测范围是有限的，要将法律有限的预测规范用于解决无限的社会发展的变化是不可能的。这些具体应用法律的解释当然应当属于司法机关享有，但是应当得到权力机关的授权才具有正当性。这些司法层面上的解释不是立法，而是对法律文本的释明，在普通民众看来也是一种“新的法律”，对这种“新的法律”要有正当的来源，使民众对此深信不疑。这就需要全国人大常委会向司法机关授权，才能使这种“新的法律”来路正当，消除民众心中对此问题的顾虑。这一点，全国人大常委会于1955年授权最高人民法院作司法解释，此后又根据实践和制度的需要，对司法解释的授权进行完善和补充，于1981年授予最高人民法院和最高人民检察院的司法解释权，这样司法实践中具体应用法律问题的困境才得以解决，这对于实现我国法治起到非常大的作用。因此，全国人大常委会的司法解释授权是符合我国的制度和实践，具有合法性和现实合理性的。

另外，我们也不能容忍不符合社会主流意识和非人类文明的社会现象出现，对于应予规范和禁止的社会新现象，不予以规范和禁止将会严重影响人类社会的发展和文明社会之维系。这些新现象一旦进入司法程序，司法将无法处理，司法解释权更不能侵犯立法权，采用新立法解决问题，这导致司法对此类问题的回应就显得乏力了。这时候就需要具有能够起到立法作用和效果的立法解释来处理。立法是需要严格的程序启动和论证的，面对进入司法程序的新问

① 黎枫：《论立法解释制度——兼评〈立法法〉对法律解释制度的规定》，载《政治与法律》2000年第6期。

题，等待立法机关去立法解决那就显得不现实，对于维护社会正义来说就是“迟到的正义”。通过人大的立法权来制定立法解释对于这类法律空缺进行填补，使司法判决依据不再空缺，这很好地维护了社会正义。如果司法机关制定对该类问题的司法解释以处理该类案件，那就是司法对立法的入侵。一种或一类新的立法需要名义上或实质上代表民意的权力机关去立法或制定相关的立法解释，将这类立法解释运用于司法中解决实际问题，才彰显其正当性、权威性和公信力。

通过上述论述，笔者认为，在我国的制度下，全国人大常委会的立法解释是有其合理性和正当性的，但是其立法解释是有限的解释，不是任何司法实践中的司法问题都需要人大来解释，泛滥的立法解释是对司法权的入侵。对于司法实践中具体的应用法律问题，全国人大常委会应当将其法律解释权授予司法机关，这样的授权具有实质意义和正当性，更具有可操作性，对于维护司法权力、建立法治社会均是有益的。要使判决结果跟法律最大限度地融贯于一体，才能使司法判决具有正当化。“在疑难案件中，司法判决的正当化过程就是促进制度性融贯的过程，是判决结果本身能够与既有的法律体系最大限度地实现融贯。”① 权力机关不应侵入司法机关的领域。因此，我们的结论是，全国人大常委会应具有有限的立法解释权，而不应像一些学者所述那样对立法解释一盘否定，认为全国人大常委会不应具有法律解释权。在笔者看来，全国人大常委会的立法解释权是司法实践中对新问题的立法解释，而不是对法律的具体适用问题的解释。立法授权是全国人大常委会将法律在具体应用中需要作出解释的解释权授予司法机关的权力。被授权机关不得将该项权力转授给其他机关。《立法法》第 10 条也明确规定了授权决定应当明确规定授权的目的、范围，被授权机关应当严格按照授权目的和范围行使权力。立法解释和司法解释是有明确的界限的，是不容侵犯的，否则导致违反法律产生无效的后果。

立法解释针对的是新问题的解释，司法解释针对的是法律具体应用中新问题的解释。立法解释中的“新问题”是指针对目前法律没有做出规范，但在社会中已经呈现出来，并已进入司法程序，需要对此予以司法裁决作出命令性或禁止性规范的阐明和厘定，不涉及必须由全国人大立法事项的问题。这类问题是社会必须禁止的，但由于立法自身的特征不能立即对此作出规范的回应，

① Barbara Baum Levonbook. The Role of Coherence in Legal Reasoning Law and Philosophy. Vol. 3 (1984), p. 356.

只能通过立法解释予以立法的前置回应。我国《立法法》第 42 条规定了法律解释权属于全国人大常委会，并规定了全国人大常委会进行法律解释的两种情形，一是法律规定需要进一步明确其含义的解释权；二是法律制定后新情况出现，需要明确其适用依据的解释权。① 具体应用法律问题中的新问题是指司法机关在司法实践中，对于案件适用法律文本需要进一步解释才能适用的问题，这类问题法律文本不能直接适用，但法律适用的意旨寓于现实的法律文本中，需要司法机关进一步明确含义再予以适用的“新问题”。这里的“新问题”只能是依据现有的法律文本的解释，如需突破法律文本，则需要立法解释去突破现有法律文本进行解释。这两个新问题的区分就是两机关权力边界的区分。

司法解释是国家司法机关在司法实践中对于具体应用法律而作出的解释，它是针对法律文本在司法实践中的具体问题而作出的法律适用的解释，只存在于司法实践中，其解释主体也只能是司法机关，其他机关不得享有此项权力。

行政解释是指行政机关在行政执法领域中对法律需要作出解释才能适用于行政行为的具体规范的解释。行政解释是指导行政机关行政行为规范对法律的细化和具体的表现，其主体特定为相应的行政机关。在国家权力设置中，就对法律的解释权力作出相关规定，以此限制不同机关对权力的滥用和泛用，这是现代法治国家的根本要求。“根据法治的原则，权力应合理分配给不同的主体，立法机关的职责主要是向社会输入法律文本，法律解释的主体只能是司法机关。”② 权力的运行需要制约才能被合理运用，否则只会导致权力的滥用。

司法机关的职能就是运用立法机关制定的法律处理案件，在司法过程中，需要对案件事实和法律规范进行严格的解释，以此作出具有司法效力的判决。司法解释权在某种意义上也是对立法权的制约，“由司法机关参与法律的解释，这无疑是司法对立法的制约，而这种制约是法治精神所不可缺少的。”③ 这种制约也是国家权力整体运行中的相互制约，才能更有效地保证各种权力的

① 《立法法》第 42 条规定：“法律解释权属于全国人民代表大会常务委员会。法律有以下情况之一的，由全国人民代表大会常务委员会解释：（一）法律的规定需要进一步明确具体含义的；（二）法律制定后出现新的情况，需要明确适用法律依据的。”

② 陈金钊：《何谓法律解释——对〈立法法〉中设置“法律解释”一节的认识》，载《法学论坛》2001 年第 1 期。

③ 陈金钊：《何谓法律解释——对〈立法法〉中设置“法律解释”一节的认识》，载《法学论坛》2001 年第 1 期。

有效运行，实现权力的有效配置。“法治的最基本要义就是权力应有分工，而且是在分工的基础上使权力的行使有所制约，即各种权力应具有大致明确的界限。”① 权力要有分工，不能集权，权力也应当有制约机制，否则将导致权力被滥用，“一切有权力的人都容易滥用权力，这是万古不易的一条经验。有权力的人使用权力一直到遇有界限的地方才休止”。② 在法律解释权限上也应当对三种法律解释权限设置权力边界，才不至于出现三个解释主体越权现象。

关于检察机关司法解释权的问题，历来就被学界讨论着，综合这些观点主要有两派。其一是否定说。该观点认为最高人民检察院不应当享有刑法解释权，甚至司法解释权。理由如下：（1）综观世界各国的司法制度，多数国家法律只授权审判机关司法解释权，公诉机关不享有司法解释权。（2）检察机关是国家法律监督机关，既监督法律又解释法律，这极易导致监督趋于形式，没有实质监督。（3）“两高”同时享有司法解释权，极易产生各自为政，各行其是、政出多门，不利于法律的统一。③（4）最高人民检察院行使司法解释权是对审判权的介入。④ 对此观点笔者不敢苟同。对于第一种理由，以世界大多数国家检察机关不享有司法解释权，就推导出我国检察机关不应享有司法解释权，这种观点是严重错误的。一个国家是根据其政治体制、文化传统渊源等来规定国家权力运行中权力的职权。将两种体制下的两种机关的职权进行比较本身就是逻辑错误，其结果必然错误，缺乏可比性的东西怎么能比较呢？对于第二种理由，笔者认为，检察机关的法律监督与司法解释权不存在冲突问题，相反，司法解释权是法律监督有效行使的题中应有之义。如果司法解释权由法院独家行使，极易导致法院司法解释权力的膨胀，势必造成司法解释权的滥用，缺乏监督机制。人大对法院的监督不是业务上的监督，司法解释的监督需要专业的技能和实践的经验，人大及其常委会是远离司法机关的，可以说它对司法机关的实践工作和司法技能是陌生的，因此，人大及其常委会对司法解释的监督也便是虚设的。在我国政治体制下，检察机关既是法律监督机关，又是司法机关，是具体应用法律处理案件的职能机关，因此，它对法律文本的应用状况

---

① 陈金钊：《何谓法律解释——对〈立法法〉中设置“法律解释”一节的认识》，载《法学论坛》2001年第1期。

② ［法］孟德斯鸠：《论法的精神》，张雁深译，商务印书馆1961年版，第154页。

③ 参见罗堂庆：《论刑法司法解释权》，载《政治与法律》1993年第1期。

④ 参见游伟、赵剑锋：《论我国刑法司法解释权的归属问题》，载《法学研究》1993年第1期。

和实际是相当了解的，对最高人民法院的司法解释的品质是完全知晓的。检察机关的这种法律地位和司法实践优势决定了检察机关“天生”具有司法解释权的优势，对于司法解释的监督是能监督到位的，是能达到实质监督效果的。对于第三种理由，在我们看来，“两高”同时享有司法解释权，恰好是司法解释的监督机制的需要，更加有利于司法解释的监督，至于出现各自为政、各行其是、政出多门的现象，主要是因为“两高”现行的司法权的运行机制还不完善，是“两高”司法解释权没有运行好所致，主要是检察机关对司法解释监督目前还处于弱化阶段，待强化后就不会出现此类问题。在笔者看来，检察机关应当对法院的司法解释加强监督，并设置检察机关对法院的司法解释进行实质审查制度来监督法院司法解释的品质，全国人大常委会只负责备案，这样更加有利于国家权力机关的运行和监督，具体制度构建前文已经论述，在此不予深入展开。对于第四种理由，在笔者看来，最高人民检察院的司法解释权是法律监督权的有效行使监督职权的表现之一，而不是对审判权的介入。法律监督权本来就有对审判监督的权力，最高人民法院制定司法解释审判案件本质上是进行法律的适用，检察机关为何不能监督呢？笔者认为，这是对法院实行有效监督的手段之一，只有这样的监督才能保证法律监督到位，减少冤假错案的发生概率。

肯定最高人民检察院享有司法解释权的观点，其主要理由有如下几点：（1）否定说的观点认为检察机关没有司法解释权是世界“大多数”国家，这不能成为否定我国检察机关司法解释权的理由，即使世界其他任何国家检察机关没有司法解释权，这也不能成为否定我国检察机关有司法解释权的理由。是否享有司法解释权取决于检察机关的性质和法律地位。（2）将法律监督与司法解释对立起来，其实质是没有搞清楚两者的关系和本质属性。（3）认为审判权和检察权相互冲突的问题，可以通过“两高”自己采取联合制定司法解释等方式来解决。① 在我们看来，以这样的观点去驳斥否定论的观点显得有些弱。要正确认识检察机关的司法解释权，应从我国的政治制度、宪法规定的检察机关的职权、国家权力运行制约机制和检察机关的司法实践出发去认识检察机关的司法解释权。有学者认为，检察院和法院的宪法地位是形式上的上下关系，“因为我国检察机关属于法律监督机关，检察院与法院分别作为监督者与

① 参见李希慧：《刑法解释论》，中国人民公安大学出版社1995年版，第223～225页。

被监督者，事实上是一种上下位关系，而不是平等关系。”① 笔者认为这种观点是存在问题的，因为在我国“一府两院”的制度下，检察机关和法院均属于司法机关，由各级人民代表大会产生，受各级人大监督，法律规定检察机关是法律监督机关，并不是说监督机关就一定处于被监督机关的上位，平等主体间难道就不能监督吗？监督是职能的表现，并不是只有上位者才能监督下位者，平等主体间也完全可以进行监督，监督是为了权力的制约、权力的平衡。因此，这种观点是存在问题的。应该指出，“我国检察机关从整体上负起监督的职责，保证和监督各国家权力机关按法律规定的轨道运行，从而使我们的治国水平达到了更科学的程度。”②

在西方政治体制中，多数国家的检察机关没有从行政机关中独立出来，而是隶属于行政机关，这种体制下检察机关的作用、职权和地位都低于审判机关。因此，审判机关享有司法解释权，检察机关不是独立的司法机关，不享有司法解释权。在西方国家中，多数按照“三权分立”原则，国家权力被分为立法权、行政权和司法权。这种体制下的司法权仅指审判权，因为检察权还未成为一种独立的国家权力，仍属于行政权范畴，因此，司法解释权只能由审判机关享有。而在我国政治体制中，人民代表大会产生“一府两院”，法院和检察院地位平等，均属于司法机关，各自履行自己的职权，应用法律处理案件，需要对法律的应用作出释明，以此作出公正的判决，维护社会公平正义。同时，法院和检察院的平等制约关系很好地保证了国家权力的有效运行。西方国家权力运行机制中只有制约机制，没有监督机制，我国的法院和检察院制度更为科学，既有制约机制，也有监督机制，更显科学、合理和有效。

1954 年《宪法》第 81 条至第 84 条规定了检察机关的检察权、检察长任期、检察权与地方国家机关的关系和检察机关与人大及其常委会的关系。1975 年《宪法》第 25 条直接规定检察机关的职权由公安机关代行使。1978 年《宪法》第 43 条用 3 款规定了各级检察机关行使检察权的范围、检察院之间是监督关系和各级检察机关与各级人大及其常委会的关系。1982 年《宪法》第 129 条至第 135 条规定了检察机关是国家的法律监督机关、检察机关的设置和

① 卢勤忠：《关于我国检察机关的司法解释权的探讨——兼谈法律解释工作的完善》，载《法学家》1998 年第 4 期。

② 丁慕英、陆德山：《也论我国刑法司法解释权的归属问题——与游伟、赵剑峰同志商榷》，载《当代法学》1994 年第 2 期。

每届任期、人民检察院行使检察权的独立性、各级检察机关的关系、各级检察机关与人大及其常委会的关系、检察机关在少数民族地区工作语言要求、检察机关与法院和公安机关在处理案件中的关系。

从我国历次《宪法》关于检察机关的职能定位可以看出，我国检察制度总的趋势是在逐步走向成熟，仅仅在“文革”期间即1975年《宪法》中规定检察机关的职能由公安代为履行，这是检察制度的大倒退，由于那是政治运动的原因造成的，在此不予过多涉及。在1954年《宪法》和1978年《宪法》中规定的是检察机关行使检察权，而在1982年《宪法》中明确规定检察机关是法律监督机关，依据法律规定行使检察权。从检察机关在《宪法》中的权力沿革变化可以看出，检察权次级于法律监督权。至此我国检察机关的法律监督基本属性才予以清楚、明确。关于什么是检察权？什么是法律监督权？上文已经阐述，此处不再赘述。

1954年《宪法》第81条规定了检察机关对国家机关及其工作人员和公民是否遵守法律行使检察权。1978年《宪法》第43条规定了检察机关对国家机关及其工作人员和公民是否遵守宪法和法律行使检察权。1982年《宪法》第129条第一次明确规定检察机关为法律监督机关，第131条规定检察机关依据法律规定独立行使检察权，不受行政机关、社会团体和个人干涉。宪法是国家的根本大法，规定国家最根本的任务，其语言更加经典和简洁。

1954年《宪法》和1978年《宪法》均没有直接规定检察机关的属性，只阐述检察机关行使的是检察权，被行使对象是国家机关及其工作人员和公民。但是对行使检察权的范围有明显变化，在1954年《宪法》中行使检察权的范围是法律，而在1978年《宪法》中行使检察权的是宪法和法律。后者增加宪法的行使权范围，行使权域明显增大。1982年《宪法》中明确规定检察机关为法律监督机关，依据法律行使检察权。这里的“法律”的正确理解当然包括宪法，而不能将其排除于法律之外。这并不是宪法的倒退，相反是进步，因为这次明确规定检察机关的属性，因此，不再出现语言的累赘和重复。

从历部《宪法》中对检察机关的职权规定可以看出，检察机关的职权是监督国家机关及其工作人员和公民是否遵守法律，从而再决定是否启动检察权。因此，在我们看来，检察机关的法律属性是法律监督机关，法律监督机关的权属不仅仅局限于检察权，检察权仅仅是法律监督权属之一。法律监督权和检察权的具体概念和属性，上文已论述，此处不再展开。在我们看来，法律监督权是对国家机关及其工作人员和公民遵守法律与否的情况进行监督的权力。

法院在司法实践中适用法律处理案件当然属于是否遵守法律规定的范畴，检察机关自身履行法律监督职能也需要适用法律处理案件，对抽象的法律作出解释适用案件，才能更好地处理案件解决社会纷争，进而化解社会矛盾。

检察机关是国家司法机关，这已在法律和党的文件中明确，是不容质疑的，检察机关在履行法律监督职权的过程中，运用法律处理案件，需要对抽象、原则性的法律的适用作出解释。“作为司法机关，其适用法律于具体案件的工作性质决定了只有它才具备具体解释的职能和条件。”① 检察机关在履行检察职能中需要具体适用法律处理案件。这已经在司法实践中得到体现，基于这样的正当理由，1981 年 6 月 10 日出台的全国人民代表大会常务委员会《关于加强法律解释工作的决议》授权最高人民检察院在“检察工作中具体应用法律、法令的问题”行使司法解释权。解决了长期以来最高人民检察院实际制定司法解释而没有被法律明确授权的身份困境问题。因此，在我们看来，最高人民检察院的司法解释权是《宪法》确定检察机关司法机关地位，确认法律监督属性，行使法律监督权，经过全国人大常委会法律解释权的授权而具有的“检察工作中具体应用法律、法令的问题”的司法解释权。

另外，基于检察机关的法律监督权，即对国家机关及其工作人员和公民是否遵守法律进行监督的权力，对法院的司法解释的品质进行监督。因为，法院制定司法解释本来也当然属于具体应用法律、法令进行审判工作解决社会纠纷的行为，是属于是否遵守国家法律问题的范畴，因此，理应属于法律监督职权范畴，检察机关当然应当对法院制定的司法解释的品质进行监督。

事实上，检察机关为了法制的统一、正确实施也在积极地对最高人民法院的司法解释进行监督。2000 年 12 月 4 日，最高人民法院《关于审理黑社会性质组织犯罪的案件具体应用法律若干问题的解释》（法释〔2000〕42 号）对刑法第 294 条规定的“黑社会性质的组织”应当具备的特征作出具有“保护伞”的必备特征的司法解释，在该司法解释实施中，最高人民检察院认为“保护伞”不应当是“黑社会性质组织”的必备条件，而应当是选择性条件。于是最高人民检察院履行法律监督职能要求全国人大常委会作出“立法解释”以重新认定“保护伞”是否是必备条件。全国人大常委会对此经过深入研究和论证，于 2002 年 4 月 28 日制定《关于〈中华人民共和国刑法〉第二百九

① 钟丽娟：《也谈法律解释——对〈立法法〉中法律解释规定的一点看法》，载《理论学刊》2001 年第 3 期。

十四条第一款的解释》对最高人民法院的司法解释中将“保护伞”作为必备条件的解释作出了修正，认定“黑社会性质的组织”中“保护伞”不是必备特征而是选择性特征。权力的运行是需要制约和监督的，“为了保持其国家权力机关的地位和权威，应当同时设置制约或纠正机制，防止其他国家机关通过解释法律变相地修改代表机关制定的法律，或者法律被非法修改后能及时进行纠正”。[①]“就制度安排而言，检察机关对人民法院的审判活动进行法律监督，有利于促进人民法院公正司法，最大限度地保护公民的合法权益。”[②]审判活动就是适用法律处理案件的活动。最高人民检察院对此司法解释的监督使最高人民法院的司法解释更加符合法律原旨和立法精神，为打击犯罪、维护社会正义起到积极有效的作用。

可见，最高人民检察院的司法解释是需要监督的，只有对权力的运行进行有效的监督，才能使其更加规范和具有正当性。对此，也有学者提出，最高人民检察院作为法律监督机关，监督最高人民法院的司法解释工作，那么最高人民检察院自身的司法解释谁来监督呢？我们对此观点持否定态度。其实，在司法诉讼程序的运行中，对于检察机关制定的司法解释在审判活动中就已经得到了审判机关的“审查”，在审判机关看来，检察机关所制定的司法解释对案件是否适用已经明白。这实质上就是审判机关对检察机关的司法解释默默地“审查”，这就已经保证了检察机关司法解释的正确性。因此，没有必要再浪费资源设置一种制度对检察机关的司法解释进行再审查。

二、《立法法》与最高人民检察院司法解释规范解读

1996 年 2 月，江泽民同志在“中央领导同志法制讲座”上提出了“实行和坚持依法治国”的重大方针。同年的八届人大四次会议把“依法治国，建设社会主义法制国家”作为一条基本方针写进《国民经济和社会发展“九五”计划和 2010 年远景目标纲要》中，明确指出，到下世纪要初步将我国建立为社会主义法治国家。1997 年 9 月，党的十五大又进一步把“依法治国，建设社会主义法治国家”作为“党领导人民治理国家的基本方略”写进十五大报告和决议中，随后这一基本治国方略又被写进宪法。这标志着伟大的中国共产

---

① 张立刚：《决议体制与立法体制：法律解释的缺陷与冲突》，载《广东行政学院学报》2012 年第 5 期。

② 黄松有：《司法解释权：理论逻辑与制度建构》，载《中国法学》2005 年第 2 期。

党的治国方略呈现出符合时代精神的历史性的伟大转变，从法制走向法治、从国家至上走向法律至上的伟大转变，这昭示了我国的国家治理已进入法治层面，这要求国家的各项工作都必须依照法律的规定严格执行。因此，制定一部《立法法》规范法律的制定成为当时很重要的、亟待解决的法制大事。于是，《立法法》的制定便自然纳入制定日程。

2000 年 3 月 15 日，第九届全国人民代表大会第三次会议通过，并于当年 7 月 1 日实施《立法法》。这使我国的立法工作有了相应的规范，保证了有关立法的各项工作的开展，为“依法治国，建立社会主义法治国家”做了制度保障。《立法法》第二章第四节专门规定了法律解释，其第 42 条规定了法律解释权属于全国人大常委会。第 43 条规定了向全国人大常委会提出法律解释要求的主体。第 44 条至第 46 条规定了法律解释的制定程序及其公布要求。第 47 条规定了法律解释的效力与法律等同。①

《立法法》依据《宪法》中规定的全国人大常委会法律解释权，以立法法的视域将全国人大常委会的法律解释权域、提请解释主体、制定法律解释程序、法律解释效力等作了明确规定。这固化了 1981 年全国人大常委会授权最高人民检察院司法解释的全国人民代表大会常务委员会《关于加强法律解释工作的决议》，依据授权规则使得最高人民检察院享有司法解释权更具正当性。这为最高人民检察院在检察工作中对于具体应用法律问题，需要作出解释的权力来源提供依据。

① 《立法法》第 42 条规定：“法律解释权属于全国人民代表大会常务委员会。法律有以下情况之一的，由全国人民代表大会常务委员会解释：（一）法律的规定需要进一步明确具体含义的；（二）法律制定后出现新的情况，需要明确适用法律依据的。”第 43 条规定：“国务院、中央军事委员会、最高人民法院、最高人民检察院和全国人民代表大会各专门委员会以及省、自治区、直辖市的人民代表大会常务委员会可以向全国人民代表大会常务委员会提出法律解释要求。”第 44 条规定：“常务委员会工作机构研究拟订法律解释草案，由委员长会议决定列入常务委员会会议议程。”第 45 条规定：“法律解释草案经常务委员会会议审议，由法律委员会根据常务委员会组成人员的审议意见进行审议、修改，提出法律解释草案表决稿。”第 46 条规定：“法律解释草案表决稿由常务委员会全体组成人员的过半数通过，由常务委员会发布公告予以公布。”第 47 条规定：“全国人民代表大会常务委员会的法律解释同法律具有同等效力。”

第二节 最高人民检察院司法解释合法性依据

1996 年 12 月 9 日颁布的《最高人民检察院司法解释工作暂行规定》第 1 条、2006 年 4 月 18 日最高人民检察院第十届检察委员会第五十三次会议审议通过，同年 5 月 10 日颁布实施的《最高人民检察院司法解释工作规定》第 1 条均规定其制定的依据是全国人民代表大会常务委员会《关于加强法律解释工作的决议》①。可见，最高人民检察院制定司法解释的依据是全国人民代表大会常务委员会《关于加强法律解释工作的决议》。

一、全国人大常委会《关于加强法律解释工作的决议》产生的动因

1977 年 8 月，党中央在中国共产党第十一次全国代表大会上宣布“文化大革命”结束，党和国家生活才重新走上正轨。当时的情况是，新中国成立不久我国政治体制中的各机关职能刚进入职能运转，又遇“文化大革命”的十年，在十年“文化大革命”中公检法被砸烂，其功能被政治运动所抹去，1975 年《宪法》第 25 条第 2 款规定检察机关的职权由各级公安机关行使，由此可看到当时检察机关的遭遇。

1976 年粉碎了四人帮，结束文化大革命。国家领导人也深刻意识到，社会治理、国家运转与社会发展必须依靠制度和法律，国家的各项工作必须有相应的制度作为保障。1978 年 12 月邓小平同志在《解放思想、实事求是，团结一致向前看》中指出：“为了保障人民民主，必须加强法制。必须使民主制度化、法律化，使这种制度和法律不因领导人的改变而改变，不因领导人的看法和注意力的改变而改变。”1979 年第五届全国人民代表大会第二次会议通过了《刑法》、《人民检察院组织法》和《人民法院组织法》等七部重要法律。法律虽制定出来了，但是在法律运行实践层面上却存在一些问题，如对法律文本

---

① 1996 年《最高人民检察院司法解释工作暂行规定》（高检发研字〔1996〕7 号）第 1 条规定：“为促进司法解释工作规范化、制度化、科学化，提高司法解释工作质量和效率，根据《全国人民代表大会常务委员会关于加强法律解释工作的决议》，制定本规定。”2006 年《最高人民检察院司法解释工作规定》（高检发研字〔2006〕4 号）第 1 条规定：“为规范和加强司法解释工作，提高司法解释工作的水平和效率，根据《全国人民代表大会常务委员会关于加强法律解释工作的决议》及有关规定，结合司法解释工作实际，制定本规定。”

的理解无法形成一致的认识，这在当时造成了很大的困惑。于是，各地、各部门各机关对法律的适用一致性产生了需求，要求权力机构作出权威的解释以应用于实践。在这样的需求背景下，出台了全国人民代表大会常务委员会《关于加强法律解释工作的决议》。该决议主要规定了以下几个方面的内容：(1) 对法律、法令条文本身需要进一步明确界限和补充规定的，由全国人大常委会解释或用法令规定。(2) 对于检察工作和审判工作中具体应用法律、法令问题，分别由最高人民检察院和最高人民法院解释。“两高”有原则性分歧的，报全国人大常委会解释或决定。(3) 不属于检察和审判的其他法律、法令的应用解释，由国务院及其主管部门进行解释。(4) 地方性法规条文需要进一步明确界限或补充规定的，由制定法规的省一级别的人大常委会解释或作出规定。地方性法规的具体应用问题，由省一级人民政府主管部门解释。可见该决议将解释权依据主体的职权和应用的不同划分为四个部分。而在此决议之前，关于法律解释的决议也颁布过，即 1955 年 6 月 23 日全国人民代表大会常务委员会第十七次会议通过的《关于解释法律问题的决议》，该决议只规定了两项内容：(1) 法律、法令条文本身需要作出进一步明确界限或作补充规定的解释，由全国人民代表大会常务委员会分别进行解释或用法令加以规定。(2) 审判过程中具体应用法律、法令问题，由最高人民法院审判委员会进行解释。该决议也是依据职能主体将法律、法令的应用解释权授权全国人大常委会和最高人民法院审判委员会。

与 1955 年的决议相比，1981 年的决议新增加了最高人民检察院、国务院及其主管部门以及地方人大和地方政府的解释权限。同时，将最高人民法院审判委员会的应用解释权改为由最高人民法院行使解释权，这更加合理和科学。尽管 1955 年全国人大常委会授权最高人民法院审判委员会享有司法解释权，可是在最高人民法院制定的司法解释中没有发现一件是以“最高人民法院审判委员会”的名义发布的，均是以“最高人民法院”的名义发布，这是否有违 1955 年的决议呢？最高人民法院审判委员会是在最高人民法院内部设立的对审判工作实行集体领导的组织，其由院长、副院长、庭长和若干审判员组成。其工作原则是实行民主集中制，其任务是总结审判经验，讨论疑难、重大的案件和其他有关审判工作的重大问题。该决议让最高人民法院审判委员会行使司法解释权貌似注重司法解释的重要性，其实暴露了该决议的不科学和不合理性。因此，在 1981 年的决议中司法解释权的主体增加了最高人民检察院。

1955 年全国人大常委会的决议没有授权最高人民检察院司法解释权，而在1981年在决议中授予最高人民检察院司法解释权。在此期间，最高人民检察院行使检察权面临很多尴尬，没有身份。事实上，这期间最高人民检察院也一直对检察工作中具体应用法律、法令问题进行解释，也为国家法治建设作出了巨大贡献。最高人民检察院在此期间应用法律处理案件需进行解释的客观原因有以下几点：（1）法律、法令处于相当不完善阶段，在法律、法令的应用层面上尚需具体和明确。新中国成立后废除了国民党“六法全书”，国家的法律体系尚未建立起来。国家的法律事务在很大程度上还依赖于党的政策和方针去处理案件，很多法律法规不完善，原则性、抽象性程度较高，不能直接应用于案件，在处理案件时需要司法机关对法律、法令作出进一步的解释才能用于具体的案件。（2）当时检察机关工作人员队伍的法律素养不高，法律知识相对欠缺。在那个时代刚刚建立起来的检察机关，其职能也日趋完善，又突然遇到“文化大革命”，检察机关职能被公安机关代行，检察工作出现倒退。

“文化大革命”结束后检察机关才逐渐恢复，走向正轨，重新履行检察机关职能。“文化大革命”对检察机关的破坏和对检察人员的迫害，使新中国成立时就出现的司法人员短缺的问题更是雪上加霜。因此，在那个阶段检察机关在处理案件过程中由于自身工作人员法律素养普遍不高，在履行检察工作职能中对法律、法令的理解和把握较差。在这样的境况下，检察工作需要对其法律、法令作出更为具体的应用于具体案件的解释，因此最高人民检察院就频频对检察工作中具体应用法律、法令问题作出解释，以此适用于检察工作之需要。最高人民检察院在那期间需要制定司法解释的主观原因就是司法机关应用法律时对法律本身需要解释才能予以适用的原因，这个原因将一直存在，这是司法机关应用法律处理案件的属性和法律自身的属性所决定的。

二、全国人大常委会《关于加强法律解释工作的决议》的属性

1981年6月10日，全国人大常委会颁布全国人民代表大会常务委员会《关于加强法律解释工作的决议》，而现行《宪法》是1982年12月4日颁布的，所以制定该决议的宪法依据是1978年《宪法》。1978年《宪法》第22条规定全国人民代表大会行使的职权有：（1）修改宪法；（2）制定法律；（3）监督宪法和法律的实施；等等。第25条规定全国人民代表大会常务委员会行使的职权有：（1）主持全国人民代表大会代表的选举；（2）召集全国人民代表大会会议；（3）解释宪法和法律，制定法令；（4）监督国务院、最高人民法院和最高人民检察院的工作；等等。可知，在1978年《宪法》中，全国人大

常委会不具有制定法律的权力，但是有制定法令的权力。再往前考察，1954年《宪法》、1975年《宪法》也均规定了全国人大常委会不享有制定法律的权力，但拥有制定法令的权力。

另外，在1955年7月30日第一届全国人民代表大会第二次会议通过的《关于授权常务委员会制定单行法规的决议》规定，全国人大常委会在全国人大闭会期间可以根据需要适时制定部分类型的规范性文件，即单行法规。① 可见，全国人大常委会也享有制定单行法规的权力。

综上所述，全国人大常委会享有解释宪法、法律、制定法令和制定单行法律的权力。根据这些规定，1981年全国人民代表大会常务委员会《关于加强法律解释工作的决议》的属性是什么呢？从该决议的名称可以知道，其不属于宪法的解释和对法律的解释，也不属于单行法规。那么是否属于法令呢？通过查阅普通词典，“法令”有两种意思：（1）政权机关所颁布的命令、指示、决定等的总称；②（2）法律与命令的总称。③ 法律词典的解释是，法令是法律命令等一切国家机关制定的规范性文件。④ 1978年《人民司法》期刊指出，“法令”是“指国家立法机关制定的决定、命令和指示。在我国根据宪法的规定，法令由全国人大常委会制定”。⑤

从“法律”和“法令”在宪法中同时出现可知两者存在本质区别，“法令”是指国家机关在其职权范围内规定的带有规范性和法律性的个别文书。⑥ 可见，法令是效力次于法律、由国家立法机关制定的决定、命令和指示。它在

① 《关于授权常务委员会制定单行法规的决议》：“第一届全国人民代表大会第二次会议认为，随着社会主义建设和社会主义改造事业的进展，国家急需制定各项法律，以适应国家建设和国家工作的要求。在全国人民代表大会闭会期间，有些部分性质的法律，不可避免地急需常务委员会通过施行。为此，特依照中华人民共和国宪法第三十一条第十九项的规定，授权常务委员会依照宪法的精神、根据实际的需要，适时地制定部分性质的法律，即单行法规。”

② 参见百度百科 http：//baike. baidu. com/view/369700. htm 和在线词典E度现代汉语词典 http：//cidian. eduu. com。

③ 参见百度百科 http：//baike. baidu. com/view/369700. htm。

④ 中国社会科学院法学研究所法律词典编委会编：《法律词典》，法律出版社2003年版，第287页。

⑤ 《什么是法令、条例、章程、命令、判例和法律解释?》，载《人民司法》1978年第4期。

⑥ 乔晓阳主编：《立法法讲话》，中国民主法制出版社2000年版，第10页。

那个特殊时期为规范国家的治理起到很大作用。在当前的语境中，“法令”一词逐渐淡出人们的视野。在1982年《宪法》中，无法查阅到该词汇，这一词汇就在该部宪法中退出其先前的地位。在我们看来，在那个法治不健全的年代，国家的治理在很大程度上依靠党和政府的政策方针，它对国家法制建设起到很大的作用，在那个时代它能及时弥补法律的漏洞，填补法律的空缺，在1954年《宪法》、1975年《宪法》和1978年《宪法》中均有“法令”一词出现，并将其置于法律之后，可见其效力低于法律。至1982年《宪法》中才将它去除，它才渐出、淡出民众视野。我国也在1982年《宪法》颁布后才真正走向法制社会，再从法制社会走向法治社会。

1955年6月23日全国人民代表大会常务委员会《关于解释法律问题的决议》授权最高人民法院司法解释权，1981年6月10日全国人民代表大会常务委员会《关于加强法律解释工作的决议》授权“两高”司法解释权。1955年7月30颁布的《关于授权常务委员会制定单行法规的决议》赋予全国人大常委会可以根据实际需要适时地制定部分性质的法律。可见1955年的全国人民代表大会常务委员会《关于解释法律问题的决议》不是依据1955年7月30日颁布的《关于授权常务委员会制定单行法规的决议》而制定，1955年的全国人民代表大会常务委员会《关于解释法律问题的决议》与1981年的《关于加强法律解释工作的决议》在形式上高度类似，但从1981年决议的最后部分可以看出该决议不属于法律的表现形式，它与法律在形式上存在本质区别。因此，在我们看来，1981年的决议属于法令。如果将1981年的决议以法律来对待，那么这与2000年《立法法》规定的法律解释内容是否一致呢？《立法法》第42条第1款规定：“法律解释权属于全国人民代表大会常务委员会。”《立法法》第83条规定了同一机关制定的法律、行政法规、地方性法规、自治条例和单行条例的新法与旧法之间的处理原则，一般法与特别法的处理原则。我们是否可以简单得出结论：全国人大常委会在1981年授权“两高”司法解释权违背《立法法》的规定。在我们看来，并不违反。因为《立法法》规定法律解释权属于全国人大常委会，全国人大常委会在此之前将司法中具体应用法律的解释权授予司法机关。根据1955年的《关于授权常务委员会制定单行法规的决议》该决议当属于法令类。

鉴于当前我国制定专门的法律解释法的时机尚未成熟，制定一部部门法是需要成熟条件的，而不能为制定而制定。过度进行超前立法会拔苗助长，这让法律没有生存空间，而滞后的立法极易因为对社会调整不及时给国家、社会及个人带来损失，这就要求掌握立法的适度。① 这一点我们得按照邓小平提出的“成熟一个，制定一个”的思想指导立法工作。故当前，制定法律解释法的时机尚不成熟，得他日择机而行。另外，司法中对法律解释的规范也不属于《立法法》规范的范畴。因此，《立法法》中尚未涉及司法解释的相关规范。在这样的条件下，1981年全国人大常委会制定的《关于加强法律解释工作的决议》仍然有效，并将延续较长时期，以此确定着我国“两高”的司法解释权，直至我国《法律解释法》出台并施行。

第三节　对《最高人民检察院司法解释工作规定》的反思

建立一种制度目的往往在于对某领域（或事物）的规范。人们常说起一句话，“没有规矩不成方圆”，也只有明确规则，事物才能获得科学发展，才能正确前进。最高人民检察院司法解释也一样，是一种需要规范的制度。最高人民检察院司法解释是根据检察工作中具体应用法律的事实需要而制定的。从最高人民检察院在无司法解释权的条件下制定司法解释适用案件，到获得司法解释权，结束司法解释无身份状态，这期间表现出规范性的缺乏。在制定《最高人民检察院司法解释工作暂行规定》后，随着法治建设的加快，最高人民检察院先后两次制定的司法解释工作规范已经呈现出许多不合时宜之处，其各种缺陷已兑现于司法解释实践中。因此，当前制定较为稳定的司法解释工作规范的时机已成熟。在此，我们主要介绍该规定的历史背景及使命、基本内容和具体语境以及实践问题的反思及展望。

一、《最高人民检察院司法解释工作规定》的历史背景及其使命

全国人大常委会通过决议形式授予最高人民检察院在检察工作中具体应用法律问题的解释权。在这之后，最高人民检察院制定了大量的司法解释来处理检察工作中的法律适用困境，这些司法解释为处理纠纷、保障社会秩序、保障权利主体的利益起到非常大的积极作用。但是经过对最高人民检察院司法解释工作规范进行考察，发现其中很多规范不能适应当前司法解释工作的需要，诸

① 张子胜：《略论立法规划——从“成熟一个，制定一个”的立法状态谈起》，载《法学》1995年第7期。

如：司法解释理论依据是什么，总该有一个说法，不然总给人们一种很突兀、很不合时宜的感觉。对于普通民众来说，他们未必就知道全国人大的授权决议。对检察机关内部来说，也需要有一个具体的法源，从而才显示出最高人民检察院司法解释权的正当性和合法性。司法解释的原则有哪些？这些属于理论层面上的规范。在实践操作层面上仍然急需司法解释工作规范去规范司法解释的制定运行，才能从程序上保障司法解释的正确性和合法性。最高人民检察院司法解释的任务是解决检察工作中具体应用法律问题处理案件。因此，最高人民检察院制定司法解释应当也必须慎重，不许有任何任意性、随意性，充分显示其必要性，才彰显法的权威性和严肃性，再者它应用于司法实践是关乎社会秩序、人民生命财产等社会重要问题，必须有相关制度去规范司法解释工作，以对其做基本的保障。

司法解释工作规定是用于规范司法解释制定工作的规范。它是在检察机关内部适用，但是为了避免社会对最高人民检察院司法解释工作的质疑，最高人民检察院也应当有相关的制定司法解释的制度对司法解释进行规范，才让民众无合理怀疑。另外，检察系统上下级之间是领导关系，全国人大常委会从法律工作的公平正义、严肃、权威等考量，将检察机关的司法解释权授予最高人民检察院，而不是各级检察机关。

事实上，检察工作中具体应用法律问题很大程度上是在基层检察机关。基层检察机关面对复杂的、具体的案件需要对法律进行解释方能处理案件。基层检察院无权制定司法解释，在司法层面却要应用具体的司法解释处理案件，这就导致现实的矛盾。要解决此矛盾，就急需将需要制定司法解释的动因反馈到最高人民检察院相关部门，以迅速制定相关司法解释处理案件。如何才能实现及时、迅速、准确地将制定的司法解释适用于现实需求，就需要制定司法解释的规范工作制度。因此，制定司法解释工作制度规范司法解释工作成为必要。

鉴于上述制定最高人民检察院司法解释工作规范制度的动因，最高人民检察院在经过司法解释工作实践经验和理论探讨的基础上开始将此纳入制定日程。自1981年全国人大常委会制定《关于加强法律解释工作的决议》授予最高人民检察院司法解释权后，经过15年的司法解释工作探索和实践经验，最高人民检察院在1996年制定了《最高人民检察院司法解释工作暂行规定》，以此规范司法解释工作，促进检察工作整体的发展。这次的工作规定之所以使用“暂行规定”，在很大程度上反映了这一阶段检察机关司法解释工作还处于一个极为不稳定状态，很多司法解释规范尚需进一步的规范和确认，在标题中使用“暂行规定”也给出了明确提示。又经过10年，即2006年4月18日最高人民检察院第十届检察委员会第五十三次会议审议通过，并于同年5月10日颁布施行《最高人民检察院司法解释工作规定》，可见这次去掉“暂行规定”的用语而直接采用“规定”。这在视觉上就给民众以制度之成熟感。该规定一直沿用至今，随着我国法治快速的发展，该规定的一些规范已初显非规范性端倪，呈现修改之必要性。

二、最高人民检察院司法解释工作的基本内容和具体语境

2004年12月中央司法体制改革领导小组《关于司法体制和工作机制改革的初步意见》出台，该意见要求根据法律的实施和司法实践的需要，司法机关要及时对具体适用法律的有关问题制定司法解释，并报全国人大常委会备案。2005年12月全国人大常委会通过的《司法解释备案审查工作程序》要求，“两高”制定司法解释应当在公布之日起30日内报全国人大常委会备案。2005年9月12日最高人民检察院公布《关于进一步深化检察改革的三年实施意见》（高检发〔2005〕17号），该意见第25条明确了进一步完善司法解释工作机制，修改和完善司法解释工作程序的要求。最高人民检察院在司法体制改革的大环境下明确出台该意见要求完善司法解释工作，可见，司法解释工作在检察工作中的重要性。

在1996年的《最高人民检察院司法解释工作暂行规定》的基础上，结合司法解释工作中的实际问题，广泛征求各业务部门和各地方检察院机关的意见后形成司法解释规定的初稿，并通过最高人民检察院检察委员会审议通过的意见修改后形成《最高人民检察院司法解释工作规定》。《最高人民检察院司法解释工作规定》共用26条对检察机关的司法解释工作作出全面的细致的规定。①

① 最高人民检察院从获得全国人大常委会授权至今，共两次作出专门规定来规范司法解释工作，在2006年高检院对1996年的暂行规定作出修正后并颁布执行，至今仍是制定司法解释工作的规范，鉴于此两次司法解释工作的关系，我们只对2006年的规定作出解读。

（一）制定依据和目的明确

该规定第1条明确规定了其来源是全国人大常委会1981年制定的《关于加强法律解释工作的决议》及有关规定，其制定的目的就是使司法解释更加规范化、制度化，提高司法解释工作的水平和效率，从而保障司法工作的公正、权威。制定一项规范和部门法，首先要交代其来源、依据和目的。检察工作在国家治理中具有十分重要的地位，司法解释是检察工作的重要组成部分，指导和规范着检察系统的司法解释工作，其制定依据和目的必须明确、具体，否则无法达到制定的初衷，更有可能阻碍司法解释工作。这一点，我们从其他部门法（或其他制度规范）文本的首要部分就可知。① 通常采用的模式是："为……根据……制定……"，这在形式上使其具有规范性。

（二）界定了司法解释的范围

该规定指出，司法解释工作规定的范围是检察工作中具体应用法律的问题，它必须以法律为依据，密切结合检察工作中的实际问题制定司法解释。这界定了最高人民检察院的司法解释工作的范围，从范围上给出了规范最高人民检察院司法解释的边界，使司法解释更具可操作性，以至于最高人民检察院司法解释的内容更具明确性。

（三）规定了制定司法解释应当遵循的原则

该规定第3条、第4条规定了最高人民检察院司法解释工作的基本原则。第3条规定了合法律原则，要求司法解释应当以法律作为依据，不得违背和超越法律文本的规定。第4条规定了司法解释的制定应当遵循密切联系检察工作需要原则和及时制定原则。② 司法解释的原则是指导司法解释工作的根本方针，要求司法解释必须在其指导方针下行为。在司法解释工作规定中明确司法解释的制定原则对于指导司法解释工作起到重要作用。

---

① 尽管该制度不属于法律，但是它是一种规范，一种制度。因此，我们也应当将其视为类似于法律的规范制度进行研究，这样有利于推动司法解释工作制度更加完善和科学。

② 2006年《最高人民检察院司法解释工作规定》第3条规定："司法解释应当以法律为依据，不得违背和超越法律规定。"第4条规定："司法解释工作应当密切结合检察工作实际，及时解决检察工作中具体应用法律的问题，保障国家法律统一正确实施，维护司法公正。"

（四）明确规定了司法解释的效力

对于法律及其相关制度，最终是否在司法中体现，就需要看其是处于何层次的法律。该规定明确规定了最高人民检察院制定的司法解释具有法律效力，并可以直接应用于检察诉讼文书中。司法解释是否有效力，要体现在其是否具有真正调整社会的优良品质和法律授予其制定主体的权限。司法解释的品质跟法律一样需要具备解决社会纠纷基本的、正确的、公正的裁判的品质。同时，需要权力机关授权，才享有司法解释的权限。我国很多《法理学》教材在论及法律的表现形式时，都几乎未将司法解释直接纳入法律渊源中。孙国华、朱景文主编的《法理学》中将法的渊源区分为制定法、判例法、习惯法、学说和法理。[①] 张文显教授在其主编的《法理学》中指出，当代中国法的形式主要有：宪法、法律、行政法规、地方性法规、国际条约、其他规范。其中进一步将其他规范分为三类，其中之一就是有关机关授权其他机关制定的规范性文件。[②] 在我们看来，最高人民检察院司法解释属于这种其他规范中的“有关机关授权其他机关制定的规范性文件”，在其司法文书中具有司法效力，应当直接适用于司法实践。

（五）该规定阐明了司法解释主要来源的五种情形

该规定用例举方式指出司法解释的五种主要来源，亦是常见的五种来源。从文字上采用了“主要”一词，即如果遇到这五种之外的来源，只要有必要由最高人民检察院制定司法解释的，最高人民检察院也应当制定司法解释。

（六）规定了司法解释的承办部门是最高人民检察院法律政策研究室

法律政策研究室是负责与检察工作有关的法律、法规、政策的研究起草等相关工作。将司法解释工作具体到相应的内设机构，这有利于责任的明确，有了责任心，才能出现工作实绩。没有明确的责任，极有可能导致相互推诿或相互争揽等不负责的结果。司法解释的制定计划是从检察工作的全局安排的，只有

---

① 孙国华、朱景文主编：《法理学》，中国人民大学出版社 1999 年版，第 258～259 页。

② 张文显主编：《法理学》，高等教育出版社、北京大学出版社 1999 年版，第 97～99 页。

将司法解释纳入计划后才能保证司法解释工作按部就班、有秩序地进行。地方各级检察机关遇到需要制定司法解释才能处理案件的情况时，应当层报至最高人民检察院法律政策研究室处理。

（七）规定了司法解释制定程序

该规定指出制定司法解释必须严格遵循的七个步骤，各个步骤不得颠倒、混淆，否则难以保障司法解释的质量。而且，该规定还将制定程序进一步细化，细分为立项程序、起草程序、征求意见和审议程序、核稿和签发程序。最高人民检察院将整个司法解释的程序进行细化，使司法解释工作更具有程序性、步骤性。

（八）规定了司法解释的表现形式、公开方式和生效时间

依据该规定司法解释有五种表现形式，即“解释”、“意见”、“规定”、“规则”、“批复”，并对司法解释统一编排文号。这从形式上固化了司法解释的外在形式，有利于司法解释在实践中的应用。对司法解释的公布要求是，在全国性的媒体和《最高人民检察院公报》上公布，这样才能使司法解释具有法律在应用层面的公开性。对司法解释的生效时间也作出了明确的规定。

（九）规定了与相关单位联合制定和修改司法解释的机制

最高人民检察院在制定司法解释的过程中或与相关单位制定司法解释的过程中，对于共同需要制定和修改司法解释的，通过协商处理。对于与最高人民法院有原则性分歧的，则报全国人大常委会解释或者决定。全国人大常委会是“两高”司法解释的授权机关和监督机关，因此，对“两高”的司法解释原则性分歧有权处理。

（十）规定了司法解释的监督制度

依据该规定司法解释有两种监督机制：（1）向全国人大常委会备案监督，也称外部监督。这是典型的事后监督，其监督成本较大。（2）适用监督，也称内部监督。这主要是最高人民检察院对各专门检察院和下级检察院对司法解释的适用情况的监督。

（十一）明确了司法解释的清理工作

司法解释是法律文本应用于司法实践的有权阐述。因此，其效力存在一定的时效阶段性，在先后制定的司法解释之间需要进行不间断的清理，才能保证司法解释更好地应用于司法实践，处理案件、解决纠纷。

2006 年的《最高人民检察院司法解释工作规定》对司法解释工作中的基本问题作了规定，针对 2006 年之前出现的司法解释工作中存在的问题进行了规定，为规范司法解释工作起到很大的作用，推动了司法解释工作在司法实践中的运用，为法制和法治建设增加了其应有的力量。但是，随着法治建设的快速发展，其已经暴露出许多弊端，急需修改完善才能予以适用。对此，我们根据最高人民检察院司法解释工作的实际需要拟出修改《最高人民检察院司法解释工作规定》建议稿（见附录）。

三、对最高人民检察院司法解释工作的实践问题的反思及展望

随着现代经济快速发展，科技日新月异，社会治理制度需要不断更新、不断改进和调整才能应对社会的发展。司法解释工作也一样，需要不断更新司法解释制度，制定更优的司法解释以处理案件，以便及时地对社会做出积极回应已达到法治之目的。

司法解释相对于法律，最为显著的优点在于能够及时回应社会对法治的需求，解决社会纠纷。制定优秀的符合法治精神的司法解释是需要一套制度去保障和规范的。司法解释工作历来受到检察机关重视，先后制定两次专门的规定规范司法解释工作，可见，最高人民检察院历届领导对司法解释工作的重视。从某种意义来说，司法解释的优劣是对我国法治的治理效果的直接反映，因为当前我国社会正处于转型期，法律自身存在一些缺陷，急需司法解释去弥补，才能达到法治的状态。统观 2006 年《最高人民检察院司法解释工作规定》，笔者认为主要存在以下几个方面的不足：

（一）司法解释制定必要性原则

该规定第 3 条、第 4 条规定了制定司法解释的原则有：合法原则、密切联系检察工作原则、及时原则。在我们看来，这三个原则远不能适应当前司法解释工作的需要，应当增加其他原则来规范司法解释工作。检察机关司法解释是处理检察工作中具体应用法律问题的解释。对于统一法律文本的理解，不同学

识、不同知识背景、不同人生经历的人可能有不同的理解，这就可能导致检察工作中的司法人员对法律文本可能有不同理解，不同理解的结果可能体现在案件的处理上造成“类似案件不同处理”，这严重影响到民众的司法信任，影响到司法权威。所以，在我们看来，司法解释应当严格标准与程序，多渠道保障制定司法解释具有必要性。不能只要检察工作中应用法律存在不同的理解或意见就期盼解释来处理，这是工作的懒散作风，长此下去将导致司法工作人员不学习、对业务无追求之嫌。在我们看来，应当增加制定司法解释的必要性原则，以保障司法解释的质量和法律的统一适用。对于法律文本原旨的理解要正确，不能歪曲法律原旨，法律文本没有规定的司法解释不能涉足。“对法律没有规定的，不能通过制定司法解释的形式来代替立法，也不能违反法律规定，作出与法律原意不相符合的解释，否则都是司法解释权对立法权的侵犯，违反国家法制统一的原则。”① 在制定司法解释时一定要权衡司法解释制定的必要性，以此来保证司法解释的质量。

（二）社会参与原则

法律的最终目的是服务于社会，法律规范应来源于社会民众普遍意识和所不能接受的行为，司法人员从事司法实践工作，他们对社会的接触应当是有限的，对民众对法律的需求的了解也是有限的，司法人员对民众的司法需求了解并不完全反映社会民众的需求。当前我国社会正处于转型期，各种利益矛盾集中体现，如何解决这些诉求是值得社会关注的，更是值得司法人员思考的。2006 年的规定中指出对“重大、疑难、复杂的问题”，才召开有关部门和专家进行论证，并规定在“必要时”才“可以”向社会公开征求意见。可见最高人民检察院制定司法解释，是很少向社会征求意见的，这在很大程度上阻却了社会公众对法律规制社会的需求的表达。司法应当体现正当的民意。另外，在智慧发挥上，这种方式也很难集群众智慧处理案件，似乎有些“太专业”路线了，这表现出与民众的脱节。因此，在我们看来，司法解释的制定应当尽可能公开，让民众参与讨论，集民众智慧。让民众参与司法中来，通过沟通，使“民意”与专业的司法尽可能达成共识，以达到社会共治的状态。

① 韩耀元、张玉梅：《解读〈最高人民检察院司法解释工作规定〉》，载《人民检察》2006 年第 7 期。

（三）司法解释表现形式固定原则

司法解释表现形式固定原则，也可称为“司法解释表现形式规范化原则”，指的是司法解释在其文本标题中体现出统一使用“司法解释”的规范化字样，以让民众明确分辨。2006 年的规定中规定了司法解释采用五种形式：“解释”、“意见”、“规定”、“规则”、“批复”等。同为司法解释却表现为五种形式，这对于普通民众来说显得有些复杂了，因为在最高人民检察院制定的一些非司法解释性规范文件的标题中也常见“意见”和“规定”等字样。例如《最高人民检察院司法解释工作规定》、《关于加强检察机关领导班子思想政治建设的实施意见》等，这些由最高人民检察院制定的规范和改进检察工作的非司法解释制度文件，从其内容可以肯定其不是司法解释，但是在其标题中显示出来的是类似于最高人民检察院司法解释的表现形式。这在适用上极易给民众带来混乱，产生误解。因此，笔者认为，司法解释的表现形式应当固定化，标题中只能出现“司法解释”或“……的司法解释”字样，而不能表现出其他字样。关于司法解释的表现形式的规范化，将在后文中重点专章讨论，在此不再过多述及。

（四）关于最高人民检察院司法解释在司法文书中体现的问题

司法解释是司法机关针对法律文本的具体适用问题而作出的解释，是具有法律效力的有权解释。它应当成为司法人员处理案件的依据，可是在 2006 年的规定中对司法解释在检察机关的司法文书中的采用情况是“可以应用”，而不是“应当引用”。也就是说，检察机关在处理案件时，在司法文书中对其所引用的司法解释表明与否，完全取决于司法工作人员的态度，也就是说即使引用了相关司法解释，也可不列明。这样的司法文书对于普通民众来说是无法看懂的，因为他们根本不知道该司法结论的依据是什么。表现在司法文书上的仅仅是需要解释的法律文本。这对于普通民众来说，仍然是法律适用中的一个“谜”。在笔者看来，司法文书中应当适用司法解释，并且适用司法解释应当列明，让民众知道法律文书中的因果关系，才能让人信服，才能产生法律权威。关于法律文书中如何具体引用司法解释问题。笔者认为，司法机关应当适用司法解释处理案件，在司法文书中对于一个问题需要适用司法解释时，应当首先列明其适用的法律文本内容，接着列明其适用的司法解释。让民众知道这是为什么，让因果关系体现出来。这种法律文本在前、法律文本的司法解释在后的依次列明方式，让人一目了然。法律本来就是一门关乎所有民众的事业，判决书也应当让普通民众能看懂，以看得懂的方式出现。因此，司法文书中应尽量体现司法解释是司法大众化的需求。

制度应当随需要而适时作出调整，才能实现制度的功能。2006 年制定的《最高人民检察院司法解释工作规定》在实践中已经表现出很多不适宜的情况，及时对其作出调整显得尤为必要。更高品质的司法解释的出台，对于法治国家的建设更显得必要和迫切。我们期待着规范司法解释工作的新规定的出台。

第四章　最高人民检察院司法解释合理性研究

本章重点考察最高人民检察院司法解释的合理性。先从其表现形式入手，表现形式是民众对司法解释的第一“眼感”，通过这“眼感”的表象，再一步探讨司法解释的实质合理性。从外在表现和内在实质去探讨最高人民检察院司法解释的合理性。合理性是事物存在的基础，最高人民检察院司法解释也跟其他事物一样，必须具备合理性，这是其能延续的基础。最高人民检察院的司法解释是我国政治制度的必然选择，它的功能、精神、目标是存在的基础。要真正实现法治，我们就必须加强法律监督部门的司法解释研究，使其更好地展现其本来的价值。

第一节　有关合理性的基本理论

合理性，一般认为有作为认识概念的合理性与作为行动的合理性之分。当代实用主义哲学家尼古拉斯·雷切尔（Nicholas Rescher）认为：“以历史的来看，合理性被分成两个部分：关注我们在做什么的实践的合理性和关注我们在思考什么的理论（或认知）上的合理性。”① 雷切尔认为：“合理性，如同政治学，是一种可能性的艺术——是在考虑到行动者考虑到的所有有用的因素之后的行动——同时也考虑相应的认知因素。”②

---

① Nicholas Rescher, Epistemology: An introduction to the theory of knowledge, state university of New York, 2003, pp. 118 - 119.

② Nicholas Rescher, Epistemology: An introduction to the theory of knowledge, state university of New York, 2003, pp. 118 - 119.

一、认识的合理性

《牛津英语词典》中将“合理的”（reasonable）界定为：（1）赋予理性的能力，理性的；（2）符合理性；不是不理性的或者荒谬的；（3）恰当的；（4）有可靠的判断，准备听取理由，明智的；（5）在理性范围内；接近适当的；适中的；公平的、平均的或者深思熟虑的等；（6）清楚的；（7）要求使用理性。可见，合理性与理性是密切相关的，没有绝对的界限，在我们生活中也经常把合理性理解为“合乎理性”，这是一种认识论的观点。江怡先生认为，在西方哲学中，理性本身是一个认识概念，是关于人们的认识如何能够正确地反映实在的规范要求。在哲学中经常存在这样的误解，即将理性概念当成是一种价值判断，认为某人的行为是合理的，也就是说，这个人的行为是好的，是值得我们肯定的。这样的认识使得理性的标准成为一个价值的标准，行为是否“有理”就以这人所处社会或文化的环境所共同承认的价值规范来衡量。所以，团体或局部的价值标准自然成了判断一个人的行为是否合理的最终尺度标准。①

土耳其哲学家约安娜·库苏拉迪认为，从柏拉图到萨特的各种哲学家赋予理性的这些功能，使我们认识到，理性似乎是一种与下列活动有关的能力或形式性：根据各种所谓的理性之原理或者理性之法则，通过一种线索把各种既定的前提串联起来；或者从各种既定的前提出发，以各种各样的方式进行诸般推论，最后得出某种结论，以及从有关不同的认识特征、不同的知识价值的各种前提出发，用多种多样的方式进行推论，得出某种结论，这实际上是把这种主张的各种“原因”或“理论”呈现出来的行为。因此，这种关于合理性和多种合理性所争论的焦点，并不是有关理性或者推理过程中的各种问题，这只是推导过程的各种前提，或者说是各种既定的“理由”在认识论方面所具有的特殊性。因此，这个前提工作是“合理的可接受性”，这要求推论的前提是可“融贯的”、“简单的”和“已经被证明为正当的”，这是认识论的价值词汇。普特南认为，如果不存在一个人客观上应当具有的合理性观念，没有融贯性、简单性和工具效能这些认知价值，我们就没有世界，也没有“已证明为正当”

① 江怡：《实践推理中非理性：从中国哲学的观点看》，载《世界哲学》2004年第5期。

的“事实”，甚至没有某物相对于某物如此这般的事实。① 所以，我们在考察某个主张的“理性的”或“合理性”之时必须考虑哪些理由能被我们所接受，是否能被社会大多数人认为是正当性和普遍可接受性。

二、实践的合理性

德国著名的社会家马克斯·韦伯认为，近代西方社会所经历的两个层次的变化：一是人们对世界的解释或理解；二是实际影响到生活世界即人的行动、社会结构或制度等方面的普遍法则化。因此，从中世纪到近代的转化其实是两个层次的合理化，前者是所谓世界图像的合理化和文化合理化，后者是所谓官僚化的社会合理化。这两个层次所反映的合理化在行动、价值领域和社会结构等方面，在行动方面可以分为四大类，即目的合理行动、价值合理行动、情感行动、传统行动。其中，韦伯比较强调的是目的合理行动，并认为它是最具有支配力的行动类型。此后，所谓理性人的内在思考能力就通过合理性概念拓展到了行动领域或外部世界。

美国哲学家普特南也认为，合理性是关于行动的一种说法，“因为真是陈述的性质，而合理则是人的行为的性质”。② 这样的观点非常容易被理解，因为作为行动必须与事件相区分，行动必须有它们自己的内在原因，但不是一切内在产生的运动都是行动。行动的概念必须与理由的概念相联系，这就是目的合理行动。因此，关于行动的合理性判断也在所难免。

按照布朗（Harold I. Brown）1988 年的观点，传统的合理性的经典模式是指：一个行动或者一个决定当且仅当符合相关的规则或原则的时候才是合理的。合理性可以分解为三个合理性的必要条件：（1）若 X（信念、行动、决定等）是合理的，则其必须是具有普遍性的，也就是说，对于任何个体来说，在相同的证据证明之下可以证明同一个结论的合理性；（2）X 必然由相关的理由或证据推出；（3）必须存在这样的规则，这些规则是 X 必须基于或者遵守的适当的规则。这个模式出现两大困难：一是合适的规则的前提是什么？其选择规则的合理性依据是什么？布朗从认识论的观点予以回答，他认为，“为

① ［美］普特南：《理性、真理与历史》，童世骏、李光程译，上海译文出版社 2005 年版，第 153 ~ 154 页。

② ［美］普特南：《理性、真理与历史》，童世骏、李光程译，上海译文出版社 2005 年版，第 8 页。

了避免无穷递归，除非我们可以知道那些自明的原则或规则作为始点”。①

在1999年布朗和乔维尔又提出新的从判断去构建合理性的角度的模型。这个合理性“判断模式”（judgment model of rationality）最为重要的概念是“判断”。布朗认为所谓判断是指评价一个状态，评估证据并且不通过依据规则而获得一个合理的结论。② 简言之这个“判断”有三个特性：（1）是我们践行的一种能力；（2）并非是通过依据规则而行的能力；（3）能够获致合理的结论。这也面临一个挑战：这样的判断怎么保证它的合理？在布朗看来，这仅仅是判断而不能保证其合理性，必须再另加上其他的条件，才能保证其合理性。即判断者必须有一定的技能，并能了解足够的信息。乔维尔则认为，如果将判断作为批判性思维的对象是可以解决这个问题的，并且判断发挥作用是在论证中缺乏普遍性规则可作为行为依据的时候，而且，所谓判断也必须考虑论证中的相关因素，关涉解释、重构和整个论证评价过程。③

西格尔（Harvey Siegel）认为判断还面临困境，因为判断亦追求合理性，这就涉及到一个问题，即什么是好的判断和什么是客观的判断？这个标准应该是逻辑统一的，在不同的环境不同的条件也该相同，也就是说这就成了一种规则。如下所示：④ 判断→规范性评价（normative evaluation）→标准→逻辑一致性→规则。

由此可见，经典模式是在认识论的合理性观点影响下形成的，它没有渗入具体实践实际中行为人的智慧，而判断模式否认规则（原则）的作用。事实上，判断所依据的理由要求其逻辑一致或融贯，必须走向规则（原则）。只有这两者结合才是最好的路径。

三、“理性的”和“合理的”

在论证理论中，有部分学者主张“合理的”（reasonable）与“理性的”（rational）两者存在分野。认为，这些理由并不具有先验自明性的东西，而是

---

① Harold I. Brown, rationality, the problems of philosophy: their past and present, Routledge, 1988, p. 57.

② Trudy Govier, the philosophy of argument, Vale press, 1999, p. 137.

③ Trudy Govier, the philosophy of argument, Vale press, 1999, p. 127.

④ Harvey Siegel, “rationality and judgment”, in Frans H. van eemeren, Anthony blair et. Al, anyone who has a view: theoretical contributions to the study of argumentation, kluwer academic publishers, 2003, p. 37.

社会大众依据常识的认同做出主张。新修辞学代表人物佩雷尔曼（Chaim Perelman）认为关于何为“合理的”有两个基本观点：其一是著名的图尔敏（Stephen Toulmin）的观点；其二是他自己与泰特卡的观点。图尔敏主张合理性是一种逻辑的观点，而后者则认为图尔敏研究的是逻辑问题，重在强调说服。佩雷尔曼认为，“理性的”与“合理的”这两个形容词均来自理由（reason），它的基本意义是符合道理（conformity to reason），这个道理包括两种含义：一是“理”是“理性”中的“理”，它具有先验自明性，是事物之间存在的必然联系，是个人的也是普遍的；二是“合理”中的“理”，合理的人之行为和判断，都是受一般常识所影响。① 个人行为的合理性如被他人所接受，则具有一般性，但并非具有普遍性，它是可以变化的。在佩雷尔曼看来，“在法律和政治环境的一般情形下，支持或反对某一个意见，应是基于审慎的考量，运用严格的论证技巧，其目的乃在于对听众阐述其判决的合理性；在法律上，法律的推论并非仅止于以有系统的专业方式，来陈述一般格律而已，因为一般格律对于任何人，尤其是执行者而言，都只是暧昧而模糊的意念”。② 法律当然重视合理而非理性的学问，应用它则形成一门注重社会实践的学科。据此，有学者认为佩雷尔曼的新修辞学与哈贝马斯的交往行动理论存在相通的地方，其合理性重在强调听众与论辩者之间的互动。哈贝马斯认为不管哪种合理性标准，都应当是一个规范内容的概念，“它会超越一切局部的共同体的边界而指向一个普遍的‘一’”③，具有超越性。裁判的合理性标准不能仅仅建立在某个特定时间或特定群体之间的说服，这就意味着合理性本身依赖于特定的地方性知识，在特定的场域中合理性才能客观存在。

关于“合理的”与“理性的”的区别，语用论辩学派的代表人爱默伦认为，“理性的”是使用推理能力，而“合理的”是推理能力的合理使用，前者是后者的必要条件，但不是充分条件。有时，推理的合理性甚至可以包含情感

---

① 廖义铭：《佩雷尔曼之新修辞学》，唐山出版社 1997 年版，第 161 页。

② Chaim Perelman and L. Olbrechts - Tyteca, the new rhetoric: a treatise on argumentation, John Wilkinson and Purcell weaver (tran.), university of notre dame press, 1969, p. 43；译文参见廖义铭：《佩雷尔曼之新修辞学》，唐山出版社 1997 年版，第 69 页。

③ ［德］哈贝马斯：《理性在多元主张中的统一》，载［美］詹姆斯·施密特主编：《启蒙运动与现代性——18 世纪与 20 世纪的对话》，徐向东、卢华萍译，上海人民出版社 2005 年版，第 417 页。

因素。①

从人类学的角度来看，合理性的观点来自人们的共识，合理性的标准也有着经验的基础。他们亦认为逻辑上的论证并不等于主张被证成，而且常见的论证方法的结果只可能是三种：无穷递归、融贯和终止于一个武断的观点（an arbitrary point)。因此，他们吸收批判理性观点，并主张论辩基于一个或多个被接受的观点通过批判性讨论解决不同观点的程序。这种合理性不仅仅是论辩主体之间达成的一致意见，也取决于外在的规范，他们反对将这个外在的规范以一种哲学上的概念来表达，既然将论辩看成是论辩主体之间的批评性讨论，那么需要考察合理性的外在规范也即论辩的程序是否可以保证充分的实现论辩目的。因此，外在的规范并非是实体化的合理性标准，因为通过不合理的方式同样也能解决争论，而是一些程序规则的遵守。

第二节 最高人民检察院司法解释的表现形式合理性

形式合理性是“外在”合理性。普通民众通过事物的外在展现形式就可以判断其优劣。尽管表现形式是外在的，但事物的内在品质是需要外在形式得以展示的。从众多的最高人民检察院司法解释的表现形式中，我们可以大致看出，最高人民检察院司法解释是逐渐走向规范化、制度化的表现形式。

一、最高人民检察院对其司法解释的规范化的表现形式特征概述

国家法官学院周道鸾教授对我国司法解释进行了深入的研究，将我国司法解释按照其发展历程划分为四个阶段。第一阶段：1949 年 10 月 1 日新中国成立至 1956 年社会主义改造基本完成，这期间是我国司法解释起步和发展阶段。第二阶段：1957 年至 1966 年，这期间我国政治环境是反右派斗争扩大化到“文化大革命”前，在这阶段由于国内政治环境的因素影响，司法解释工作曲折而行并遭到一定的破坏。第三阶段：1967 年至 1976 年，这期间政治环境是“文化大革命”的开始到“四人帮”被粉碎，在这期间我国司法机关名存实

① Frans H. van Eemeren and Rob Grootendorst, A Systematic theory of argumentation, the pragm - dialectical approach, Cambridge university press, 2004, p. 125.

亡，司法解释工作就自然停止了。第四阶段：1977 年至 1993 年，在这阶段十一届三中全会的召开，确定了我国改革开放路线，司法的重要性得到前所未有的重视，法律法规需颁布，司法解释工作就更显重要，司法解释工作得到司法机关的高度重视，通过司法解释弥补了很多司法的空缺和不足。①

周道鸾教授对我国司法解释作出这样的划分有其合理性，对我们研究司法解释具有重要的借鉴价值。最高人民检察院的司法解释具有其自身的特殊性。因此，我们研究最高人民检察院的司法解释也应当对其历程进行考察。笔者认为，研究最高人民检察院司法解释从其制度的规范化去划分其历程较为合理。鉴于此，笔者将司法解释划分为三个阶段。第一阶段：非规范阶段：1949. 10. 1—1996. 12. 9；第二阶段：相对规范阶段：1996. 12. 10—2006. 5. 10；第三阶段：规范发展阶段：2006. 5. 11—2012. 12. 31。

（一）非规范阶段（1949. 10. 1—1996. 12. 9）最高人民检察院司法解释概况

1952 年 10 月 18 日出台的最高人民检察署《关于处理战犯、汉奸、官僚资本家及反革命分子财产的初步意见》被认为是我国检察机关迄今为止有历史资料可以查证的检察机关第一个司法解释性文件。通过“中国人大网”查询最高人民检察院在 1949 年 10 月 1 日—1996 年 12 月 9 日期间单独和联合其他机关共计制定司法解释及司法解释性文件 273 件②。这期间的司法解释主要表现出以下几个特点：

其一，制定主体多元，一些非司法机关也参与制定司法解释。这期间最高人民检察院单独制定的司法解释和司法解释性文件相对较少，联合制定的较多。从这期间的司法解释来看，最高人民检察院主要联合最高人民法院、公安部、司法部、财政部、内务部等机关制定的司法解释和司法解释性文件居多。这种做法使非司法或行政执法机关都参与到司法解释的制定中来。这些司法解释或司法解释性文件的属性就发生了变化，司法解释或司法解释性文件的制定主体本应当和必然应当是具有司法属性的机关，而不是其他机关，否则是越

① 周道鸾：《新中国司法解释工作的回顾与完善司法解释工作的思考》，载《最高人民法院司法解释全集》（第 1 卷），人民法院出版社 2002 年版，第 4 ~ 7 页。

② 中国法律法规检索系统 http：//law. npc. gov. cn：87/home/begin1. cbs、中国人大网 http：//www. npc. gov. cn/，也通过其他途径收集到一些该网站未收集的司法解释及文件，加上该网站的司法解释共计 273 件。

权。我国检察机关无疑是司法机关，但是在1981年6月10日前最高人民检察院的司法解释权一直未得到全国人大常委会的授权，其处于“无名分”状态，但是得到默认的，因此，可以说这期间的司法解释在主体上就缺乏规范。

其二，司法解释和司法解释性文件表现形式多样化，主要有：（1）通知，如最高人民法院、最高人民检察院、公安部《关于执行刑事诉讼法规定的案件管辖范围的通知》（〔79〕法研字第28号、〔79〕高检经字6号、公发〔1979〕177号）；（2）联合通知，如最高人民法院、最高人民检察院、公安部《关于死缓犯和无期徒刑犯减刑问题的联合通知》（〔79〕法研字第22号、〔79〕高检三字39号、公发〔1979〕148号）；（3）批复，如最高人民法院、最高人民检察院、公安部《关于已减为有期徒刑的原死缓犯和无期徒刑犯减刑问题的批复》（〔79〕法研字第31号、〔79〕高检三字45号、公发〔1979〕188号）；（4）联合批复，如最高人民法院、最高人民检察院、公安部《关于死缓罪犯减刑问题的联合批复》（〔64〕法研字第30号、〔64〕高检发字第9号、〔64〕公发（劳）字第217号）；（5）联合指示，如1957年2月6日的最高人民检察院、最高人民法院、公安部《关于执行全国人民代表大会常务委员会“关于对反革命分子的管制一律由人民法院判决的决定”中若干具体问题的联合指示》；（6）指示，如1957年10月26日的最高人民检察院、最高人民法院、公安部《关于简化管制法律手续问题的指示》；（7）试行规定，如最高人民法院、最高人民检察院、公安部《关于公、检、法三机关受理普通刑事案件的职责范围的试行规定》（〔1962〕法行字第261号、〔1962〕高检发17号、〔1962〕公发122号）；（8）暂行规定，如最高人民法院、最高人民检察院、公安部、财政部《关于没收和处理赃款赃物若干问题的暂行规定》（〔65〕法研字第40号、〔65〕高检法13号、〔65〕公发（审）691号、〔65〕财预吴168号）等表现形式。这期间司法解释和司法解释性文件就有八类之多，这种多形式的表现将使司法者和司法接受者无所适从，在普通民众看来，司法解释的表现形式应当是固定的几种表现形式。值得研究的是，在多主体制定司法解释的标题中出现“联合”二字，如“联合通知”、“联合指示”等。事实上，我们从制定主体就知道是“联合”制定的，如何又在标题中使用“联合”二字呢？在一个司法解释或司法解释性文件中出现几个字号，这就显现出一种混乱、非规范的状态。

其三，司法解释和司法解释性文件内容涉及司法的基本问题，表现在以下几个方面：（1）执行刑期及计算问题，如最高人民法院、最高人民检察院、公安部《关于劳改犯再犯罪的刑期执行问题的联合批复》（〔63〕法研字第101号、高检法发〔63〕25号、〔63〕公发（劳）538号），最高人民法院、最高人民检察院、公安部《关于侦查羁押期限从何时起算问题的联合通知》（〔81〕法研字第5号、81高检发（研）10号、81公发（研）36号）；（2）管辖职责问题，如最高人民法院、最高人民检察院、公安部《关于公、检、法三机关受理普通刑事案件的职责范围的试行规定》（〔1962〕法行字第261号、〔1962〕高检发17号、〔1962〕公发122号）；（3）司法的基本程序问题，如最高人民法院、最高人民检察院、公安部《关于死缓罪犯减刑的处理程序问题的联合批复》（〔63〕法研字第37号、高检发〔63〕11号、63公发（厅）245号）等基本的司法问题，还未涉及严格意义上的对“具体法律、法令的应用问题的解释”。这期间的司法解释主要是司法中的基本问题，基本未涉及对法律的法条本身的解释。新中国成立初期我国废除了国民政府时期的司法制度，很多法律法规尚未颁布，而这些基本问题若存在法律法规中，那这些司法解释就是多余的。基本问题应尽显在法律、法规文本中，而无须司法解释去解释。

在这一阶段，最高人民检察院的司法解释缺乏相关制度的规范。因此，这期间最高人民检察院的司法解释的制定权不明确，在制定主体多元、表现形式多样、涉及内容广泛等方面都显得不规范。因此，我们说这阶段是非规范阶段。

（二）相对规范阶段（1996.12.10—2006.5.10）最高人民检察院司法解释概况

1978年党的十一届三中全会在我国历史上有着重要的意义，是我国历史上是伟大的转折，它标志着中国历史进入社会主义现代化建设新时期。我国的法治建设也随之进入新的历史时期，1979年7月1日在第五届全国人民代表大会第二次会议上通过《中华人民共和国刑法》和《中华人民共和国刑事诉讼法》，并于1980年1月1日起施行。这两部法律的施行对检察工作的开展起到巨大的作用。检察工作也随之展开，履行检察职能工作中具体应用法律、法令问题增多，为了正确适用法律就必然要求检察机关对法律解释有所作为。最高人民检察院享有司法解释权问题就显得迫切，以免其在实践中出现尴尬的局面。

1981年6月10日，第五届全国人民代表大会常务委员会第十九次会议通过《关于加强法律解释工作的决议》，该决议规定“……凡属于检察院检察工作中具体应用法律、法令的问题，由最高人民检察院进行解释。最高人民法院和最高人民检察院的解释如果有原则性的分歧，报请全国人民代表大会常务委员会解释或决定。”该决议首次授予最高人民检察院司法解释权，并限定为“检察工作中具体应用法律、法令的问题”。此后，最高人民检察院在制定“检察工作中具体应用法律、法令的问题”的司法解释，就自然有了法律依据。自该规定颁布，最高人民检察院的司法解释就不再像过去那样在遇到需要解释的法律、法令问题往往需要同其他相关机关作联合解释，因为主体身份难以解决，所以制定出来的司法解释往往遭到质疑。该决议的出台打消了质疑者的疑虑，使最高人民检察院的司法解释名正言顺了。

最高人民检察院享有司法解释权后，司法解释工作就展开了。在1981年6月10日至1996年12月9日期间，最高人民检察院单独和联合相关单位制定司法解释和司法解释性文件241件，其中单独制定119件，占49.3%，联合制定122件，废除新中国成立以来已制定的司法解释75件。表现形式呈现多样性，具体有：通知、规定、批复、联合批复、解答、请示答复、决定、意见、细则、暂行规定、通报、联合通知、补充规定等。最高人民检察院与之联合制定的机关也较多，具体有：最高人民法院、全国人大法律工作委员会、中央纪律检查委员会、国家安全部、外交部、民政部、总政治部、国家工商管理总局、国家税务管理总局、林业部、邮电部、财政部、中国人民银行、海关总署、监察部、卫生部、司法部等单位。这表现出，一些非司法机关也参与司法解释的制定工作。

对于上述司法解释工作的状况和司法解释的需要，最高人民检察院也清楚地看到这需要相关规范去规范司法解释，使司法解释工作规范化、制度化。制定司法解释规范的相关制度迫在眉睫，最高人民检察院对司法解释工作更加重视。1996年12月9日，最高人民检察院第八届检察委员会第六十三次会议通过《最高人民检察院司法解释工作暂行规定》，这是对最高人民检察院的司法解释工作作出全面详细规定的“暂行”规定。该规定共计20条，对司法解释的依据、目的、承办部门、司法解释执行情况的监督、司法解释的启动程序、表现形式、司法解释的清理等相关问题作了“尝试性”的规定，在规定中使用“暂行”二字就意在于此。

在1996年12月9日至2006年5月10日期间，最高人民检察院单独和联合相关单位制定司法解释和司法解释性文件319件，其中单独制定195件，占

61.3%，联合制定124件，废除新中国成立以来已制定的司法解释12件。[①]表现形式主要有：决定、规则、通知、答复、批复、规定、会议纪要、暂行规定、意见、解释、补充规定、答复、复函、实施意见等。联合机关主要有：海关总署、公安部、监察部、交通部、水利部、国家税务总局、国家环境保总局、国家工商总局、林业局、质监总局、保密局、铁道部、司法部、烟草专卖局、国家档案局、新闻出版总署、中央组织部、人事部等。在联合制定司法解释性文件中，出现多个文号情况普遍存在，如：1992年3月16日，最高人民法院、最高人民检察院联合制定的《印发〈关于办理偷税、抗税刑事案件具体应用法律的若干问题的解释〉》（法发〔1992〕12号、高检会〔1992〕5号）；由牵头单位冠名一个文号，如：1995年6月20日，外交部、最高人民法院、最高人民检察院、公安部、国家安全部、司法部联合制定的《关于处理涉外案件若干问题的规定》（外发〔1995〕17号）；由牵头单位冠名一个文号，但文号中署上"联"字样，如：1984年3月24日，全国人大常委会法制工作委员会、最高人民法院、最高人民检察院、公安部、司法、民政部联合制定的《关于正在服刑的罪犯和被羁押的人的选举权问题的联合通知》（法工委联字〔84〕1号）。这体现出较非规范阶段已有很大进步。

上述数据显示出，在这15年的时间里最高人民检察院单独制定192件司法解释和司法解释性文件，平均每年是12.8件。清理废止3件司法解释和司法解释性文件。可见，在这期间最高人民检察院对司法解释是相当重视的，当然也跟当时法制（治）需要有很大关系。在表现形式上，尽管《最高人民检察院司法解释工作暂行规定》第8条明确规定了司法解释和司法解释性文件采用"解释"、"规定"、"意见"、"通知"、"批复"等形式，统一编排文号。但是，在最高人民检察院的司法解释和司法解释性文件中却表现出包括上述5种在内的14种之多。在制定主体方面，联合制定司法解释和司法解释性文件约占总数的38.7%，联合制定主体多达23个之多。《最高人民检察院司法解释工作暂行规定》的第10条第（四）项明确规定"其他国家机关建议制定或者商请最高人民检察院联合制发的"，该规定似乎具有合理性。但是，从联合制定的主体看到一个很好的趋势就是，制定主体中事业性质单位在减少，行政

① 中国法律法规检索系统 http：//law.npc.gov.cn：87/home/begin1.cbs、中国人大网 http：//www.npc.gov.cn/，也通过其他途径收集到一些该网站未收集的司法解释及文件，加上该网站的司法解释共计319件。

执法单位在增加，联合制定趋势在下降。因此，从这些表现我们可以看出，在这期间最高人民检察院的司法解释和司法解释性文件处于相对规范阶段，较先前而言规范了许多。但是，这对于一个法治国家来说还不够，还有待更进一步规范。

（三）规范发展阶段（2006. 5. 11—2012. 12. 31）最高人民检察院司法解释概况

2000 年 3 月 15 日，第九届全国人民代表大会第三次会议通过《中华人民共和国立法法》并于当年 7 月 1 日起实施。该法的颁布在我国法治建设进程中具有重要的里程碑意义。我国是单一制的立法体系国家，国家权力机关享有立法权。“两高”解释法律的司法解释权由全国人大常委会授权，在权属来源上具有正当性，属于最高权力机关的授权。尽管 1981 年 6 月 10 日全国人民代表大会常务委员会第十九次会议通过的《关于加强法律解释工作的决议》是在《立法法》颁布之前，但是，该决议没有违反《立法法》，因此，该决议仍然有效。此后，我国的立法工作得到更进一步的规范，颁布了许多新的法律。这些新的法律在司法实践中遇到“具体应用法律、法令问题”需要进一步解释，“两高”就自然需要制定相关司法解释或司法解释性文件应用于司法实践。

1996 年最高人民检察院制定的《最高人民检察院司法解释暂行规定》对于全国人大授权最高人民检察院司法解释权后，对规范最高人民检察院司法解释工作起到很大作用。但是，暂行规定毕竟是暂行规定，面对法治的进步其表现出许多不足，比如制定主题、制定主体、制定程序、内部主管机关、文号、公布方式、涉及内容等均需要规范，才得以完善。最高人民检察院也看到了这些问题的存在，并在积极探索经验，以期待解决这些问题，更进一步规范司法解释。

2004 年 12 月中央司法体制改革领导小组《关于司法体制和工作机制改革的初步意见》要求加强司法解释工作，根据法律的实施和司法实践中实际需要及时制定司法解释，并报全国人大备案。2005 年 12 月第十届全国人大常委会第四十次委员长会议通过的《司法解释备案审查工作程序》严格要求“两高”制定司法解释应当自公布之日起 30 日内报送全国人大常委会备案。2005 年 9 月最高人民检察院制定《关于进一步深化检察改革的三年实施意见》，进一步完善了司法解释工作机制和工作程序。就在此番司法体制改革的大环境下，最高人民检察院在总结司法解释的实践经验和上述几个文件的规定下，对1996年的《最高人民检察院司法解释工作暂行规定》进行了完善和修改，并广泛听取了各级检察院的意见后于2006年4月8日最高人民检察院第十届检察委员会第五十三次会议通过了《最高人民检察院司法解释工作规定》。该规定进一步对司法解释的依据、内容、原则、法律效力、承办机构、制定程序、表现形式、发布以及执行监督等作出了较为详细的规定。

2006年5月11日至2012年12月30日，最高人民检察院单独或联合相关机关共计制定司法解释和司法解释性文件92件，其中单独制定40件，联合制定52件，废除13件。[①] 表现形式除了有《最高人民检察院司法解释工作规定》中规定的“解释”、“规定”、“规则”、“意见”、“批复”外，还有“通知”、“决定”、“答复”、“补充规定”等形式，联合制定主体没有多大变化，仍然是很多个联合主体。在诸多表现形式中“意见”为25件，约占总件数的30.1%；“解释”为19件，约占总件数的22.9%；“规定”（含补充规定）14件，约占总件数的16.9%；“批复”5件，约占总件数的6%。[②] 这些数字显示了最高人民检察院的司法解释和司法解释性文件正按照《最高人民检察院司法解释工作规定》的规定走向规范化。“批复”在减少，也显示了该规定中的制定程序的规范化，而不再是下级人民检察院遇到适用法律困难的个案就逐级上报至最高人民检察院以期待得到批复，再以此批复办理案件。司法解释的规定要求司法解释工作按照程序，由相关部门立项后按步骤去制定司法解释，而不是过去随意性地“批复”、“答复”等可以代替的。

在表现形式的标题上也出现了很大的变化，即标题中出现“具体应用法律（若干）问题的解释”的字样，如：2007年2月28日，最高人民法院、最高人民检察院联合颁布的《关于办理危害矿山生产安全刑事案件具体应用法律若干问题的解释》（法释〔2007〕5号）。在我们看来，这是一个很大的进步，符合司法解释的规定。这一做法使司法者对此更具可操作性，使普通民众对此更加信任、接受并产生安全感。在文号中发出现“法释〔××××〕×号”字样，一个司法解释有统一编号，更显规范性。这也是规范化的见证，

---

① 中国法律法规检索系统 http://law.npc.gov.cn:87/home/begin1.cbs、中国人大网 http://www.npc.gov.cn/，也通过其他途径收集到一些该网站未收集到的司法解释及文件，加上该网站的司法解释共计92件。

② 参见中国法律法规检索系统 http://law.npc.gov.cn:87/home/begin1.cbs。

不再是过去那种多文号和文号不明、混乱的局面。

通过上述的分析和例证，我们可以认为，在2006年制定《最高人民检察院司法解释工作规定》后，最高人民检察院的司法解释工作处于一个相对规范发展阶段。时至今日，最高人民检察院司法解释均在该规定下规范发展，当然该规定也并非是完美无缺的规定，它仍然在不断规范发展过程中，但笔者认为，尽管它在不断规范和发展，但我们也期待更加完美的规范司法解释的制度出台，以使我国法治更加走向前进。

二、最高人民检察院司法解释具体表现形式分析

在研究最高人民检察院司法解释表现形式时，我们将按照最高人民检察院司法解释权从事实存在（或需要）到全国人大常委会授权的权力存在状态，再到最高人民检察院制定“司法解释暂行规定”至确定的“司法解释规定”的艰辛历程来划分最高人民检察院司法解释的表现形式的进路。即将最高人民检察院司法解释的标题划分阶段。第一阶段：（1949.10.1—1996.12.9）为非规范阶段；第二阶段：（1996.12.10—2006.5.10）为相对规范阶段；第三阶段：2006.5.11—2012.12.31）为规范发展阶段。在非规范阶段，最高人民检察院单独或联合制定司法解释273件；在相对规范阶段，最高人民检察院单独或联合制定司法解释319件；在规范发展阶段，最高人民检察院单独或联合制定司法解释92件。① 这些司法解释的标题呈现出极不规范的表现形式，经统计，存在共计近30余种司法解释的标题形式。

综观最高人民检察院司法解释的表现形式，其主要由三个部分组成，即标题、文号和正文。这三个部分构成一件司法解释的表现形式的核心内容。司法解释是对某个法律文本作出的有关法律适用的解释，它一经作出就会具有效力的延续性，非经法定程序改变或废止，就是有效的。因此，司法解释的法律文本的表现形式是固化司法解释的法律适用内涵，其表现形式尤为重要。

---

① 参见中国法律法规检索系统 http://law.npc.gov.cn:87/home/begin1.cbs、中国人大网 http://www.npc.gov.cn/，也通过其他途径收集到一些该网站没有的司法解释及规范性文件，共计如下：在非规范阶段，高检院单独或联合制定司法解释273件；相对规范阶段，高检院单独或联合制定司法解释319件；规范发展阶段，高检院单独或联合制定司法解释92件。

（一）非规范阶段的表现形式分析

1. 最高人民检察院司法解释的标题表现形式

标题简言之就是表明文章、著作等文学作品或艺术的内容的简短语句。标题通常由发文机关名称、公文主题和文种三个部分组成。①从理论上讲，标题应当具有鲜明性、简洁性、准确性和形式美等特征。最高人民检察院的司法解释不是文学作品，当然不会完全去追求文学艺术作品的标题风格。但是，最高人民检察院的司法解释也具有标题之功能，它给民众和司法人员直接的提示，方便查阅与判断文本内容。最高人民检察院司法解释标题也跟其他标题一样也由三个部分组成，即制定机关主体名称、司法解释主题和司法解释文种。司法解释的标题直接反映的是一个法经济学的问题。因此，研究最高人民检察院司法解释实为必要。它在司法解释的效率上，对司法解释的规范上具有相当重要价值。

（1）司法解释标题中的制定机关主体名称的表现形式

这一阶段，最高人民检察院司法解释标题中的发文机关有三种模式。一是最高人民检察院单独制定司法解释，即司法解释标题中只有最高人民检察院一个制定主体，如《最高人民检察院关于事先与犯罪分子有通谋，事后对赃物予以窝藏或者代为销售或者收买的，应如何适用法律的问题的批复》（高检发研字〔1995〕2号）；二是“两高”联合制定司法解释，其标题中出现“两高”名称。如《最高人民法院、最高人民检察院关于刑法第一百一十四条规定的犯罪主体的适用范围的联合通知》（〔86〕高检会二字第10号）；三是“两高”和其他有关机关联合制定司法解释，在标题中出现，“两高”和其他相关主体。如《最高人民法院、最高人民检察院、公安部、劳动人事部关于被判处管制、剥夺政治权利和宣告缓刑、假释的犯罪分子能否外出经商等问题的通知》（〔86〕高检会三字第2号）。

该阶段最高人民检察院单独或联合制定司法解释的标题中出现多个主体，如司法部、公安部、卫生部、农业部、外交部、交通部等近50个单位曾出现在司法解释标题中。在这些司法解释标题的主体中司法机关就只有“两高”，而其他机关不是司法机关，也参与到司法解释的制定中来，并在其中署名，这

① 参见《中国共产党机关公文处理条例》（中办发〔1996〕14号）。

让司法解释多少有些变味。非司法机关参与制定司法解释并署名其做法很不符合法治的精神，司法解释顾名思义就是司法机关作出的有权解释，唯有司法机关才是适格的司法解释制定主体。司法机关是具体适用法律处理案件的机关，其他行政机关是执行法律的机关，在行政上有一条重要执法原理即“法无授权即禁止，法无禁止即自由”，行政执法机关就是按照法律授权行使行政权，而不是进入司法程序中去适用法律。因此，非司法机关不应当参与到司法活动中来，更不应当参与制定司法解释。在必须要经过非司法机关的相关程序和行为的决定或断定才能处理案件的情况，完全可以采取在司法机关作出的司法解释中予以明确规定采用“××××机关的决定（或命令）”处理案件的模式，从而解决非司法机关参与司法解释的制定的不合理、不合法现象。至于“两高”联合司法解释，在司法解释中出现“两高”名称时，这当然是可行的。因为“两高”同属于司法机关，“两高”各自有其职能权力范围，但在处理案件上会有很多地方出现权力“交集空间”，即存在共同应用法律的空间，这样就可能出现对某一法律的具体应用问题产生共同的应用法律的“交集”，因此，就有共同制定司法解释的情景。故“两高”联合制定司法解释并出现在司法解释标题中就具有合理性。

（2）司法解释标题的文（种）体表现形式

在这一阶段，最高人民检察院司法解释标题的文体表现形式较多。以下将介绍几类较为常见的形式，通过分析这些不规范的形式来探讨其司法解释的历程，这有助于规范司法解释的表现形式。

①通知类文体

通知是公文常用文体之一，主要是采用文字或口信的方式将某事项予以告知。它往往要求被传达者及时知晓通知内容并及时办理。最高人民检察院为了让某项司法解释尽快适用于司法实践，也常常采用通知形式颁布司法解释。通知有多达九种之多。分别是：第一，“关于……的通知”，如《最高人民法院、最高人民检察院、司法部关于判处徒刑的反革命分子准许上诉的通知》（〔1955〕法行字第17379号、1955高检四字第1315号）（失效）；第二，有多个单位联合制定解释的联合通知，采用模式是“对……等问题的联合通知”，如《最高人民法院、最高人民检察院、公安部关于对少年儿童一般犯罪不予逮捕判刑的联合通知》（〔60〕法行字第87号、〔60〕高检二字第48号、〔60〕公劳联字第5号）（失效）；第三，专门针对某个问题的通知，其模式是“关于……问题的通知”，如《最高人民法院、最高人民检察院、公安部关于判处无期徒刑、死刑的第一审普通刑事案件管辖问题的通知》(〔83〕法研字第15号)(失效);第四,专门针对某个法条的司法解释的通知,采用模式是“关于×法第×条规定的……的联合通知”,如《最高人民法院、最高人民检察院关于刑法第一百一十四条规定的犯罪主体的适用范围的联合通知》(〔86〕高检会二字第10号)(失效);第五,针对某几个问题的通知,采用模式是“关于……几个问题的通知”,如《最高人民法院、最高人民检察院、公安部、司法部关于在打击流窜犯罪活动中需要注意几个问题的通知》(〔86〕公发22号);第六,针对某个问题展开的司法解释,所采用模式是“关于……有关问题的通知”,如《最高人民法院、最高人民检察院、公安部、司法部关于罪犯在看守所执行刑罚以及监外执行的有关问题的通知》(〔87〕高检会三字第4号)(失效);第七,对于某个问题已经有了相关规定,但是由于在此需要作出相关规定的司法解释,其采用模式是“关于……‘补充规定’的通知”,如《最高人民法院、最高人民检察院关于正确执行两个“补充规定”的通知》(高法明电〔1988〕7号);第八,关于某个(或某类)案件而作出的具体应用法律问题的司法解释,采用模式是“关于……案件具体应用法律问题的通知”,如《最高人民法院、最高人民检察院关于当前办理盗掘墓葬案件具体应用法律问题的通知》(〔88〕高检会研字第20号),该模式是在1981年全国人大常委会授权“两高”在“工作中具体应用法律、法令的问题”的司法解释权后,在司法解释的标题中出现“具体应用法律问题”的字样所致,不难看出这是为了司法解释的标题与全国人大常委会的授权保持一致的结果;第九,对某类问题所作出的指导意见,并应当用于司法实践的司法解释,其采用模式是“关于……问题的意见的通知”,如《公安部、最高人民法院、最高人民检察院、司法部关于办理流窜犯罪案件中一些问题的意见的通知》(〔89〕公发27号)。仅通知式的司法解释标题就多达九类之多,可见当时司法解释的标题是相当不规范。

②批复类文体

批复是常用于答复下级机关对于某事项的请示公文。批复的制作是以下级单位的请示为必要前提,针对下级机关的专门事项所采用的答复。因此,在启动上具有较强的被动性。由于批复是对下级单位的请示的答复,在内容上就具有很强的针对性。批复是上级机关所作出的结论性的答复。因此,下级机关对答复必须认真执行,不得违背,在效力上具有类似于决定或命令等的强制色彩,因此表现出在效用上很强的权威性。由于司法解释是司法机关对法律的具体适用问题的解释。而法律的适用主要是在基层司法机关，基层司法机关在司法实践中遇到法律适用困惑请示上级机关怎么做时，上级机关往往采用批复形式予以答复。因此，司法解释中批复的形式较为常见。在这一阶段批复类司法解释主要有四种模式。第一，对于某个（或某类）问题几个不同机关联合制定批复，其采用模式是“关于……等有关问题的联合批复 ”，如《最高人民法院、最高人民检察院关于死缓减刑等有关问题的联合批复》（研字第11375号）（失效）；第二，对于某具体法律条文的适用的司法解释，其模式是“关于如何适用×法第×条的批复”，如《最高人民法院、最高人民检察院关于如何适用刑法第一百五十三条的批复》（〔88〕高检会研字第3号）；第三，对于某一类案件所作出的司法解释，其采用模式是“关于……案件如何适用法律问题的批复”，如《最高人民法院、最高人民检察院关于税务人员参与偷税犯罪的案件如何适用法律问题的批复》（法研发〔1988〕29号）；第四，针对下级院就某个问题的请示而作出的司法解释，其采用模式是“关于……的批复”，如《最高人民检察院、最高人民法院关于如何计算单位投机倒把犯罪案件获利数额的批复》（〔89〕高检会研字第19号）（失效）。

③指示类文体

指示类模式主要有两种：第一，不同主体对某几个问题所作出的联合指示性司法解释，其采用模式是“关于……若干具体问题的联合指示 ”，如1957年2月6日颁布的《最高人民检察院、最高人民法院、公安部关于执行全国人民代表大会常务委员会“关于对反革命分子的管制一律由人民法院判决的决定”中若干具体问题的联合指示》（失效）；第二，对于某个问题所作出的指示性的司法解释，采用模式是“关于……问题的指示 ”，如1957年10月26日颁布的《最高人民检察院、最高人民法院、公安部关于简化管制法律手续问题的指示》（失效）。

④规定类文体

规定作为规范性公文之一，主要是领导机关或职能部门为了贯彻某类政策和某种管理性的工作，而提出的原则性要求、执行措施和执行标准的公文。它在公文中使用频率较高，是上级领导机关或职能部门对特定工作范围的具体事项所制定的相应措施，要求下级机关严格贯彻执行。通常是为了某部法律、法规的实施，加强其管理实施工作而制定，在内容上较为详细，并且具有很强的可操作性。它与批复等针对某条法律文本的“个体”性来说又具有较强的“整体”性。规定类模式主要有五种：第一，对于某问题作出的司法解释，但考虑其情况可能变化或目前仍不稳定，有待进一步作出规定的司法解释，其采用模式有两种，第一种为："关于……的试行规定"，如《最高人民法院、最高人民检察院、公安部关于公、检、法三机关受理普通刑事案件的职责范围的试行规定》（〔1962〕法行字第261号、〔1962〕高检发17号、〔1962〕公发122号）；第二种为："关于……的规定（试行）"，如《最高人民法院关于人民检察院直接受理的经济检察案件立案标准的规定（试行）》（〔86〕高检发二字第4号）（失效）；第二，对于某法律问题所作出的暂行性的司法解释，其采用模式是"关于……若干问题的暂行规定"，如《最高人民法院、最高人民检察院、公安部、财政部关于没收和处理赃款赃物若干问题的暂行规定》（〔65〕法研字第40号、〔65〕高检法13号、〔65〕公发（审）691号、〔65〕财预吴168号）；第三，对于某个问题所作出的规定性的司法解释，采用模式是"关于……的规定"，如1985年5月27日颁布的《最高人民法院、最高人民检察院关于人民法院审判法庭审判台、公诉台、辩护台位置的规定》；第四，对某些问题所做出的司法解释性的规定，其采用模式是"关于……若干问题的规定"，如1987年2月17日颁布的《最高人民法院、最高人民检察院、公安部、司法部关于中国人民武装警察部队人员犯罪案件若干问题的规定》（〔87〕公发11号）；第五，对于某问题所作出的补充性的司法解释，其采用模式是"关于……的补充规定"，如1987年12月21日颁布的《最高人民检察院、公安部、总政治部关于军队和地方互涉案件侦查工作的补充规定》（〔1987〕政联字第14号）。

⑤解答类文体

解答不属于公文常用文体，它主要是上级机关对下级机关某项文体的请示或问询所作的解释性的答复。解答类司法解释主要有三种：第一，对于某问题在司法中具体应用问题所作出的解释，采用模式是"关于……有关问题具体应用法律的解答"，如《最高人民法院、最高人民检察院、公安部关于当前处理自首和有关问题具体应用法律的解答》（〔84〕法研字第6号）（失效）；第二，对于某几个问题所作出的解释，采用模式是"关于……几个问题的解答"，如1991年10月17日颁布的《最高人民法院、最高人民检察院关于盗伐、滥伐林木案件几个问题的解答》（法研发〔1991〕31号）；第三，对于某问题做出的相关多种不同模式的试行解答解释，其采用模式是"关于……具体应用法律的若干问题的解答（试行）"，如《关于当前办理经济犯罪案件中具体应用法律的若干问题的解答（试行）》（〔85〕高检会研字3号）（失效）。

⑥公告类文体

公告是较为常见的一种文体，主要是指政府、组织性团体对某事件或事项当众给予公布或者公开宣布所采用的文书。内容上主要表现为两个方面：一是对国内外宣布重要事项，公布重要依据政策、法令所采取的重大行动等；二是向国内外宣布某法定事项，公布依据法律的规定告知国内外某事项的相关重要规定行动等。[①] 公告类司法解释只有一种，即对某问题的公告性解释，其采用模式是“关于……的公告”，如 1988 年 3 月 14 日颁布的《最高人民法院、最高人民检察院关于不再追诉去台人员在中华人民共和国成立前的犯罪行为的公告》。

⑦意见类文体

意见是常用的公文之一，主要适用于对重要问题提出见解和处理办法。[②] 其指导性很强，主要是针对当时具有普遍性的问题发布，有时是针对个别性的问题而发布，对重要问题的适用提出见解和处理办法的文体。意见类司法解释模式有三种：第一，对某法律的具体应用的多种不同情况的不同解释，如：“关于……具体应用法律的若干问题的意见”，如 1989 年 8 月 1 日颁布的《最高人民法院、最高人民检察院关于办理反革命暴乱和政治动乱中犯罪案件具体应用法律的若干问题的意见》；第二，对于某问题所作出的意见，其采用模式是“关于……问题的意见”，如 1991 年 7 月 27 日颁布的《最高人民检察院、最高人民法院关于盗窃、贪污粮食数额如何计算问题的意见》（高检会〔1991〕15 号）；第三，对某法律的实施所作出的司法解释，其采用模式是“关于……的实施意见”，如《最高人民检察院关于贯彻中发〔1993〕9 号文件进一步开展自身反腐败斗争的实施意见》（高检发〔1993〕27 号）。

⑧答复类文体

答复就是对具体问题的回复或回答，是公文中较为少见的文体。因司法机关在处理案件中遇有法律适用上的困惑，向上级机关请求给予答复，以此回复或回答处理案件而产生的司法解释形式文体。答复式司法解释的种类比较单一，只有一种，即对于下级院的某个请示所作出的法律适应问题的答复性司法解释，其采用模式是“关于……的请示答复”，如 1990 年 2 月 16 日颁布的

---

① 参见百度百科 http：//baike. baidu. com/view/544379. htm。

② 参见 2001 年 1 月 1 日实施的《国家行政机关公文处理办法》（国发〔2000〕23 号）。

《最高人民检察院法纪检察厅关于执行立案标准的请示答复》。

⑨细则类文体

细则通常是上级为了某一法律、条例和规定更好地贯彻执行，结合实际情况所作出的更为具体、详细的补充和解释。它通常与原法律、条例和规定配套适用，使其更加细微，更具可操作性。细则的模式也较单一，只有一种模式。"细则"一般是对某法律或法规作出更为详细的适用性的指导，其采用模式是"……工作细则（试行）"，如1991年4月8日颁布的《人民检察院侦查贪污贿赂犯罪案件工作细则（试行）》（高检发〔1991〕第23号）。

⑩规则类文体

规则是制度上的概念，是由某个权威机构依据某种制度而制定的供适用主体共同遵守的制度或章程。它是对某种制度的细化，以便适用中更加方便和规范。这类司法解释最为常见的是在刑事诉讼法制定或修改后，最高人民检察院就根据新修改的刑事诉讼法制定此类规则以适用于刑事诉讼工作，特别是检察工作中的刑事诉讼工作的制度。如1999年1月18日颁布的《人民检察院刑事诉讼规则》（高检发释字〔1999〕1号）。该规则对于刑事诉讼工作是有效的、普遍适用的，且不限于检察机关适用。

综观上述司法解释的文体，可见其表现形式多达十种之多，在每一种中又有更为不同的表现形式。给人眼花缭乱的感觉，此类规范因缺乏规律性和统一性，因此展现出随意性的特点，这种状态小则给司法实践带来麻烦，大则对国家法治造成混乱。对于文字性的材料，人们在使用中往往是看其标题而后予以选用，面对这阶段司法解释的标题表现形式混乱，无章可循的状态，民众是急切期待有关司法解释工作的制度出台。

2. 最高人民检察院司法解释标题中主题表现形式

主题是作者通过文中全部文字材料和表现形式所传达出来的基本思想、核心命题。最高人民检察院司法解释的主题相对于文体和标题的主体表现形式较为简单。通过总结最高人民检察院在这阶段制定的司法解释，笔者认为其标题的主题模式为"主体+关于+主题+文体"。具体来说有下列三种模式：（1）最高人民检察院单独制定司法解释的主题表现形式，如《最高人民检察院关于贩卖假毒品案件如何定性问题的批复》（高检发研字〔1991〕2号）这种形式。这样的主题表现形式简单明了，浅显易懂，该例子中的主题就是"贩卖假毒品案件如何定性问题"；（2）最高人民检察院与最高人民法院联合制定司法解释的主题表现形式，如《最高人民法院、最高人民检察院关于当前办理盗掘墓葬案件具体应用法律问题的通知》（〔88〕高检会研字第 20 号），这则例子的表现主题就是“两高”对“当前办理盗掘墓葬案件具体应用法律问题”；（3）最高人民检察院与最高人民法院及其他机关联合制定司法解释的主题表现形式，如：《最高人民法院、最高人民检察院、公安部、司法部转发上海市关于人犯羁押、换押、接见、送达执行书等若干问题的通知》（〔57〕法行字第 9108 号、〔57〕高检五字第 182 号、〔57〕公劳联字第 12 号、〔57〕司普字第 715 号），这则例子的主题是“上海市关于人犯羁押、换押、接见、送达执行书等若干问题”。在主题较为确定、明确的情况下，民众一看标题就知道其主题是什么，不会产生混淆，更不用去猜测主题。

3. 最高人民检察院司法解释文号表现形式

发文字号简称文号，是指发文机关制作规范性文件按照发文顺序编排的顺序号，由发文机关代字、发文年度和文件顺序号三个部分组成。年份是用公元纪年，在“〔 〕”中用阿拉伯数字标明，代字一般是用发文机关的地名简称或机关的简称。发文年度是发文机关制定该文件时所属的年号，顺序号是该年份中该份文件所属的该类型的文件的顺序号。① 这一阶段中，最高人民检察院单独或联合制定的司法解释及其文件中发文字号极不规范。

首先，司法解释及其文件中的发文机关的代字极不规范。综观这一阶段的最高人民检察院单独或联合制定的司法解释及其文件中的机关代字主要存在以下几个方面的混乱现象：一是发文机关所采用的代字不规范，要么过于简单不能体现发文机关的名称，或者过于冗长，看起来较为不规范，使人产生混乱之嫌。如：《最高人民法院、最高人民检察院、公安部关于死缓罪犯执行死刑再缓期一年减刑的处理程序问题的联合批复》（〔63〕法研字第 93 号、高检发〔63〕24 号、〔63〕公发厅 523 号）中出现的最高人民检察院机关代字是“高检”字样；《最高人民法院、最高人民检察院、公安部关于劳改犯再犯罪的刑期执行问题的联合批复》（〔63〕法研字第 101 号、高检法发〔63〕25 号、〔63〕公发（劳）538 号）中最高人民检察院的机关代字是“高检法”字样；《最高人民法院、最高人民检察院、公安部关于执行刑事诉讼法规定的案件管辖范围的通知》（〔79〕法研字第 28 号、〔79〕高检经字 6 号、公发〔1979〕177 号）中最高人民检察院的机关代字为“高检经”字样；《最高人民法院、

① 参见百度百科 http：//baike. baidu. com/view/4442068，2012 年 10 月 5 日访问。

最高人民检察院、公安部关于侦查羁押期限从何时起算问题的联合通知》（〔81〕法研字第5号、81高检发（研）10号、81公发（研）36号）中最高人民检察院的机关代字为“高检法（研）”字样；《最高人民法院、最高人民检察院、公安部、司法部关于律师参加诉讼的几项具体规定的联合通知》（〔81〕法研字第6号、〔81〕高检发［刑］14号、〔81〕公发［研］41号、〔81〕司发公字第43号）中最高人民检察院的机关代字为“高检发［刑］”字样。一般来说“高检发［刑］”中的“发”表示属于其最高人民检察院办公室下发，其中的“刑”字又显示属于其内设机构的刑事职能部门还是因该司法解释属于刑事领域的解释。像《公安部、最高人民检察院、最高人民法院关于盗伐滥伐森林案件改由公安机关管辖的通知》（〔85〕高检会二字第1号）中最高人民检察院的机关代字为“高检会二”字样等有几十种之多。从最高人民检察院单独或联合制定的司法解释的机关代字的字样可以看出，其主体只有一个，即最高人民检察院。可是在司法解释中却表现出几十种最高检的机关代字样。尽管最高人民检察院司法解释及其文件在启动（或制定）中需要由不同的内设机关的职能部门来完成，但是，在我们看来，这是内设机构的分工问题，最高人民检察院的各内设机构均是在最高人民检察院的统一领导之下的内设职能分工部门，各内设机构不能以自己的名称对外制作司法解释，必须以统一的、具有适格主体身份的名称对外才具有法律效力。其二是作为发文机关代字后“字”和“发”时而存在时而不存在，有时甚至出现“发”和“字”混用。如《最高人民法院、最高人民检察院关于依法惩处倒卖飞机票犯罪活动的通知》（〔88〕高检会研字第10号），《最高人民检察院关于检察机关积极配合全国税收财务物价大检查依法严惩偷税抗税犯罪的通知》（高检发〔1990〕23号），《最高人民检察院印发〈最高人民检察院关于查处“人质型”侵犯公民人身权利案件的若干意见〉的通知》（高检发法字〔1990〕1号）等几十种。事实上“发”字是发文的意思。它不属于发文机构的名称的代“字”，也不属于发文机关本质属性的代“字”，它在“机关代字”中属于一个可用可不用的“字”。从这一阶段制定的司法解释的发文机关代字的表现形式来看，也出现极为不规范的现象，给普通民众以混乱之感觉，产生适用上的混乱。

其次，发文机关的发文年度编制所置顺序混乱及简略不当。最高人民检察院司法解释的发文年度编制混乱主要表现在以下几个方面：一是最高人民检察院的司法解释的发文年度标识省略不当，出现了常见的两种模式，即以4位数的阿拉伯数字表示发文年度，或采用当年度的最后两位数字表示制定年度。如《最高人民法院、最高人民检察院关于死缓减刑等问题的联合批复》(〔56〕高检四字第1601号、〔56〕法研字第11848号)，《公安部、最高人民检察院、最高人民法院关于盗伐滥伐森林案件改由公安机关管辖的通知》(〔85〕高检会二字第1号)，《最高人民法院、最高人民检察院印发〈关于办理偷税、抗税刑事案件具体应用法律的若干问题的解释〉的通知》(法发〔1992〕12号、高检会〔1992〕5号)。用四位阿拉伯数字表示当年年份，自然有人想起是表示年份，然而采用制定年度的四位数字的最后两位数表示年度数，这通常给人产生错误的认识，是一种极不规范的表现。二是发文年度顺序所置位置混乱。在这一阶段最高人民检察院制定的司法解释及其文件中，发文年度既有在发文机关之前的，也有在发文机关之后的，如《最高人民检察院、公安部、总政治部关于军队和地方互涉案件侦查工作的补充规定》(〔1987〕政联字第14号)，《最高人民检察院关于不服铁路运输法院判决裁定的民事申诉案件管辖问题的批复》(高检发民字〔1996〕1号)。可见，发文年度编号所置位置混乱，有时在发文机关之前，有时在发文机关之后。三是联合发文中的字号数量众多且混乱。在这一阶段中，最高人民检察院与其他单位联合制定司法解释及其文件中出现多个发文号，在一件司法解释中最少一个发文字号，最多曾出现四个，如《最高人民法院、最高人民检察院、公安部关于全国人大常委会两个〈补充规定〉中有关几类案件管辖问题的通知》(〔88〕高检会研字第17号)，《最高人民法院、最高人民检察院、公安部、司法部关于民航系统的案件由地方公安机关、人民检察院和人民法院受理的通知》(〔80〕法研字第16号、高检办字〔1980〕13号、〔80〕公发(经)92号、〔80〕司发普字第86号)。可见，最高人民检察院联合制定司法解释中发文字号数量呈现不规范现象。四是发文字号中“第”字的使用混乱。在最高人民检察院单独或联合制定的司法解释及文件中“第”和“字”字的使用也是时隐时现的。如《最高人民检察院关于印发〈人民检察院侦查贪污贿赂犯罪案件工作细则(试行)〉的通知》(高检发〔1991〕第23号)，《最高人民检察院关于贩卖假毒品案件如何定性问题的批复》(高检发研字〔1991〕2号)，《最高人民检察院、最高人民法院关于如何计算单位投机倒把犯罪案件获利数额的批复》(〔89〕高检会研字第19号)。对于“第”和“字”二字在发文字号中不正确使用也是造成最高人民检察院司法解释及其文件混乱的原因之一。

最后，文件顺序号编制不规范。文件顺序号是发文机关按照该类文件制作顺序依次编列的序号。综观这类文件顺序编制混乱主要表现在以下几个方面：一是编制位序的混乱，这里的混乱主要表现有以下两种：（1）直接依据所制定的司法解释及其文件的顺序来编制序号，如《最高人民检察院关于贩卖假毒品案件如何定性问题的批复》（高检发研字〔1991〕2 号）；（2）对全年制定司法解释的位数进行预测来预留编号，再依据其制定司法解释的序号进行编号，如《司法部、最高人民法院、最高人民检察院、公安部关于印发〈人体重伤鉴定标准〉的通知》（司法〔1990〕070 号）。二是最高人民检察院内设机构编制发文序号的混乱，对该类混乱称其为类文件序号混乱较为合适。[①] 如：最高人民检察院办公室制定的《关于复查刑事申诉案件有关问题的通知》（〔1996〕高检办发第 102 号）；最高人民检察院监所检察部门制定的《最高人民检察院关于加强监所检察办案工作的意见》（高检发监字〔1996〕1 号）；最高人民检察院民事行政检察部门制定的《关于印发〈最高人民检察院关于执行行政诉讼法第六十四条的暂行规定〉的通知》（高检发民字〔1990〕3 号）；最高人民检察院反贪污贿赂局制定的《最高人民检察院关于依法严肃查处侵犯知识产权犯罪案件的通知》（高检发贪检字〔1995〕6 号）。可见各内设部门制定司法解释及其文件均冠以本部门的职能属性，并按照自己制定司法解释的数量序列编号。这反映出最高人民检察院制定司法解释及其文件缺乏统一的规范性的编号制度。

（二）相对规范阶段表现形式分析

自 1981 年全国人大常委会授权“两高”司法解释权后，“两高”各自在自己的职能范围内制定司法解释。综观这些已制定的司法解释及其文件，其表现形式相当混乱，没有相关文件去规范最高人民检察院的司法解释的表现形式，这在很大程度上阻碍了我国法治的建设步伐。形式的法律表现形式也极为重要，它是实质法治的前提，是民众了解法治、认识法制、维护权益的重要根据之一。因此，对其进行规范成为必要。

1996 年 12 月 9 日，最高人民检察院第八届检察委员会第六十三次会议通过《最高人民检察院司法解释工作暂行规定》。该暂行规定对最高人民检察院

① 在高检院内设机构中，因缺乏统一的司法解释编号，各内设机构往往在制定司法解释中，根据自己部门所属的职能制定司法解释，并加以区分司法解释的类别。

的司法解释工作进行了“尝试性”的规范。① 最高人民检察院司法解释工作在我国法治建设中具有重大的作用，对司法实践具有较强的指导意义，但是也是备受争议的的话题。因此，对于最高人民检察院的司法解释的规范来说是需要“摸着石头过河”，对其制定的规范使用“暂行”的语词较为妥当。在这一阶段，最高人民检察院制定司法解释及其文件是依据该“暂行”规范制定，其表现形式处于相对规范阶段。

1. 相对规范阶段最高人民检察院司法解释的标题

(1) 在相对规范阶段司法解释标题中的制定机关主体名称的表现形式

相对于非规范阶段，在这阶段司法解释及其文件的制定机关名称也存在三种模式。一是最高人民检察院单独制定司法解释，在司法解释标题中只存在最高人民检察院一个主体。在这阶段，最高人民检察院单独制定司法解释及其文件明显较多，其作为制定司法解释主体主动“出击”的概率增大。如《最高人民检察院关于“骨龄鉴定”能否作为确定刑事责任年龄证据使用的批复》(高检发研字〔2000〕6 号)。但是，这一阶段出现了一个新的问题，即在最高人民检察院制定的司法解释的标题中时有出现其内设机构的名称，如《最高人民检察院法律政策研究室关于买卖伪造的国家机关证件行为是否构成犯罪问题的答复》(〔1999〕高检研发第 5 号)，该标题就出现了最高人民检察院内设机构“法律政策研究室”。《最高人民检察院司法解释工作暂行规定》第 5 条规定了最高人民检察院的法律政策研究室是承办司法解释文件的主管部门，其他各业务部门和地方各级人民检察院法律政策研究室配合其承办司法解释文件的工作。② 这只是规定了最高人民检察院各内设机构及下级院对司法解释工作的职能分工，并不是就此依据就可以以研究室名义对外发布司法解释。最高人民检察院法律政策研究室仅是最高人民检察院内设机构之一，若要对外作出独立的法律行为，只有最高人民检察院是适格身份。二是“两高”联合制定司法解释，其标题中出现“两高”名称，但“两高”的名称所处位置的前后关系不固定。“两高”依据其各自的职能并可能触及对方职权边界或为了相互

① 在这一阶段中，面对司法解释的不规范现状，要对司法解释工作进行规范的、科学的、制度的规范，应当从表现形式做起，但司法解释工作处于探索之中，尚无固定模式和规范。因此，将该规范制度定位为“暂行规定”。

② 《最高人民检察院司法解释工作暂行规定》第 5 条规定：“最高人民检察院法律政策研究室是承办司法解释文件的主管部门。最高人民检察院各业务部门和地方各级人民检察院法律政策研究室配合最高人民检察院法律政策研究室承办司法解释文件的工作。”

配合和协作，采用联合制定司法解释的模式制定司法解释及其文件。“两高”还专门制定规范性文件《最高人民法院、最高人民检察院关于建立“两高”工作协商制度的意见》（高检会〔2000〕1号）来规范和限定联合制定司法解释的工作。这也是符合《最高人民检察院司法解释工作暂行规定》的规定，该规定第16条规定，最高人民检察院在必要时，可以商请最高人民法院等部门联合发布司法解释。三是最高人民检察院、最高人民法院和其他有关机关联合制定司法解释的表现形式。在这一阶段“两高”联合其他机构制定司法解释的现象相对之前较少，联合制定的主体也从之前的军队、事业单位、行政机关等，趋向于具有较为明显行政执法权的行政机关。这也符合《最高人民检察院司法解释工作暂行规定》第10条关于制定司法解释的来源中规定的“其他国家机关建议制定或者商请最高人民检察院联合制发的。”这也是相对规范的具体体现。

（2）司法解释标题中文种表现形式

这一阶段中，最高人民检察院司法解释的文种，相对前一阶段较为规范，经初步统计，这阶段最高人民检察院单独和联合制定司法解释及其文件共计文种八种，除了《最高人民检察院司法解释工作暂行规定》第8条规定采用“解释”、“意见”、“规定”、“批复”、“通知”形式外，还采用了“复函”、“答复”、“规则”等形式。如《最高人民检察院法律政策研究室关于非法经营行为界定有关问题的复函》（〔2002〕高检研发第24号），《关于非法制作、出售、使用IC电话卡行为如何适用法律问题的答复》（〔2003〕高检研发第10号），《人民检察院刑事诉讼规则》（高检发释字〔1999〕1号）。在这一阶段，在《最高人民检察院司法解释工作暂行规定》的规范下，最高人民检察院单独或联合制定的司法解释的文种表现出相对规范化，而不再是之前无规范的各式各样的文种形式。值得注意的是，在最高人民检察院制定的这些司法解释及其文件的标题中出现的“批复”、“答复”、“解释”较多，这表现出最高人民检察院制定的司法解释及其文件是检察工作中具体应用法律问题的“解释”，而不再是之前的“通知”、“办法”、“请示”等在严格形式上讲不属于司法解释的表现形式范畴的司法解释。这是相对规范的表现，是司法解释工作的进步。

2. 相对规范阶段最高人民检察院司法解释主题表现形式

在这一阶段最高人民检察院单独或联合制定的司法解释采用的主题模式也为“主体+关于+主题+文体”。相对非规范阶段来讲是更加规范了，使普通民众从标题就直接可以看出其主题。《最高人民检察院司法解释工作暂行规定》第 2 条规定了司法解释是对“检察工作中具体应用法律的问题”的解释，这个法律问题在标题中出现就表现为该司法解释主题，如《最高人民检察院关于构成嫖宿幼女罪主观上是否需要具备明知要件的解释》（高检发释字〔2001〕3 号），这里的主题就是“构成嫖宿幼女罪主观上是否需要具备明知”的要件。该暂行规定的第 3 条规定了司法解释应当以法律为依据，不得违背和超越法律的规定。这就要求司法解释是在现有法律的范围内对具体应用法律的解释。因此，在标题中要体现其主题，以显示其针对性和具体解释法律应用问题的主旨。

总之，在这一阶段，最高人民检察院单独或联合制定的司法解释及其文件的主题较明确，一般来说从标题就可以看出该司法解释的主题，这大大促进了司法解释的适用，为司法解释的应用和引用提供了方便，使法律的适用性更加广泛，应用性更加趋向实践。

3. 最高人民检察院司法解释字号表现形式

（1）司法解释及其文件中的发文机关的代字不规范

发文机关代字是体现发文机构名称及其文件性质的代称，在规范性文件中具有重要意义。从发文机关的代字就能识别其属性、发文级别等。在这一阶段最高人民检察院单独或联合制定的司法解释的发文代字仍处于混乱状态。一是在最高人民检察院单独制定的司法解释中其代字常冠上内设机构的名称或解释领域的属性，如《最高人民检察院法律政策研究室关于保险诈骗未遂能否按犯罪处理问题的答复》（〔1998〕高检研发第 20 号），从其代字就可见该司法解释是最高人民检察院内设机构法律政策研究室所制定；《最高人民检察院关于检察机关办理司法协助案件有关问题的通知》（高检发外字〔1997〕26 号），从其代字就可见其司法解释针对的是司法涉外领域。另外，最高人民检察院在代字中不用内设机构名称，直接用“高检”代字并加注“释”字予以注明其文件属性，如《最高人民检察院关于检察工作中具体适用修订刑法第十二条若干问题的通知》（高检发释字〔1997〕4 号）。二是在最高人民检察院与最高人民法院联合制定司法解释及其文件中的机关代字也较为混乱。这主要表现在“两高”谁主导制定该司法解释就冠以谁的代字。如《最高人民法院、最高人民检察院关于办理生产、销售伪劣商品刑事案件具体应用法律若干问题的解释》（法释〔2001〕10 号），这里的“法释〔2001〕10 号”是最高人民法院的机关代字，而不是“两高”联合制定司法解释的机关代字；又如《最高人民法院、最高人民检察院关于刑事赔偿义务机关确定问题的通知》（高检会〔2005〕1号）中只有一个独立机关代字，这显示了该司法解释是在最高人民法院的主导下制定的。三是“两高”与其他机关联合制定司法解释，在该类司法解释的制定启动中，“两高”均不是主导机关，这样制定出的司法解释可能不冠以“两高”的机关代字，如《关于走私犯罪侦查机关办理走私犯罪案件适用刑事诉讼程序若干问题的通知》（署侦〔1998〕742号），其制定机关有最高人民法院、最高人民检察院、公安部、司法部、海关总署，但是该司法解释只冠以海关总署的机关代字。值得注意的是，在多机关联合制定司法解释及其文件中，很少见到非规范阶段的多个发文字号现象，尽量做到一个司法解释（或文件）一个发文字号的规范。

（2）发文机关的发文年度序数所置顺序混乱

最高人民检察院司法解释的发文年度序数所置顺序混乱主要表现为以下两种形式：一是发文年度序数在发文机关代字之前，如《最高人民检察院法律政策研究室关于买卖伪造的国家机关证件行为是否构成犯罪问题的答复》（〔1999〕高检研发第5号）。二是发文年度序数在发文机关代字之后，如《最高人民检察院关于以暴力威胁方法阻碍事业编制人员依法执行行政执法职务是否可对侵害人以妨害公务罪论处的批复》（高检发释字〔2000〕2号）。从在常理和规范上看，发文年度序数在发文机关代字之后较为合理和规范。

（三）规范发展阶段表现形式分析

2006年5月10日最高人民检察院颁布《最高人民检察院司法解释工作规定》对其制定的司法解释工作进行规范。该规定是在2006年制定的《最高人民检察院司法解释工作暂行规定》的基础上，结合最高人民检察院司法解释实践工作和总结司法解释经验而制定。在当时来说是一个较为详细、全面的规范最高人民检察院司法解释工作的规定，使司法解释工作由“暂行规定”走向了“规定”阶段。尽管该规定在当时来说是较为详尽的工作规范，但是面对我国法治建设的快速发展，司法解释工作迎来新的挑战和新的机遇，该规定也暴露出许多问题，这从依据该规定制定的司法解释就可见到。法治是一个与时俱进的事业，它时时要求法制为了法治而不断调整或更新，以此完成法律对社会的治理。

在最高人民检察院制定司法解释规定后，最高人民检察院的司法解释工作就依据此规定而制定。自该规范制定至2012年12月30日，最高人民检察院单独或联合其他单位共制定司法解释及其文件共计 93 件（次）。这些司法解释及其文件的表现形式虽是在该规范之下制定，但是面对法治的发展，该规范也显得落后了，许多表现形式亦无法适应形式的需要，制定出的司法解释变得机械、生硬。因此，在这一阶段，最高人民检察院的司法解释是处于规范发展阶段，是在发展中规范，在规范中发展。

1. 规范发展阶段最高人民检察院司法解释的标题

（1）规范发展阶段制定机关主体名称的表现形式

这一阶段，最高人民检察院单独或联合制定司法解释的标题得到规范，但是也存在一些问题，主要表现在以下几个方面：一是司法解释的标题中仍大量存在制定机关的名称，如《最高人民法院、最高人民检察院、公安部关于办理制毒物品犯罪案件适用法律若干问题的意见》（公通字〔2009〕33 号），类似的标题中文字很多，参与制定的机关越多标题就越长，无简洁之感，使人感觉累赘。在这些司法解释中，偶尔出现制定机关名称的简写，如《“两高”关于办理诈骗刑事案件具体应用法律问题的解释》，联合制定的司法解释出现“两高”的简称，这种做法在司法解释的标题中是少见的。对于标题中突然出现“两高”，给人感觉太突然了，法院系统和检察系统的工作人员当然知道“两高”所指代的主体，但是对于普通市民来说就很难相信他们知道“两高”指代谁？法治本是普世的大众的社会治理方式，这样的指称或多或少会对普通市民的法治观念产生一些不利的影响。二是标题中出现“关于……具体应用法律若干问题的解释”或“关于……适用法律若干问题的 +（文种）”增多。通过这些标题的字里文义能直接体现司法解释的属性的比例在增加，有些司法解释是很难从字里行间知晓其是司法解释，要通过仔细阅读司法解释的正文才能知晓。关于什么是“应用法律”，什么是“适用法律”，这样的概念还有待于在制定司法解释中加以严格界定，才不至于出现标题的混乱。

（2）规范发展阶段司法解释标题中文种表现形式

这一阶段，司法解释的文种表现形式较多，不限于《最高人民检察院司法解释工作规定》中规定的“解释”、“规定”、“规则”、“意见”、“批复”形式，还有较为常见的“决定”、“答复”等形式。这相对于前一阶段的表现形式来说是相当规范了。值得注意的是，2007 年 4 月 1 日实施的《最高人民法院关于司法解释工作的规定》（法发〔2007〕12 号）中有详细的规定，什么时候用“解释”、“规定”、“批复”和“决定”是有严格限定的，最高人民检察院的司法解释工作规定中就没有这样严格的规定，这相对于最高人民法院的工作来讲是相对落后了。而最高人民检察院在其司法解释工作规定中明确其司法解释的表现形式为“解释”、“规定”、“规则”、“意见”、“批复”等五种。而事实上，最高人民检察院在这期间制定的司法解释及其文件并不限于这五种形式。因此，表现出混乱的迹象。最高人民检察院制定的司法解释是检察工作中具体应用法律问题的解释，因此，在最高人民检察院制定司法解释的标题中应当尽量展现出“解释”的字样，这样使人一见标题就知道其是司法解释，以此提高司法解释的适用率。

2. 最高人民检察院司法解释主题表现形式

在主题表现形式方面，最高人民检察院单独或联合制定的司法解释及其文件在这一阶段没有较大变化，仍处于较稳定的状态，采用模式仍是“主体+关于+主题+文体”。如《最高人民法院、最高人民检察院关于办理危害计算机信息系统安全刑事案件应用法律若干问题的解释》(法释〔2011〕19号)，这里的主题为“危害计算机信息系统安全”。《最高人民检察院关于拾得他人信用卡并在自动柜员机（ATM机）上使用的行为如何定性问题的批复》（高检发释字〔2008〕1号)。这件司法解释的主题为“拾得他人信用卡并在自动柜员机（ATM机）上使用”。通过对司法解释的主题的辨别使人们在适用法律及其解释中快速查找至最终应用司法解释处理案件。因此，司法解释的主题在司法解释中尤为重要，是司法解释灵魂之所在。

3. 最高人民检察院司法解释文号表现形式

司法解释文号也是司法解释规范化的一个重要因素。一份规范的司法解释的字号包含发文机关代字、发文年度和该文件顺序号。司法解释的字号直接反映司法解释的制定机关、发文年度和该司法解释在发文机关制定司法解释中的顺序。在规范发展阶段，最高人民检察院制定的司法解释的字号总体上趋于规范化。但是，也反映出一些问题，司法解释的表现形式只有更加规范化、科学化，才能促进司法解释的表现形式更加合理。

(1) 发文机关代字表现形式

最高人民检察院发文字号一直以来存在三种形式，即最高人民检察院单独制定司法解释、“两高”联合制定司法解释和最高人民检察院联合其他单位制定司法解释。这一阶段，最高人民检察院单独或联合制定的司法解释及其文件中机关代字仍显示出不规范，最为普遍的有以下几种表现：一是最高人民检察院单独制定司法解释的机关代字中往往出现内设机构名称或该司法解释的性质，如《最高人民检察院关于办理服刑人员刑事申诉案件有关问题的通知》

（高检发刑申字〔2007〕3 号），从该文号就知道这是最高人民检察院刑事申诉检察部门所制定的司法解释。而同样是最高人民检察院单独制定的司法解释中，机关代字中“发”字的顺序却在最高人民检察院内设机构之后，如《最高人民检察院关于公诉案件撤回起诉若干问题的指导意见》（〔2007〕高检诉发 18 号）。可见，最高人民检察院单独制定的司法解释中的机关代字存在不规范现象。二是“两高”联合制定司法解释的机关代字表现形式也不规范。如：最高人民法院、最高人民检察院联合颁发的《关于办理职务犯罪案件认定自首、立功等量刑情节若干问题的意见》（法发〔2009〕13 号），《最高人民法院、最高人民检察院关于办理与盗窃、抢劫、诈骗、抢夺机动车相关刑事案件具体应用法律若干问题的解释》（法释〔2007〕11 号）。可见同样是“两高”联合制定的司法解释，并且都在最高人民法院的主导下，并使用最高人民法院的机关代字标注字号，其表现形式就存在很大的差异。三是最高人民检察院联合其他不限于最高人民法院的机关制定的司法解释的机关代字表现形式。自最高人民检察院制定司法解释以来，最高人民检察院就联合其他不限于最高人民法院的机关制定司法解释，这些机关中很多是具有行政执法权的机关，在这种联合制定司法解释的机关代字中表现出两种机关代字形式：一种是以“两高”中任一机关代字作为司法解释及其文件的代字，如：最高人民法院、最高人民检察院、公安部联合制定《关于办理走私、非法买卖麻黄碱类复方制剂等刑事案件适用法律若干问题的意见》（法发〔2012〕12 号）。这样的司法解释从其字号体现出制定机关，至少在视觉上具有司法属性。另一种是制定的司法解释及其文件中的机关代字不是“两高”中任一机关，而是其他机关的机关代字，如《最高人民法院、最高人民检察院、公安部关于办理制毒物品犯罪案件适用法律若干问题的意见》（公通字〔2009〕33 号）。这一联合制定的司法解释的机关代字是公安机关的机关代字，未显示任何司法机关制定属性。在我国公安机关属于政府的一个职能部门，属于行政执法机关，不是司法机关，在联合制定的司法解释中却采用公安机关的机关代字，这是不符合司法解释的属性、缺乏规范之行为。

（2）发文机关的发文年度序数所置顺序混乱

发文年度序数在司法解释中具有重要的意义，从其可以看出发文的年度，便于在适用中快速查找，并能进行区分。通过对这一阶段最高人民检察院司法解释及其文件的梳理，可知其文号中发文年度所置位置没有较大变化，仍然是两种情况。一是发文年度序数在发文机关代字之前，如《最高人民检察院法律政策研究室关于国有单位的内设机构能否构成单位受贿罪主体问题的答复》(〔2006〕高检研发8号),这种年度序数在发文机关之前的现象较少。二是发文年度序数在发文机关代字之后,如《最高人民检察院关于人民检察院立案侦查的案件改变定性后可否直接提起公诉问题的批复》(高检发研字〔2006〕8号),这是司法解释年度序数最为常见的表现形式,也是最能接受的规范的表现形式。

(3) 司法解释文件顺序号之表现形式

在司法解释及其文件的顺序号表现方面,这一阶段相对规范化,一种是其位置均置于字号的最后位置,如《最高人民检察院关于公证员出具公证书有重大失实行为如何适用法律问题的批复》(高检发释字〔2009〕1号),另一种就是年度编号在最前,发文编号序数没有变,仍处于最后,如《最高人民检察院关于公诉案件撤回起诉若干问题的指导意见》(〔2007〕高检诉发18号)。这对于发文编号来说所处位置均没有变化。在形式上也未出现之前的做法,即在年初制定编号时就预留下三位数,全年就在该三位数中编排编码,这样的做法是不科学的,因为全年制定司法解释可能超过三位数,甚至四位数,因此,预留的做法是不科学的。

三、规范的最高人民检察院司法解释表现形式的构建

(一) 规范化司法解释标题表现形式

在最高人民检察院单独或联合制定的司法解释中,标题表现形式表现出不规范的现状给司法解释的适用带来极为不便的影响,在司法实践中人们查询所需引用司法解释往往是从标题入手,再去查找内容,最终引用司法解释。因此,司法解释及其文件的标题必须表现出规范化、科学化的形式,有规范的形式,才不至于在司法实践中有任何适用的障碍,才能促进法治,实现法律对社会的治理。

标题通常由发文机关名称、公文主题和文种三个部分组成。最高人民检察院司法解释标题不同于其他公文标题,有其特殊性,它除了具有其他公文的标题功能之外,还要求具有更强的引用性和规范化。首先在发文机关名称上应予以规范化。综观最高人民检察院制定的司法解释及其文件中,多数标题中出现了"最高检"字样,这是一种不规范的表现。在我国,检察机关是垂直领导的机关,各级检察机关是一个整体,各级检察机关之间是领导关系。在检察系

统内只有最高人民检察院有司法解释权，并且最高人民检察院的司法解释权限定在“检察院检察工作中具体应用法律、法令的问题”，这在《全国人民代表大会常务委员会关于加强法律解释工作的决议》，1996 年的《最高人民检察院司法解释工作暂行规定》和 2006 年的《最高人民检察院司法解释工作规定》中已经明确规定了。① 因此，对于规范化和科学化的司法解释的标题中就不应当再出现制定司法解释的制定机关“最高检”了，再出现“最高检”字样就显得多余和累赘。因此，建议在最高人民检察院单独或联合制定司法解释及其文件的标题中不再出现“最高检”字样。

司法解释标题主题是该司法解释文件核心内容的反映，是司法解释内容的高度浓缩和集中反映。在读书或查找资料的过程中，我们对浩如烟海的各类资料予以择取，这个择取主要是依靠对资料标题中的主题的选择。因此，在司法解释的标题中应当完全展现司法解释的主题思想，使标题中的主题思想和司法解释的内容完全吻合。自最高人民检察院获得司法解释授权以来，最高人民检察院单独或联合制定司法解释近千条，经过几次清理废除工作，就目前具有效力的司法解释及其文件也有近 800 条，面对大量的司法解释的适用也是难以找寻的。因此，司法解释的标题中应当展现其主题。主题模式应规范为“关于 + （主题） + 文种”形式。这样使法律的适用者更加快速、准确地找到所需司法解释。

司法解释标题的文种是反映司法解释的类别的体现。全国人大常委会授权“两高”在其职能中对具体应用法律问题解释权。因此，“两高”在对各自职能工作中具体应用法律问题所作出的解释的文种不限于“解释”类文种。因为，解释类文种只是具体针对某个具体的适用的法律条文作出解释，而对于那些隐含在法律中的法理原则、法律精神及需要适时调整的非具体的法律的适用不宜直接采用“解释”类文种。对于这类需要作出解释的标题采用其他文种较为合适，如“意见”、“决定”、“解答”等形式。

① 《全国人民代表大会常务委员会关于加强法律解释工作的决议》规定：“凡属于法院审判工作中具体应用法律、法令的问题，由最高人民法院进行解释。凡属于检察院检察工作中具体应用法律、法令的问题，由最高人民检察院进行解释。最高人民法院和最高人民检察院的解释如果有原则性的分歧，报请全国人民代表大会常务委员会解释或决定。”《最高人民检察院司法解释工作暂行规定》第 2 条规定：“对检察工作中具体应用法律的问题，由最高人民检察院解释，具有法律效力。”《最高人民检察院司法解释工作规定》第 2 条规定：“对检察工作中具体应用法律的问题，由最高人民检察院进行解释。”

最高人民检察院在1996年制定的《最高人民检察院司法解释工作暂行规定》中就对其司法解释的文种形式作出限制，该暂行规定中明确了最高人民检察院的司法解释形式为“解释”、“规定”、“意见”、“通知”、“批复”等。后来在2006年的《最高人民检察院司法解释工作规定》中最高人民检察院将司法解释形式限定为“解释”、“规定”、“规则”、“意见”、“批复”等形式。这次增加“规则”文种，去掉“通知”文种。“规则”文种的使用最为突出的就是每次《刑事诉讼法》修改后，最高人民检察院为了更好适用该部法律，制定《人民检察院刑事诉讼规则》来指导检察机关对《刑事诉讼法》的适用。对于司法解释采用“通知”文种，这有很不严肃的迹象，法律的适用是一件很严肃、很神圣的事业，在适用文种中应当显示出法律的特性，而不能以其他常用的日常公文文种来作为标题。因此，最高人民检察院制定司法解释时对司法解释的文种更应予以规范，对在什么情况下采用何种文种有明确的规定，这样最高人民检察院的司法解释才显得更为科学和合理。

根据司法解释的特征，最高人民检察院制定的司法解释的文种应当限于以下几种：“解释”、“规定”、“规则”、“意见”、“批复”。因检察机关垂直领导的特性、享有职务犯罪侦查权和法律监督权的职能决定了在司法实践中需要对法律或事实作出“解答”。因此，在最高人民检察院的司法解释的文种中也可以使用“解答”，这样才能解决最高人民检察院司法解释工作中的具体问题，以此完善最高人民检察院的司法解释工作。

（二）规范化司法解释文号表现形式

通常来说文号包含发文机关代字、发文的年度和该文件的顺序号三个要素。规范的司法解释的发文文号是简洁的，并包含这三个要素，从其文号就可以看出是哪个机关、在哪一年制定的司法解释，以及该司法解释在当年该类司法解释中的顺序数。规范的司法解释的文号对于司法解释的整理和引用都具有重要意义。从现有的最高人民检察院司法解释的文号来看，对最高人民检察院司法解释的文号进行规范成为必要。

首先，最高人民检察院的发文代字的规范应当体现最高人民检察院的制定机关及其解释法律的性质的属性。从现有的上文中已经例举出的司法解释中最高人民检察院的机关代字的表现形式来看，其极为混乱，不成规范。为了促进最高人民检察院司法解释的代字规范化、合理化，应当对最高人民检察院司法解释的机关代字采用一种模式，即“检释（部门法性质）字〔发文年度〕发文顺序号”。如2012年制定的刑法第六件司法解释的字号为“检释（刑）字〔2012〕6号”。

现实中最高人民检察院制定的司法解释的机关代字总是出现“高检”二字，这是一种不科学的发文代字，因为检察系统只有最高人民检察院有权制定司法解释，在“检”之前加“高”就显得重复。因此，我们建议最高人民检察院制定司法解释的机关代字中不再使用“高”字，直接就是“检释（部门法性质）字〔发文年度〕发文顺序号”。

其次，在最高人民检察院制定司法解释的机关代字后年度编号前应当标注所解释的法律所属的部门法属性，用“( )”加以注明，如：“检释（民）字〔2012〕6号”则表示该司法解释属于民事范畴的司法解释。在现有的司法解释的机关代字后常出现最高人民检察院制定司法解释的内设机构名称，如“高检发渎检字〔2008〕12号”，“高检发研字〔2008〕4号”，前一件司法解释中的“渎检”则反映出该司法解释是最高人民检察院渎职侵权检察厅制定，后一件司法解释则显示出该司法解释是最高人民检察院法律政策研究室制定。这种做法只反映制定机关的内设部门，这在司法中未有多大作用。如采用“(属性)”加以注明所属部门法的属性，更能体现该司法解释的适用价值和便于司法解释的整理工作。

再次，废掉现在采用的在机关代字中显示最高人民检察院内设机构名称的做法。原因主要有两点：一是署名内设机构没有实质意义，反而显得多余。《最高人民检察院司法解释工作规定》中虽明确最高人民检察院法律政策研究室负责该项工作，但是并不能据此说明最高人民检察院法律政策研究室就应当在字号中标明身份。二是最高人民检察院内设机构的职能也在随着司法改革建设的需要适时作出调整，在最高人民检察院司法解释字号中标注内设机构并不科学、不合理。因此，该做法应当废止。

又次，值得一提的是，最高人民检察院制定司法解释在其字号中应当体现司法解释的属性，应当冠以“释”字予以明确其属性，体现其科学性和本质属性。在最高人民检察院制定的司法解释中，也偶见此做法，总体来说比较少。对此，我们期待以后最高人民检察院制定的司法解释的文号中能体现司法解释中“释”的属性。

最后，发文年度序数的规范形式。发文年度序数是体现最高人民检察院制定司法解释的年度数字。总结最高人民检察院制定的司法解释字号，主要有以下三种形式：一是将发文年度序数置于发文机构代字之前，用〔〕括起来，如：〔2007〕高检诉发63号。二是将发文年度序数置于发文机构代字之后，用〔〕括起来，如：高检发监字〔2007〕3号。三是用发文年度序数的后两位，并用〔〕括起来，有时置于发文机关代字之前，有时置于发文机关代字之后，如：〔56〕高检四字第1601号。在这三种发文年度序数的表现形式中，只有第二种符合规范化，具有表现形式合理性。因此，最高人民检察院司法解释的发文年度序数应当以"检（属性）字〔年度序数〕+编号"的模式固定下来。

（三）规范化司法解释顺序号的表现形式

最高人民检察院制定的司法解释的顺序号的编排在过去曾出现过预留编排号的做法，通常是预留三位数用于全年编排编号，后来感觉这种做法是错误的，有时一年制定的司法解释的编排已经达到四位数了，三位数显然不够，如：〔56〕高检四字第1601号。实践已经证明这种做法是错误的，对于司法解释的编排顺序号是不宜预留的，应当按照制定司法解释的顺序自然编排号码，以此来标注最高人民检察院司法解释的顺序，并将其顺序编号置于发文年度序数之后，以此来规范发文顺序编号，以示其合理性和科学性。

第三节　最高人民检察院司法解释的实质合理性

最高人民检察院在司法实践中根据检察工作的实际需要不间断地制定司法解释，对检察工作中具体应用法律问题进行解释，为我国法治建设、社会治理作出了应有的贡献。最高人民检察院司法解释的合理性为保障法律统一正确适用发挥着法律监督作用；为弥补法律条文的不完善作出了积极贡献；为解决司法中新情况新问题提供了司法依据。这些合理性因素充分体现了最高人民检察院司法解释的价值所在，为"依法治国，建设社会主义法治国家"作出了贡献。

关于合理性的标准问题，学界普遍认同合理性应当具有七种品质标准，即概念的合理性、逻辑的合理性、方法论的合理性、认识论的合理性、本体论的合理性、价值观的合理性、实践的合理性。① 这是张继成教授对合理性标准的

① 转引自 M. Bunge, Seven Desiderata for Rationality in Rationality: the Critical vie, in J. Agassi & C. Jarvie (eds). Martinus Nijhoff Pubishers, Dordrecht, 1987. pp. 5 – 6。张继成：《可能生活的证成与接受——司法判决可接受性的规范研究》，载《法学研究》2008年第5期。

高度概括，为我们探讨事物合理性提供了一个全面的范本。对于最高人民检察院司法解释的实质合理性进行研究，也“借用”张教授的这一标准进行论证。但是最高人民检察院司法解释有其自身的特殊性，它是建设有中国特色社会主义制度中的最高人民检察院的司法解释。我们从合理性的三标准论证其合理性，即检察价值合理性、检察目的合理性、检察实践合理性。统观最高人民检察院司法解释的特殊性，在讨论最高人民检察院司法解释实质合理性中，以价值合理性、目的合理性和实践合理性三个方面论证最高人民检察院司法解释的实质合理性较为适当。

一、检察价值合理性：保障法律的统一、正确适用发挥法律监督职能

（一）司法解释在诉讼监督中的功能

在民主法治国家，国家的法律必须统一、正确适用于案件之中，体现法律面前人人平等，体现司法公正。审判机关在案件判决中完全可能对现有法律作出错误的司法解释来判决案件，导致权益难以得到司法的维护，出现司法不公之状况。作为审判机关，在缺乏监督或监督不到位时很有可能出现滥用权力，导致司法判决不当或错误。我国各级人民法院是由各级人民代表大会选举产生的，对其负责，受其监督。但是在我国“一府两院”的制度下，各级人民代表大会对“两院”的监督是事后监督，没有及时性，对于需要及时实现正义的司法活动来说，人大的监督稍有些迟到。对于人民法院的司法监督，人民检察院的法律监督是常在的，是伴随人民法院司法活动的，是具有适时性的，也极具可行性。人民检察院的司法活动伴随人民法院的司法活动，我国法律也是这样规定的。

1980 年 1 月 1 日实施的《刑事诉讼法》中没有明确的条文规定检察机关对刑事诉讼实行法律监督，这是因为在《宪法》中检察机关的“法律监督”职能定位一词是在 1982 年《宪法》中才出现。1996 年和 2012 年修正的《刑事诉讼法》的第 8 条均规定人民检察院依法对刑事诉讼实行法律监督。最高人民检察院制定的《人民检察院刑事诉讼规则》（高检发释字〔1999〕1 号）和 2012 年 10 月 16 日由最高人民检察院第十一届检察委员会第八十次会议通过，于 2013 年 1 月 1 日起施行的《人民检察院刑事诉讼规则（试行）》均有规定，在这两部刑事诉讼规则中的第 2 条均规定，人民检察院在刑事诉讼中的

任务，是（立案）侦查直接受理的案件、批准或者决定逮捕、（审查起诉和）提起公诉、对刑事诉讼实行法律监督，保证准确、及时地查明犯罪事实，正确应用法律，惩罚犯罪分子，保障无罪的人不受刑事追究，保障国家刑事法律的统一正确实施，（以）维护社会主义法制，（尊重和保障人权），保护公民的人身权利、财产权利、民主权利和其他权利，保障社会主义建设事业的顺利进行。”可见监督刑事诉讼活动是人民检察院的职能之一。

在民事诉讼制度方面，1991 年 4 月 9 日第七届全国人民代表大会第四次会议通过的《民事诉讼法》，经过 2007 年和 2012 年两次修改后，这三次适用法律文本中的第 14 条均一致规定，人民检察院有权对民事审判或诉讼实行法律监督。在行政诉讼制度中，我国《行政诉讼法》第 10 条也规定人民检察院有权对行政诉讼实行法律监督。

因此，我国三大诉讼法均规定了人民检察院对诉讼活动的监督职能。在诉讼活动中，司法机关面对案件事实，需要适用相关法律对案件事实进行处理，“在法律适用中它起着沟通法律与事实之间的联系，对原始的事实进行分析整理、对法律进行理解解释，并对案件作出最后裁决的作用。”① 立法是先于司法，制定法本身不可能涵盖将发生的一切案件事实，这一事实使得司法解释成为必要，而事实上，“有许多情况是制定法的立法原意和法条的字里行间无法包容的。”② 审判机关在适用法律处理案件中，可能会偏离立法机关制定的法律作出司法解释处理案件。为了保障法律统一正确适用于案件，不偏离立法本旨，就需要对审判活动进行监督，防止法律被误用或乱用。

事实上，最高人民检察院对最高人民法院的司法解释的监督也是实际监督，这里最为有力的例子是笔者在前文第三章第一节中“二、《宪法》与最高人民检察院司法解释”部分所列举的最高人民检察院对最高人民法院制定的《关于审理黑社会性质组织犯罪的案件具体应用法律若干问题的解释》（法释〔2000〕42 号）的司法解释监督，这一监督最终促使全国人大常委会启动立法监督来否定最高人民法院制定的该司法解释。可见，最高人民检察院对最高人民法院制定的司法解释的监督对于保障法律统一、正确实施起到巨大作用。审判机关在诉讼活动中，要将案件置于法律的大前提下，可是法律和案件也不可能是天然无隙地契合，还需要对法律进行解释以适用于案件事实，进而作出判

① 董皞：《司法解释论》，中国政法大学出版社 2007 年版，第 237 页。

② 陈金钊：《司法解释的对象辨析》，载《法商研究》1994 年第 4 期。

决结论，这个过程发生在诉讼活动中。法律规定人民检察院对三大诉讼活动实行监督就是对审判机关司法活动进行监督，这个监督当然包括对审判机关制定司法解释的诉讼活动的监督。

（二）维护法制的统一、正确实施中的监督功能

最高人民检察院也一直注重维护法制的统一、正确实施，并采用加强司法解释监督工作的方式，这在历届检察长的工作报告中已经体现出来。如1996年3月12日在第八届全国人民代表大会第四次会议上，时任最高人民检察院检察长的张思卿在《最高人民检察院工作报告》中指出："加强执法监督，维护社会主义法制的统一和尊严。"

1997年3月11日在第八届全国人民代表大会第五次会议上，时任最高人民检察院检察长张思卿在《最高人民检察院工作报告》中"加大执法监督力度，维护司法公正和法制尊严"部分指出："……加强执法监督，维护法律的统一和正确实施。"还指出："坚决反对执法中的地方和部门保护主义，对因此导致的执法犯法的问题，严肃监督和纠正，构成犯罪的依法查办，维护法律的统一正确实施。"

2004年3月10日在第十届全国人民代表大会第二次会议上，时任最高人民检察院检察长的贾春旺在《最高人民检察院工作报告》中指出："依法履行诉讼监督职责，维护司法公正和法制统一。"

2006年3月11日在第十届全国人民代表大会第四次会议上，时任最高人民检察院检察长贾春旺在《最高人民检察院工作报告》指出："采取以案释法、举办惩治和预防职务犯罪展览等形式，开展法制宣传和警示教育。"

2009年3月10日在第十一届全国人民代表大会第二次会议上，曹建明检察长在《最高人民检察院工作报告》中指出，"强化对诉讼活动的法律监督，维护司法公正和法制统一"和"完善新闻发布制度，及时公布司法解释、通报重大案件办理情况"。

2012年3月11日在第十一届全国人民代表大会第五次会议上，曹建明检察长在《最高人民检察院工作报告》中的第六部分"加强对自身执法活动的监督制约，维护司法公信力"中指出："完善新闻发布制度，及时公布司法解释、通报重大案件办理情况……细化执法标准，单独或与最高人民法院等部门

联合制定司法解释性质的文件12件”。[①] 司法应当根据法律的本意去处理案件，不能偏离法律的本旨。在法律条文不能完全与案件事实契合时，便需作出司法解释来处理案件，而只有符合立法本旨的司法解释，才能保证法制的统一、正确实施。最高人民检察院在履行法律监督工作中一直以来都注重对诉讼活动中的司法解释进行监督，先后多次启动监督司法解释程序，多次否定最高人民法院制定的不适当的司法解释，这为实现法律的统一、正确实施尽到应有的职责。因此，最高人民检察院采用法律监督手段监督最高人民法院司法解释具有合理性。

另外，从我国权力制衡制度来讲，检察机关对审判机关的法律监督就是为了制衡司法审判机关的权力。检察机关的法律监督的方式有多种，其中对司法解释的监督是其中之一。权力在运行中需要监督，否则极有可能导致权力膨胀甚至滥用。最高人民检察院对最高人民法院的司法解释进行监督能够保证法律的统一、正确实施，以平衡和限制最高人民法院的司法活动，防止司法判决错误发生，维护国家利益和民众权益，保障民生，促进民众对司法的信仰。理解法律的真实含义不能仅仅限于法律文本，司法应当创造性地构思普遍蕴含于法律之中的公平正义原则，从而维护整个法律体系的统一性，将法律的意旨统一于司法实践中。因此，最高人民检察院对最高人民法院的司法解释的监督保障了法律的统一、正确、有效实施，具有合理性。

价值是主体对客体的需要或者说客体对主体的有用性。在我国国家制度制衡中，设置检察机关并赋予其法定的法律监督职能，其功能之一就是监督、制衡审判机关的司法行为，维护权益者的合法权益，保障司法公正。这就是制度的需要，这一制度设计体现了我国司法制度的特殊性，有效地保障了司法权力的有效运行。和谐有序的社会需要一种制度去维系和保障，检察机关对司法解释的监督有力地保障了审判机关的司法运行的公正，体现了设置该制度的价值合理性，这是民生司法的价值所在。

在认识论上，民众也倾向于从法律监督的视角去认识检察机关，认为法律运行中极易出现问题，需要对其进行监督。由谁来监督呢？根据我国的制度和现实需要普遍认为，应当由法律监督机关，即人民检察院去履行。法律监督机关理应对法律的运行进行监督，在司法运行中对法律的解释属于法律的运行范

① 参见最高人民检察院网 http：//www.spp.gov.cn/site2006/2012-03-20/0001838388.html。

畴，需要对法律进行解释才能适用案件作出裁决。

司法解释对于处理案件至关重要，在当前的司法实践中，几乎每一部法律的实施都需要司法解释才能更好地适用，司法机关制定司法解释是否与法律的意旨含义保持高度统一？这就需要一个监督机关对此进行监督，以使司法机关的司法解释与法律意旨含义保持高度统一，从而确保民意的立法得以正确实现，以达到社会治理之效果。检察机关被《宪法》定位为法律监督机关，三大诉讼法也明确规定检察机关对诉讼活动进行监督的职能。这符合我国体制和民众对制度的期待，也是保障监督法律运行和实现司法公正的基本要求。由最高人民检察院制定司法解释并对最高人民法院的司法解释进行监督，这在民众的认识和情感上具有明显的合理性，民众对此做法完全能说“对”的，因为它是符合民众期待的。

二、检察目的合理性：填补法律条文漏洞之功能

所谓“目的”主要指行为主体根据自身的需要，借助意识、观念的中介作用，预先设想、期待的行为目标和结果。作为人类的观念形态，“目的”反映了人类的意识与客观事物之间的实践关系。人是智慧的动物，具有实践的能力，其实践活动以目的为根本导向，目的贯穿人类实践过程的始终。司法解释的目的就是填补法律条文的漏洞，使解释主体依据法律的规定采用各种解释方法和各种价值评判对不完善的法律作出合理的可接受的司法解释，以此处理案件解决纠纷，维护社会秩序。作为享有司法解释权的最高人民检察院，其制定司法解释的目的当然也是为了填补法律条文的漏洞。

检察机关根据法律规定对职务犯罪案件、渎职犯罪案件、侵犯公民民主权利以及认为需要自己依法直接受理的其他刑事案件行使侦查权。侦查是司法机关依法进行的专门调查工作和采用有关强制性措施的活动。在法的运行中侦查活动是先于审判活动的，是诉讼活动的起点。在侦查活动中，侦查机关会面临许多需要适时对相关制度作出调整的问题，或是当前法律规定不完善、不明确等原因，但是这些问题也是法治国家所应当惩治的现象。这类问题也不能交予审判机关去处理，其在侦查阶段就应当予以明确是否追究责任的法律规定（或司法解释）。这最为明显的实例就是检察机关侦查活动中的涉及犯罪的有关金钱的金额的立案标准问题。立案标准是判断案件是否成立的初始标准。它是启动案件的第一步，是决定是否惩治犯罪、保护正当权益、实现社会正义的关键。

最高人民法院关于人民检察院直接受理的经济检察案件立案标准的规定（试行）

〔86〕高检发二字第4号

根据《中华人民共和国刑法》、《中华人民共和国刑事诉讼法》和其他有关法律规定，结合司法实践，制定本规定。

……

二、贿赂案（刑法第一百八十五条）

受贿罪是指国家工作人员利用职务上的便利，为他人谋取利益，而索取或者非法收受他人财物的行为。

行贿罪是指为使国家工作人员利用职务上的便利，为其谋取利益，而非法给付财物的行为。

介绍贿赂罪是指在行贿人和受贿人之间进行勾通、撮合，使行贿、受贿行为得以实现的行为。

具有下列情形之一的应予立案：

1. 收受贿赂金额在人民币一千元以上，行贿金额在人民币二千元以上，向行贿、受贿双方介绍贿赂金额在人民币二千元以上，以及受贿、行贿、介绍贿赂实物折款达上述数额的；

2. 行贿、受贿或介绍贿赂虽不足上述数额，但具有下列情形之一的：

（1）因贿赂行为致使国家、集体、公民个人利益遭受重大损害的；

（2）故意刁难、要挟有关单位、个人，强行索取贿赂的；

（3）索取、收受外商、港澳商人贿赂，造成恶劣影响的；

（4）通过行贿、受贿、介绍贿赂行为进行其他非法活动的；

（5）其他行贿、受贿、介绍贿赂情节恶劣，后果严重的。

……

该解释中对行贿罪定义为："为使国家工作人员利用职务上的便利，为其谋取利益，而非法给付财物的行为。"目的是为了"使国家工作人员利用职务上的便利"，同时也指出行贿人的目的和行为是"为其谋取利益，而非法给付财物的行为"。这样的定义，在立足点上就有错误，没有完全揭示出行贿人的根本目的是“为其谋取利益”，还画蛇添足地指出“是国家工作人员利用职务上的便利”。该解释规定追究行贿人的立案标准是“行贿金额在人民币二千元以上”，如不足两千元有列举的五种情形之一的也予以追究。在那个年代将行贿行为的立案标准规定为二千元的起点。这无疑是与当时的经济状况相关的。

2000 年 12 月 22 日，最高人民检察院颁布并实施《关于行贿罪立案标准的规定》，其内容如下：

关于行贿罪立案标准的规定

一、行贿案（刑法第三百八十九条、第三百九十条）

行贿罪是指为谋取不正当利益，给予国家工作人员以财物的行为。

在经济往来中，违反国家规定，给予国家工作人员以财物，数额较大的，或者违反国家规定，给予国家工作人员以各种名义的回扣、手续费的，以行贿罪追究刑事责任。

涉嫌下列情形之一的，应予立案：

1. 行贿数额在一万元以上的；

2. 行贿数额不满一万元，但具有下列情形之一的：

（1）为谋取非法利益而行贿的；

（2）向三人以上行贿的；

（3）向党政领导、司法工作人员、行政执法人员行贿的；

（4）致使国家或者社会利益遭受重大损失的。

因被勒索给予国家工作人员以财物，已获得不正当利益的，以行贿罪追究刑事责任。

……

在该司法解释中，对行贿罪的定义就较有可接受性，明确指出行贿人的目的是“为谋取不正当利益”，采取“给予国家工作人员以财物的行为”。同时，还列举出在社会中较为常见的“违反国家规定，给予国家工作人员以财物，数额较大的，或者违反国家规定，给予国家工作人员以各种名义的回扣、手续费的”并应当以行贿罪予以追究的行为。这对行贿行为作出了较为合理的立案标准，使追究犯罪更具可行性和可操作性。在追究行贿行为的立案数额标准上，这次解释立案标准起点为“一万元”，较之前的解释增加五倍。并附加了不足一万元应予追究的四种情形。

改革开放以来，我国经济得到迅速发展，人民生活水平得到较大提高，人们生活中的数字化的程度也得到普遍提高，并一直在向前发展，故量化程度较高。这些伴随而来的是人们的欲望增加，过去一些能体现数字化的观念在人们眼里，现在来说可以说是不值一提了。比如今天我们再也没有人说：“×××是万元户”了。出现在人们口中的是：“×××是百万富翁”。可见，数字化飞跃的程度之高。这些数字化能够说明的问题直接影响到国家的法治建设。

这在上述的两件由最高人民检察院在不同时间制定的司法解释中就可见一斑。如法律对行贿罪的立案标准不作出适时的调整及提高，直接按照之前的立案标准立案进行追究犯罪，那么将会出现一个“暴刑”法治现状。这样的法治下将是人人自危，监狱爆满，政府机构瘫痪等。因此，法治也是与时俱进的，不同的生活和环境下，追究犯罪的标准也不尽相同，才能体现法律的公正价值。这样的调整如由代表民意的权力机关制定法律来适时调整，是不现实的，也是不专业的，应当由司法解释而非法律来处理。司法解释能克服法律的滞后性和增强法治的专业性。最为适当的是由民选的法律监督机关制定司法解释来适时调整立案标准，当然，这也需要相应的制度来规范法律监督机关制定的司法解释。可见，作为法律监督机关在法律规定范围内制定司法解释惩治犯罪、维护社会正义的合理性。

立案标准是追诉犯罪的起点，是诉讼活动的开始。检察机关作为侦查机关是案件的启动机关，对案件是否追诉享有决定权是理所当然的。试想，如果按照一个标准去追诉，启动立案侦查权，经过侦查活动搜集相关证据认定犯罪构成，然后在之后的审判中被审判机关因为案件的立案标准问题而予否定，这对整个案件所带来的问题诸多，譬如犯罪嫌疑人的权益“受侵”、司法机关司法活动成本增加、社会对司法的信任减损等影响。这些由谁来承担？作为法律监督机关的侦查机关，理应对案件是否应当立案享有决定权这是合理的，从理论和实践，从观念和态度上都是民众所能接受的。

为什么享有一般犯罪侦查权的公安机关不享有司法解释权？在我国的体制下，公安机关属于政府的一个部门，也是一个上下级管理关系的政府机关，不是司法机关。公安机关在案件的侦查中，只能按照相关法律制度履行职责、行使权力，而不享有司法解释权。审判机关是根据案件材料作出裁决的司法机关，对于案件是否应当立案，理应不享有决定权，对此无司法解释权。因此，对该类需要制定司法解释处理的案件应当属于享有法律监督权的检察机关制定该类司法解释，以此解决法律对此不能作出固定性的一成不变的规定的困境。

三、检察实践合理性：解决司法中新情况新问题

法律的实施会带来什么样的效果？这是代表民意的立法机关制定法律后，司法机关司法必须关注的社会现状。法律是滞后于社会的，这是不争的事实，那么在立法原意或法律原则之下面对司法实践的新问题、新情况，司法机关应当如何处理？[①] 面对法律滞后和社会急待治理的矛盾，立法机关也不能立即制定法律予以规范，并且这也不是法律制定的问题，这些问题是可以通过制定司法解释来处理的。这类问题往往与国家当前的一些社会现状有关并具有一定的政治性、即时性，不加以治理将会对国家、人民、社会、民族带来损害。改革开放以来，我国的法律制度得到快速发展和完善，但是面对社会各方面的快速发展，特别是经济的快速发展，社会上出现了各种社会纷争，导致了较多的社会矛盾，影响了社会的稳定和发展。在这样的环境下立法滞后性是无法因应和解决这些当前的现实矛盾的，“两高”的司法解释在这方面起到非常巨大的作用，及时制定司法解释处理这些社会纷争，促进社会和谐发展。正是在这样背景下，在一些受西方法律思想影响以西方制度来评判我国司法机关的学者看来，最高人民检察院不应当享有司法解释权，最高人民检察院的司法解释也是备受批评的，最高人民法院的司法解释赤裸裸的立法形式引起了许多学者的批评，同时也引起立法机关的担忧。[②] 与此同时，也有学者认为最高人民法院的司法解释并没有产生什么负面的作用，相反在变革时期的法治是需要立法原则性和司法灵活性相结合才能得到很好的治理。法院解释和人大解释无非是一个分工而已。[③] 其实，在我国的国家权力制衡和法律制度中，设置检察机关就是为了监督法律的遵守与义务的履行，检察机关的司法解释更具有现实的合理性，对改革开放中出现的新问题、新情况更具有治理之效果。

---

① 这里所讲的新情况、新问题是司法实践中的新情况、新问题，即在检察司法实践中出现的，不涉及立法问题的问题，是一个纯检察司法实践问题。

② 乔晓阳主编：《立法法讲话》，中国民主法制出版社2000年版，第195页。

③ 孙笑侠：《法的现象与观念》，山东人民出版社2001年版，第236页。

（一）司法解释对解决法律中新情况、新问题的解释功能

检察机关在改革开放以来的法治社会构建中起到很大作用，对法律的运行起到良好的监督之作用，为社会发展作出了应有的贡献。检察机关对社会出现的新问题、新情况非常重视，这一点在最高人民检察院每年的年度报告中得到了体现。如2012年3月11日在第十一届全国人民代表大会第五次会议上，曹建明检察长所作的《最高人民检察院工作报告》中的第一部分就是“立足职能、服务大局，保障和促进经济平稳较快发展”。① 最高人民检察院的司法解释也是具有鲜明的政治性和社会矛盾治理的即时性。最高人民检察院作为法律监督机关在国家治理中所应当具备的功能价值，它应当依据自己的职能在国家治理中发挥其应当所有的和应当履行的职能，以此达到法律监督制之作用。

1996年3月12日，在第八届全国人民代表大会第四次会议上，时任最高人民检察院检察长的张思卿在《最高人民检察院工作报告》中的“加强执法监督，维护社会主义法制的统一和尊严”部分指出：“最高人民检察院就检察机关贯彻全国人大常委会去年通过的有关法律规定，及时提出了具体实施意见；针对检察工作中遇到的新情况、新问题，加强了调查研究，及时作出司法解释。去年共作出司法解释14件。”

1997年3月11日在第八届全国人民代表大会第五次会议上，时任最高人民检察院检察长张思卿在《最高人民检察院工作报告》中指出：“……加强执法监督，维护法律的统一和正确实施。”他还指出，“重点研究解决在执行刑事诉讼法和刑法过程中遇到的新情况、新问题，加强业务指导，做好司法解释工作。加强检察法制建设，不断改革和完善有中国特色的社会主义检察制度”。

2010年3月11日第十一届全国人民代表大会第三次会议上，最高人民检察院检察长曹建明在《最高人民检察院工作报告》中强调：“……会同有关部门及时研究完善相关司法解释，坚决依法打击人民群众反映强烈的利用手机网站传播淫秽电子信息、手机短信诈骗等犯罪……”②

---

① 最高人民检察院网 http://www.spp.gov.cn/site2006/2012-03-20/0001838388.html，2012年10月10日访问。

② 最高人民检察院网 http://www.spp.gov.cn/site2006/2012-03-20/0001838388.html。

2010年前后不法分子利用手机进行各种犯罪活动，这对于当时来说是一个新问题，之前的法律未有相关具体的规定，这类犯罪对民众危害很大，也必须加以治理，才能保障民众合法权益。

综上，我国的人民检察院是国家的法律监督机关，行使国家的检察权。人民检察院是由同级人民代表大会选举产生，对选举产生它的人民代表大会负责，并负责向其报告工作。因此，在每一年的三月份召开的全国人民代表大会上最高人民检察院均向大会作工作报告。最高人民检察院的工作报告是向全国人大汇报本系统工作情况、做法、经验以及问题的报告。汇报的内容包括近一年以来检察工作情况和下一段时间的工作部署。这既是对过去一年的工作总结也是对下一阶段工作的部署。从上面的工作报告中我们可以看出最高人民检察院对司法解释的高度重视。

（二）司法解释对国家政策中的法律问题的调整功能

最高人民检察院在履行法律监督职能过程中，也积极开展制定司法解释工作，为治理社会中出现的不法行为起到很好的社会效果和法律效果。通过对最高人民检察院的司法解释研究我们可以知道，每当社会出现新问题和新情况，或政治需要最高人民检察院司法解释出现时，总是能看见最高人民检察院司法解释的身影。最高人民检察院司法解释的身影存在于国家政治、经济、文化之中。

西部大开发是国家政治生活中的一件大事。2000年，党中央、国务院决定“把东部沿海地区的剩余经济发展能力，用以提高西部地区的经济和社会发展水平、巩固国防”。西部开发的号角就此吹响。国家的各职能机构都在自己的职能之内积极主动为此“大局”做自己的工作。最高人民检察院也不例外，及时制定司法解释性文件为国家的西部开发工作履行好法律监督职能。[①]最高人民检察院在2000年12月22日制定《最高人民检察院关于充分发挥检察职能积极为西部大开发服务的意见》（高检发〔2000〕22号），该意见要求：“……要求最高人民检察院重点抓好宏观指导和协调。省级检察院要加强具体指导，根据不同地区经济和社会发展的差异，分类提出工作要求，增强服务的针对性。要深入第一线开展调查研究，及时了解西部大开发中的新情况，认真

① 该例子虽不是纯粹的司法解释，但它是与司法有关的能够对检察工作起到指导意义的司法解释性文件，因此，也将它作为司法解释范畴。

研究和注重解决西部大开发中检察工作遇到的新情况、新问题，增强为西部大开发服务工作的预见性、主动性和创造性。各级检察机关在为西部大开发服务工作中，要认真贯彻落实党委、人大、政府关于实施西部大开发的部署、要求，主动争取党委领导、人大监督和政府支持，及时解决工作中的问题和困难……”①

可见，检察机关在司法实践中为社会政治服务的合理性。西部大开发是国家的一项重大政治决策，是实现全国共同进步、共同富裕的一项重大举措，法律要服务于政治，正是基于此，最高人民检察院才制定司法解释及其规范性文件为西部大开发过程中出现的诸多纠纷履行法律监督之职能。“法律为处理不同利益主体之间的横向矛盾和纵向矛盾制定各种准则，从而把人民本质上为了自己的利益而进行的政治斗争限制在一定范围之内，保持社会的政治稳定。”②在国家的各项政治举措中可能涉及各方利益，出现各种纷争甚至出现诸多社会问题，这时候就需要在立法原则之下采用灵活的司法解释来预防各种可能出现的社会纷争和矛盾，以此促进社会和谐发展。

（三）司法解释对社会事件的回应

社会事件也是最高人民检察院制定司法解释的“诱因”。在社会突遇重大事件时，为惩治犯罪，维护社会公平正义，保证社会稳重和促进社会和谐，检察机关也是首当其冲及时制定相关司法解释及其文件，履行法律监督职能。

2003 年我国发生严重的“非典”疫情，这个疫情出现突然。在那个时候，很多人不知道、不了解“非典”是何物，导致人心惶惶，此时由此而产生的各种犯罪就出现，这时出现的犯罪相对平常时期的犯罪更具有社会危害性，如不及时惩治将会影响社会发展与稳定，最高人民检察院在此时能及时回应社会、惩治犯罪，保障社会有序发展。

2003 年 5 月 13 日，“两高”专门针对“非典”时期可能出现的具有较强社会反响的各种犯罪联合制定司法解释《关于办理妨害预防、控制突发传染病疫情等灾害的刑事案件具体应用法律若干问题的解释》（法释〔2003〕8

---

① 最高人民检察院网 http://www.spp.gov.cn/site2006/2012-03-20/0001838388.html。

② 张文显主编：《法理学》，高等教育出版社、北京大学出版社 1999 年版，第 368 页。

号)，该解释是为了依法惩治妨害预防、控制突发传染病疫情等灾害的犯罪活动，保障预防、控制突发传染病疫情等灾害工作的顺利进行，切实维护人民群众的身体健康和生命安全，围绕“非典”中可能出现的相关法律适用问题而作出的详细司法解释。该解释还对“突发传染病疫情等灾害”进行定义，这使相关机关和普通市民对“突发传染病疫情等灾害”有了清楚的认识。2003年5月20日，为了贯彻这一司法解释，最高人民检察院专门针对本系统又制定了《关于充分发挥职能作用，积极查办在防治“非典”斗争中发生的渎职犯罪案件的通知》，在检察系统进行了全国性的统一专项部署。时任最高人民检察院检察长的贾春旺指出，“要通知各地对既破坏市场经济秩序，又破坏‘非典’防治的职务犯罪应依法严加惩治，要抓早，抓住典型”。该通知在全国检察系统迅速得到贯彻执行，为打击和预防“非典”时期渎职犯罪起到巨大作用，保证了国家在这一特殊时期凝聚民众力量，充分发挥各职能机构职能，保障民生，维护社会稳定。

另一起有力的例证就是在2008年5月12日汶川地震灾害发生后，地震导致灾区检察机关的财产（主要是办案所的环境）受到损失，办案人员受到人身伤害，导致案件在法律规定的期间无法完成或不能进行。在这一形势下，最高人民检察院及时快速地制定出台司法解释性文件指导灾区检察工作的开展，为保护灾区民众财产、保障灾区社会秩序的稳定、加快灾区法治建设的恢复起到了巨大推动作用。其具体内容如下：

最高人民检察院关于汶川地震灾区检察机关办理审查起诉案件有关问题的通知

高检发研字〔2008〕4号

重庆市人民检察院，四川、云南、陕西、甘肃省人民检察院：

四川汶川特大地震发生后，一些地方检察机关遭受重大财产损失和人员伤亡，致使一些正在审查起诉的案件无法继续办理。为保证灾区检察机关恢复重建工作顺利进行，维护灾区正常社会秩序，现就有关问题通知如下：

一、人民检察院在审查起诉过程中，由于遭遇地震等重大自然灾害，致使办理的案件在较长时间内无法继续审查起诉的，可以决定中止审查。

中止审查的期间不计入审查起诉期限。中止审查的原因消失后，应当恢复审查起诉。

人民检察院决定中止审查起诉的案件，要及时报上一级人民检察院备案。

二、为维护灾区治安秩序，打击危害抗震救灾的犯罪活动，对于需要及时审查起诉的案件，可以报送上级人民检察院指定改变管辖。

改变管辖的，从改变后的人民检察院收到案件之日起计算审查起诉期限。

三、灾区各级人民检察院应充分发挥职能作用，依法坚决打击各类犯罪活动。上级人民检察院要加强领导和对下指导，合理安排办案力量，并积极与有关部门沟通协商，保证依法及时、妥善处理各类案件，全力维护灾区社会和谐稳定，保证抗震救灾工作的顺利进行。

特此通知。

最高人民检察院

2008 年 6 月 26 日

尽管该司法解释性文件是以通知方式颁布的，但是，对于上下级之间是领导关系、检察一体化的检察机构来说具有指导意义，可以作为执行依据。可见，最高人民检察院的该司法解释性文件是根据《刑事诉讼法》及其相关法律制定的，对于在灾区检察工作中具体应用法律问题具有很强的指导意义，有效地保证了灾区检察工作的有序开展。

（四）司法解释在社会个案中的功能

2006 年发生在广州的许霆案的判决结果引起了全国性的讨论。① 该案件中关于许霆行为的定性出现了不同的声音。有罪说和无罪说两种观点之争此起彼伏。在认为许霆无罪的观点中，有“不当得利说”、“银行过错说”、“无效交

① 许霆案案情：2006 年 4 月 21 日 21 时许，被告人许霆到广州市天河区黄埔大道西平云路 163 号的广州市商业银行自动柜员机（ATM 机）取款，同行的郭安山（已判刑）在附近等候。许霆持自己不具备透支功能、余额为 176.97 元的银行卡准备取款 100 元。当晚 21 时 56 分，许霆在自动柜员机上无意中输入取款 1000 元的指令，柜员机随即出钞 1000 元。许霆经查询，发现其银行卡中仍有 170 余元，意识到银行自动柜员机出现异常，能够超出余额取款且不能如实扣账。许霆于是在 21 时 57 分至 22 时 19 分、23 时 13 分至 19 分、次日零时 26 分至 1 时 06 分三个时间段内，持银行卡在该自动柜员机指令取款 170 次，共计取款 174000 元。许霆告知郭安山该台自动柜员机出现异常后，郭安山亦采用同样手段取款 19000 元。同月 24 日下午，许霆携款逃匿。

易说”、“无实施合法行为的可能性说”、“刑法谦抑说”、“刑罚目的说”、“罪刑法定说”等多种观点。在认为许霆有罪的观点中，又有“盗窃罪说”、“侵占罪说”、“诈骗罪说”、“信用卡诈骗罪说”等几种不同观点。① 综合这些观点中，最为主流的是“盗窃罪说”和“信用卡诈骗罪说”。中国人民大学刑事法律科学研究中心刘明祥教授认为，许霆的行为符合信用卡诈骗罪的构成条件，构成信用卡诈骗罪。② 清华大学张明楷教授认为，许霆的行为符合盗窃罪的构成条件，应当认定为盗窃罪。③ 在这样的讨论中，各派学说观点运用了各种有力的论证，显示其合理的论证方法最后得出合理的结论。该案最终也是以盗窃罪定罪处罚，这得到较为倾向性的一致观点。这场讨论之声还未灭之时，浙江省人民检察院在办理一起“拾得他人信用卡并在自动柜员机（ATM 机）上使用的行为”的案件。该案件中浙江省检察院向最高人民检察院请示其定性指导。最高人民检察院针对该案件的个性与许霆案件有本旨的区别作出司法解释如下：

关于拾得他人信用卡并在自动柜员机（ATM 机）上使用的行为如何定性问题的批复

高检发释字〔2008〕1 号

2008 年 2 月 19 日最高人民检察院第十届检察委员会第九十二次会议通过，现予公布，自 2008 年 5 月 7 日起施行。

最高人民检察院

2008 年 4 月 18 日

浙江省人民检察院：

你院《关于拾得他人信用卡并在 ATM 机上使用的行为应如何定性的请示》（浙检研〔2007〕227 号）收悉。经研究，批复如下：

拾得他人信用卡并在自动柜员机（ATM 机）上使用的行为，属于刑法第

① 参见赵秉志：《许霆案尘埃落定后的法理思考》，载《法制日报》2008 年 6 月 1 日。

② 刘明祥：《许霆案的定性：盗窃还是信用卡诈骗》，载《中外法学》2009 年第 1 期。

③ 张明楷：《许霆案的刑法学分析》，载《中外法学》2009 年第 1 期。

一百九十六条第一款第（三）项规定的“冒用他人信用卡”的情形，构成犯罪的，以信用卡诈骗罪追究刑事责任。

此复。

该批复及时将“拾得他人信用卡并在自动柜员机（ATM机）上使用的行为”与许霆案进行性质上的区别，为检察机关在处理案件时以及社会普通民众对该两类型的案件有清楚的认识提供指引。这为促进法治起到很好的社会效果，充分显示其合理性。目前我国正处于改革开放时期，人民对法治具有很高的期待，但是鉴于我国当前法治的具体环境不佳，一些具有代表性的案件时有发生，这些案件往往引起民众对个案的讨论并直接引向对法治的大讨论，这充分显示了在当前法治环境下民众对法治的强烈诉求。在这个时候往往是树立民众法治观念的最佳时机，以此来建立民众对法治的信仰，这对于“依法治国，建立社会主义法治国家”具有重大现实意义。

作为法律监督机关的最高人民检察院适时针对社会热门的、反响强烈的案件进行定罪量刑的司法解释指导，这对于检察机关处理案件和指引民众统一、正确认识法律具有重大意义，进一步彰显其合理性。在改革开放和经济发展进程中出现的有影响力的社会个案是树立民众法治观念的良好时机，这些个案往往引起民众对法律的关注和讨论，作为民众接受某种观念和思想，往往是在广泛的社会讨论过程中通过思想的交锋和碰撞逐渐形成的。作为司法机关的最高人民检察院理应适时对此类案件通过统一、正确的司法解释进行法律上的价值指引，以此推进全面法治思想的提高。

结　语

最高人民检察院司法解释研究，应当立足于我国的政治体制和法律制度，而不能以他国的政治制度作参照物以衡量我国检察机关司法解释权。我国检察机关是国家司法机关而不是行政机关。检察机关在履行《宪法》赋予的法律监督职能中需要对法律具体应用进行解释，以使法律应用于案件作出公正判决。人民检察院作为《宪法》规定的法律监督机关，履行法律监督职能，维护国家法律的尊严和权威，保障法律统一、正确实施。① 国家法律统一、正确实施必须要有法律监督部门的监督，没有专门机关对法律运行进行监督，法律的统一与正确实施便无从谈起。在缺乏法律监督机制的环境中，审判机关对法律的统一、正确适用就很难得到保障。如没有国家法律的统一、正确适用，公正的司法判决就难以保证。监督法律的统一、正确实施是检察机关履行法律监督职能的重要组成部分，而法律监督权则包括法律解释权，它是保障国家法律的统一、正确实施的应然手段；法律解释能让检察系统在适用某项具体法律时上下一致，真正保护法律的稳定性，维护司法的尊严和权威。而要真正做好司法解释工作，必须在检察机关内部有专门的机构负责此事。因此，我们建议在最高人民检察院应当增设名为“司法解释办公室”的内设机构，专事司法解释工作。

对最高人民检察院司法解释权有清醒而正确的认识，应当站在我国政治制度的立场上看待此问题，而不能受西方政治理念之干扰，生搬硬套。具体来讲，对最高人民检察院司法解释权的正确认识要从我国的政治制度和《宪法》及其他法律对检察机关职能的规定去把握，从而正确理解最高人民检察院司法解释权的合法性、合理性问题。在此基础上将西方国家的“法官造法”与我国司法机关的司法解释进行严格区分，并进一步厘清最高人民检察院司法解释

① 曹建明：《认真履行法律监督职责　切实维护国家法律的统一正确实施》，载《中国人大》2011 年第 3 期。

与最高人民法院司法解释的关系。

最高人民检察院在制定司法解释过程中也应当具有自己的司法解释领域。为了保证法制的统一、正确实施，最高人民检察院在履行法律监督职能中有权监督最高人民法院的司法解释工作，以考量其是否符合法律规定的精神和价值。而在涉及检察机关行使侦查权领域则应当独立制定司法解释，但应事先与审判机关进行交流和商讨，并征求相关部门的意见，以此保证其司法解释的合理性和在司法实务中的统一适用性。在“两高”互涉领域，“两高”应当加强对所涉内容的深入研讨，并建立“两高”之间有关司法解释的磋商与合作机制，以保证“两高”互涉领域司法解释的统一与协调。最高人民检察院司法解释在司法实践中对于人权的保障和法律程序的规范都具有重要的价值。在社会主义法治现代化建设的今天，民众对最高人民检察院司法解释的认识也应当立足于我国具体的政治制度和法制环境，而不能偏离我国的语境去认识最高人民检察院的司法解释。

最高人民检察院司法解释应当是适用于处理案件，维护社会公平正义，促进社会和谐的法律解释。它因其自身的特殊性，应当秉承自己的基本理念和原则。在我国法治建设中，最高人民检察院司法解释具有十分重要的意义，它督促司法判决实现正义之价值，促使司法程序正义和实体公正。因此，它的理念和原则更为重要，这将是支撑最高人民检察院司法解释的权威性和可接受性重要支柱，以此赢得民众对于法治化权力运行规则的信仰。

最高人民检察院司法解释也应当具有规范的表现形式。综观最高人民检察院制定的司法解释的表现形式，其表现出极为不规范之状况。对此，我们在上文也专门论述。其表现形式对于其在司法实践中的运用具有重要的意义，只有规范的表现形式才能更好地进入公众的视野，才能最终被应用于案件中，才能达到对社会治理的良好效果。

在“依法治国，建立社会主义法治国家”的伟大征程中，最高人民检察院司法解释具有重要的现实意义和长远价值。司法判决的正义来源于司法机关对法律的统一、正确适用。要使人民检察院在履行法律监督职能过程中始终能一体适用法律处理案件，这就要求其对法律的解释是精准的、符合法律本旨的。人民法院在司法过程中对法律条文存在错误认识，进而导致判决错误或偏差时，检察机关必须能够及时发现这种错误和偏差，并能及时依法履行法律监督职能，按照诉讼程序的相关规定启动相关程序督促审判机关对法律的统一、正确适用，为争议的解决提供进一步的司法救济，以维护法律的权威，维护社会的公平。总之，最高人民检察院司法解释权是伴随我国法治建设的步伐并不断走向完善的，它必将在法治实践中发挥出越来越强大的作用，进而为社会发展与法治进步贡献力量。

附录

《最高人民检察院司法解释工作规定》
（建议稿）

一、一般规定

第一条 为了规范和完善司法解释工作，根据《中华人民共和国各级人民代表大会常务委员会监督法》和《全国人民代表大会常务委员会关于加强法律解释工作的决议》等有关规定，特制定本规定。

第二条 人民检察院在检察工作中具体应用法律的问题，由最高人民检察院作出司法解释。司法解释是为了履行法律监督，保障国家法律统一、正确实施，维护司法公正。

第三条 司法解释工作应当根据法律和有关立法精神密切结合检察工作实际，及时解决检察工作中具体应用法律的问题。

第四条 最高人民检察院发布的司法解释，应当经本院检察委员会讨论通过，并及时公开。

第五条 最高人民检察院发布的司法解释，具有法律效力，由最高人民法院、最高人民检察院根据案件的具体情况与法律的相关规定，结合本规定予以适用。

第六条 司法解释的形式分为“解释”、“规定”、“批复”、“规则”等四种类型。

最高人民检察院对在检察工作中如何具体适用某一法律或者对某一类案件、某一类问题如何适用法律制定的司法解释，采用“解释”的形式。

根据立法精神对检察工作中需要制定的规范、意见等司法解释，采用“规定”的形式。

对省级人民检察院、解放军军事检察院就检察工作中具体应用法律问题的请示制定的司法解释，采用“批复”的形式。

对检察工作中具体应用诉讼法律的规范，采用“规则”形式。

对于检察工作中某类型的案件的指导，采用“意见”形式。

修改或者废止司法解释，采用“决定”的形式。

第七条 最高人民检察院与最高人民法院共同制定司法解释的工作，应当按照法律规定和双方协商一致的意见办理。

第八条 司法解释立项、审核、协调等工作由最高人民检察院司法解释办公室统一负责。

二、立项

第九条 制定司法解释，应当立项，并及时公示，在检察系统展开全面调研，在广泛听取意见的基础上开展司法解释工作。

第十条 最高人民检察院制定司法解释的立项来源：

（一）最高人民检察院检察委员会提出制定司法解释的要求；

（二）最高人民检察院各检察业务部门提出制定司法解释的建议；

（三）各高级人民检察院、解放军军事检察院提出制定司法解释的建议或者对法律应用问题的请示；

（四）全国人大代表、全国政协委员提出制定司法解释的议案、提案；

（五）有关国家机关、社会团体或者其他组织以及公民提出制定司法解释的建议；

（六）最高人民检察院认为需要制定司法解释的其他情形。

县级人民检察院和市级人民检察院认为需要制定司法解释的，应当层报省级人民检察院，由省级人民检察院审查决定是否向最高人民检察院提出制定司法解释的建议，或者由省级人民检察院对法律应用问题向最高人民检察院进行请示。

第十一条 最高人民检察院检察委员会决定制定司法解释的，由司法解释办公室直接立项。

对其他制定司法解释的立项来源，由司法解释办公室审查是否立项。

第十二条 最高人民检察院各检察业务部门拟制定“解释”、“规定”类司法解释的，应当于每年年底前提出下一年度的立项建议送司法解释办公室。

司法解释办公室汇总立项建议，草拟司法解释年度立项计划，经分管检察长审批后提交检察委员会讨论决定。

因特殊情况，需要增加或者调整司法解释立项的，有关部门提出建议，由报分管检察长审批后报检察长决定。

第十三条 最高人民检察院各检察业务部门拟对省级人民检察院、解放军军事检察院的请示制定批复的，应当及时提出立项建议，送司法解释办公室审查立项。

第十四条　司法解释立项计划应当包括以下内容：立项来源，立项的必要性，需要解释的主要事项，司法解释起草计划，承办部门以及其他必要事项。

第十五条　司法解释应当按照检察委员会讨论通过的立项计划完成。未能按照立项计划完成的，起草部门应当及时写出书面说明，由司法解释办公室报分管检察长审批后提交检察委员会决定是否继续立项。

三、起草与报送

第十六条　司法解释起草工作由最高人民检察院各检察业务部门负责。

涉及不同检察业务部门职能范围的综合性司法解释，由最高人民检察院司法解释办公室负责起草或者组织、协调相关部门起草。

第十七条　起草司法解释，应当深入调查研究，认真总结检察工作实践经验，广泛征求意见。

涉及人民群众切身利益或者重大疑难问题的司法解释，经分管检察长审批后报检察长决定，可以向社会公开征求意见。

第十八条　司法解释送审稿应当送全国人民代表大会相关专门委员会或者全国人民代表大会常务委员会相关工作部门征求意见。

第十九条　司法解释送审稿在提交检察委员会讨论前，起草部门应当将送审稿及其说明送司法解释办公室审核。

司法解释送审稿及其说明包括：立项计划、调研情况报告、征求意见情况、分管副检察长对是否送审的审查意见、主要争议问题和相关法律、法规、司法解释以及其他相关材料。

第二十条　司法解释办公室主要审核以下内容：

（一）是否符合宪法、法律规定；

（二）是否超出司法解释权限；

（三）是否与相关司法解释重复、冲突；

（四）是否按照规定程序进行；

（五）提交的材料是否符合要求；

（六）是否客观、真实、全面反映有关方面的主要意见；

（七）主要争议问题与解决方案是否明确；

（八）其他应当审核的内容。

司法解释办公室应当在一个月内提出审核意见。

第二十一条 司法解释办公室认为司法解释送审稿需要进一步修改、论证或者协调的，应当会同起草部门进行修改、论证或者协调。

第二十二条 司法解释办公室对司法解释送审稿审核形成草案后，报分管检察长审批后提交检察委员会讨论。

第二十三条 对于同时涉及检察工作和审判工作中具体应用法律的问题，最高人民检察院应当商请最高人民法院联合制定司法解释。

最高人民检察院与最高人民法院联合制定的司法解释需要修改，补充或者废止的，应当与最高人民法院协商共同制定。

第二十四条 最高人民检察院的司法解释同最高人民法院的司法解释有原则性分歧的，应当协商解决。通过协商不能解决的，依法报请全国人民代表大会常务委员会解释或者决定。

四、讨论

第二十五条 最高人民检察院检察委员会应当在司法解释草案报送之次日起二个月内进行讨论。逾期未讨论的，检察委员会办公室可以报常务副检察长批准延期进行。

第二十六条 司法解释草案经检察委员会讨论通过的，由检察长签发。

司法解释草案经检察委员会讨论原则通过的，由起草部门会同司法解释办公室根据检察委员会讨论决定进行修改，报分管副检察长审核后，由检察长签发。

检察委员会讨论认为制定司法解释的条件尚不成熟的，可以决定进一步论证、暂缓讨论或撤销立项。

五、发布、施行与备案

第二十七条 司法解释以最高人民检察院公告形式发布。

司法解释应当在《最高人民检察院公报》和《检察日报》等全国性的报刊刊登。

司法解释自公告发布之日起施行，但司法解释另有规定的除外。

第二十八条 司法解释应当自发布之日起三十日内报全国人民代表大会常务委员会备案。

备案报送工作由办公厅负责，其他相关工作由司法解释办公室负责。

第二十九条　司法解释施行后，人民检察院作为法律监督依据的，应当在司法文书中援引。

人民检察院同时引用法律和司法解释作为裁判依据的，应当先援引法律，后援引司法解释。

第三十条　最高人民检察院对地方各级人民检察院和专门人民检察院在检察工作中适用司法解释的情况进行监督。上级人民检察院对下级人民检察院在检察工作中适用司法解释的情况进行监督。

六、编纂、修改、废止

第三十一条　司法解释的编纂由检察委员会决定，具体工作由司法解释办公室负责，各检察业务部门参加。

第三十二条　司法解释需要修改、废止的，参照司法解释制定程序的相关规定办理，由检察委员会讨论决定。

第三十三条　本规定自××××年××月××日起施行。2006 年 5 月 10 日发布的《最高人民检察院关于司法解释工作规定》同时废止。

参考文献

一、中文文献

（一）工具书类

[1]《最高人民法院最高人民检察院司法解释与案例指导》编写组编：《最高人民法院最高人民检察院司法解释与指导案例（民事卷）》，中国法制出版社 2010 年版。

[2]《最高人民法院最高人民检察院司法解释与指导案例》编写组编：《最高人民法院最高人民检察院司法解释与指导案例（商事卷）》，中国法制出版社 2010 年版。

[3] 陈国庆主编：《检察官常用法律司法解释一本通》，法律出版社 2009 年版。

[4] 法规应用研究中心编：《最高人民法院常用司法解释·请示·答复·指导案例》，中国法制出版社 2011 年版。

[5] 法律出版社法规中心汇编：《新编最高人民法院最高人民检察院司法解释全书》（2012 年），法律出版社 2012 年版。

[6] 中国法制出版社编：《最高人民法院最高人民检察院司法解释与请示答复》，中国法制出版社 2006 年版。

[7] 中国法制出版社编：《最高人民法院最高人民检察院司法解释与司法政策大全》（第 2 版），中国法制出版社 2011 年版。

[8] 中国法制出版社编：《最高人民检察院公安部关于公安机关管辖的刑事案件立案追诉标准的规定（一）（二）》，中国法制出版社 2010 年版。

[9] 中国法制出版社编：《最高人民检察院关于读职侵权犯罪案件立案标准的规定》，中国法制出版社 2006 年版。

[10] 中国法制出版社编：《最高人民院最高人民检察院司法解释与指导案例（刑事卷）》，中国法制出版社 2011 年版。

[11] 最高人民法院研究室编:《最高人民法院司法解释》(2011),法律出版社 2012 年版。

[12] 最高人民检察院法律政策研究室编:《刑事诉讼法及相关司法解释解读与适用全书》(上、下册),中国人民公安大学出版社 2009 年版。

[13] 最高人民检察院法律政策研究室编:《中华人民共和国现行法律法规及司法解释大全(2011)》,中国方正出版社 2011 年版。

[14] 最高人民检察院法律政策研究室编:《中华人民共和国现行法律法规及司法解释大全》(第 13 版),中国方正出版社 2009 年版。

[15] 最高人民检察院民行厅编:《民事行政检察指导与研究》(总第 5 集),法律出版社 2006 年版。

(二) 著作类

[1] 柴发邦主编:《体制改革与完善诉讼制度》,中国人民公安大学出版社 1991 年版。

[2] 陈国庆:《检察制度原理》,法律出版社 2009 年版。

[3] 陈金钊、焦宝乾、桑本谦等:《法律解释学》,中国政法大学出版社 2006 年版。

[4] 陈金钊:《法律解释学——权利(权力)的张扬与方法的制约》,中国人民大学出版社 2011 年版。

[5] 陈金钊:《法制及其意义》,西北大学出版社 1994 年版。

[6] 董皞:《司法解释论》,中国政法大学出版社 2007 年版。

[7] 高鸿钧:《法治:理念与制度》,中国政法大学出版社 2002 年版。

[8] 管伟:《中国古代法律解释的学理诠释》,山东大学出版社 2009 年版。

[9] 郭道晖:《法理学精义》,湖南人民出版社 2005 年版。

[10] 何家弘:《从通俗到深奥——法治文化杂论》,中国法制出版社 2008 年版。

[11] 江平主编:《中国司法大辞典》,吉林人民出版社 1991 年版。

[12] 蒋立山:《法律现代化:中国法治道路问题研究》,中国法制出版社 2006 年版。

[13] 李步云:《论法治》,社会科学文献出版社 2002 年版。

[14] 李仕英主编:《当代中国的检察制度》,中国社会科学出版社 1987

年版。

[15] 李希慧：《刑法解释论》，中国人民公安大学出版社 1995 年版。

[16] 李昕主编：《燕京法学——法律适用与法律解释》，中国民主法制出版社 2010 年版。

[17] 林钰雄：《检察官论》，学林出版社 1999 年版。

[18] 鲁千晓、何媛：《司法方法学》，法律出版社 2009 年版。

[19] 闵钐：《中国检察史资料选编》，中国检察出版社 2008 年版。

[20] 欧阳乾：《人民检察院刑事诉讼规则流程》，法律出版社 2006 年版。

[21] 漆树洁主编：《美国司法制度》，厦门大学出版社 2010 年版。

[22] 曲伶俐主编：《刑事法治与人权保障》，中国法制出版社 2006 年版。

[23] 全国人大常委会法制工作委员会刑法室编：《走向完善的刑法——正解刑法修改的决定、刑法修正案、刑法法律解释》，中国民主法制出版社 2006 年版。

[24] 舒国滢：《法理学导论》，北京大学出版社 2006 年版。

[25] 舒国滢、王夏昊、梁迎修等：《法学方法论问题研究》，中国政法大学出版社 2007 年版。

[26] 宋小海：《程序自然法视域中的法律解释——以刑法解释为范例》，社会科学文献出版社 2011 年版。

[27] 孙国华、朱景文主编：《法理学》，中国人民大学出版社 1999 年版。

[28] 孙笑侠：《法的现象与观念》，山东人民出版社 2001 年版。

[29] 汪习根：《司法权论——当代中国司法权运行的目标模式、方法与技巧》，武汉大学出版社 2006 年版。

[30] 王彬：《法律解释的本体与方法》，人民出版社 2011 年版。

[31] 王利明：《法律解释学导论：以民法为视角》，法律出版社 2009 年版。

[32] 魏胜强：《法律解释导论》，郑州大学出版社 2008 年版。

[33] 魏胜强：《法律解释权研究》，法律出版社 2009 年版。

[34] 武飞：《法律解释：服从抑或创造》，北京大学出版社 2010 年版。

[35] 谢晖：《中国古典法律解释的哲学向度》，中国政法大学出版社 2005 年版。

[36] 杨景宇：《法治实践中的思考》，中国法制出版社 2008 年版。

[37] 杨仁寿：《法学方法论》，中国政法大学出版社 1999 年版。

[38] 姚建宗:《法治的生态环境》，山东人民出版社 2003 年版。

[39] 喻中:《中国法治观念》，中国政法大学出版社 2011 年版。

[40] 张斌峰:《人文思维的逻辑——语用学与语用逻辑的维度》，天津人民出版社 2001 年版。

[41] 张大根:《立法学总论》，法律出版社 1991 年版。

[42] 张文显:《法理学》，高等教育出版社、北京大学出版社 2007 年版。

[43] 张智辉:《检察权研究》，中国检察出版社 2007 年版。

[44] 周旺生:《立法学》，法律出版社 2009 年版。

[45] 周叶中:《宪法学》，高等教育出版社、北京大学出版社 2000 年版。

[46] 周祖成:《政治法治化问题研究》，法律出版社 2011 年版。

[47] 朱力宇、张曙光主编:《立法学》，中国人民大学出版社 2006 年版。

[48] 卓泽渊:《法治国家论》，法律出版社 2008 年版。

(三) 期刊论文类

[1] 曹义孙:《法律结构模式及其意义和问题——〈民法基本原则解释〉述评》，载《中国法学》1994 年第 4 期。

[2] 陈国庆:《最高人民检察院司法解释权应当保留》，载《中国律师》2000 年第 7 期。

[3] 陈弘毅:《当代西方法律解释学初探》，载《中国法学》1997 年第 3 期。

[4] 陈金钊:《法律解释的艺术——一种微观的法治实现方法》，载《法商研究》2009 年第 5 期。

[5] 陈金钊:《法律解释中的矛盾与选择》，载《法商研究》2004 年第 2 期。

[6] 陈金钊:《何谓法律解释——对〈立法法〉中设置“法律解释”一节的认识》，载《法学论坛》2001 年第 1 期。

[7] 陈金钊:《司法解释的对象辨析》，载《法商研究》1994 年第 4 期。

[8] 陈甦:《司法解释的构建理念分析——以商事司法解释为例》，载《法学研究》2012 年第 2 期。

[9] 陈卫东:《我国检察权的反思与重构——以公诉权为核心的分析》，载《法学研究》2002 年第 2 期。

[10] 陈兴良、周光权:《刑法司法解释的限度——兼论司法法之存在及

其合理性》，载《法学》1997 年第 3 期。

［11］陈泽群、安素洁：《关于我国司法解释体制的反思》，载《重庆师范大学学报》2006 年第 4 期。

［12］邓祥瑞：《裁判不是公司、企业人员——浅析最高人民检察院“司法解释”之误》，载《中国律师》2002 年第 5 期。

［13］邓修明：《论我国司法解释模式的重塑》，载《社会科学研究》2007 年第 1 期。

［14］丁慕英、陆德山：《也论我国刑法司法解释权的归属问题——与游伟、赵剑峰同志商榷》，载《当代法学》1994 年第 2 期。

［15］董皞：《司法解释与法律适用之关系》，载《法学评论》1999 年第 3 期。

［16］董皞：《司法解释之管见》，载《政法论坛》1997 年第 6 期。

［17］董炯：《法律解释：学理、规则与制度——“法律解释（学）”研讨会综述》，载《中国法学》1997 年第 2 期。

［18］韩成军：《检察权基本理论研究综述》，载《河南社会科学》2010 年第 2 期。

［19］韩耀元、张玉梅：《解读〈最高人民检察院司法解释工作规定〉》，载《人民检察》2006 年第 13 期。

［20］贺日开：《司法解释权能的复位和宪法的实施》，载《中国法学》2004 年第 3 期。

［21］侯菊英：《我国司法解释中存在的主要问题及完善建议》，载《中州学刊》2006 年第 5 期。

［22］胡玉鸿：《尊重法律：司法解释的首要原则》，载《华东政法大学学报》2010 年第 1 期。

［23］胡玉鸿：《作为“方法”的法律解释》，载《法商研究》2004 年第 2 期。

［24］黄松有：《司法解释权：理论逻辑与制度建构》，载《中国法学》2005 年第 2 期。

［25］敬大力：《最高人民检察院司法解释工作近年发展、存在问题及其展望》，载《检察实践》1999 年第 2 期。

［26］黎枫：《论立法解释制度——兼评〈立法法〉对法律解释制度的规定》，载《政治与法律》2000 年第 6 期。

[27] 李富金:《地方法院无权发布司法解释性文件》,载《法学》1998年第2期。

[28] 李牧、楚挺征:《美国量刑委员会制度探略——兼评我国最高人民法院司法解释制度》,载《武汉理工大学学报(社会科学版)》2011年第4期。

[29] 梁慧星:《关于法律统一解释问题及设立统一解释法律委员会的建议》,载《法学》1999年第3期。

[30] 梁玉霞、沈志民:《走向公平正义——浅谈法律监督的意义与局限性》,载《广州大学学报(社会科学版)》2006年第1期。

[31] 刘峰:《论司法解释的地位与作用》,载《东方企业文化》2010年第11期。

[32] 刘明祥:《许霆案的定性:盗窃还是信用卡诈骗》,载《中外法学》2009年第1期。

[33] 卢勤忠:《关于我国检察机关的司法解释权的探讨——兼谈法律解释工作的完善》,载《法学家》1998年第4期。

[34] 罗洪洋:《程序正义与中国——从传统的视角观察》,载《贵州警官职业学院学报》2001年第2期。

[35] 罗洪洋:《法人类学论纲——兼与法社会学比较》,载《法商研究》2007年第2期。

[36] 罗洪洋:《腐败何以不为"罪"——对中国传统社会官员贪贿横行的法文化解释》,载《法制与社会发展》2007年第1期。

[37] 罗庆东:《最高人民检察院司法解释的基本原则》,载《人民检察》1997年第11期。

[38] 袁明圣:《司法解释"立法化"现象探微》,载《法商研究》2003年第2期。

[39] 吕世伦、张德淼:《后现代法学思潮的缺陷与现代法学的价值合理性》,载《法商研究》2003年第3期。

[40] 马进保、朱婧:《司法解释所面临的挑战与机制重构——以〈刑事诉讼法〉的修改为平台》,载《政治与法律》2008年第3期。

[41] 马晓玲、邵琛霞、孙秀娟:《检察机关法律监督的定位于缺失》,载《宁夏社会科学》2012年第3期。

[42] 沈岿:《司法解释的"民主化"和最高法院的政治功能》,载《中

国社会科学》2008 年第 1 期。

［43］沈宗灵：《论法律解释》，载《中国法学》1993 年第 6 期。

［44］石少侠：《论我国检察权的性质——定位于法律监督权的检察权》，载《法制与社会发展》2005 年第 3 期。

［45］疏义红：《法律解释方法的发现与归类》，载《法商研究》2004 年第 2 期。

［46］宋亚辉：《公共政策如何进入裁判过程——以最高人民法院的司法解释为例》，载《法商研究》2009 年第 6 期。

［47］苏力：《解释的难题：对几种法律文本解释方法的追问》，载《中国社会科学》1997 年第 4 期。

［48］苏晓宏：《论司法解释的对象》，载《华东政法学院学报》1999 年第 5 期。

［49］汤唯、雷振斌：《论立法政策取向与利益衡量》，载《法学论坛》2006 年第 3 期。

［50］田芳：《法律解释如何统一——关于司法解释权的法律统一解释功能的思考》，载《法律科学》2007 年第 6 期。

［51］王伟：《宪法司法解释：一个概念辨析视角的理论定位》，载《四川理工学院学报（社会科学版）》2006 年第 5 期。

［52］王郁生：《关于我国法律解释的若干问题》，载《中国法学》1990 年第 4 期。

［53］王元华：《词语解释对错的判断原理》，载《语文知识》2009 年第 3 期。

［54］吴汉东：《知识产权法律构造与移植的文化解释》，载《中国法学》2007 年第 6 期。

［55］吴萍、蒙柳：《海峡两岸司法解释之比较》，载《甘肃政法学院学报》2005 年第 3 期。

［56］谢志红：《论司法解释的原则》，载《江西社会科学》2007 年第 9 期。

［57］徐涤宇：《论法律行为变更权的期间限制——基于解释论的立场》，载《中国法学》2009 年第 6 期。

［58］薛军：《部分履行的法律问题研究——〈合同法〉第 72 条的法解释论》，载《中国法学》2007 年第 2 期。

[59] 杨开湘、蒋凌申：《自动柜员机刑法意义新探：基于对最高人民检察院司法解释的分析》，载《东方法学》2009 年第 4 期。

[60] 杨秀清：《论司法解释权与审判权》，载《社会科学论坛》（学术研究卷）2006 年第 4 期。

[61] 杨永华：《司法解释的缺陷及其补救——兼谈中国式判例制度的建构》，载《法学》2003 年第 10 期。

[62] 杨志宏：《论加强最高人民检察院的司法解释》，载《检察理论研究》1993 年第 4 期。

[63] 姚建宗：《关于司法解释的分析与思考》，载《现代法学》1992 年第 3 期。

[64] 姚仁安、陈翀：《取消最高人民检察院司法解释权管见》，载《中国律师》2000 年第 7 期。

[65] 叶建丰：《法律监督权：检察权的合理定位》，载《河北法学》2004 年第 3 期。

[66] 尹伊君、陈金钊：《司法解释论析——关于传统司法解释理论的三点思考》，载《政法论坛》1994 年第 4 期。

[67] 游伟、赵剑锋：《论我国刑法司法解释权的归属问题》，载《法学研究》1993 年第 1 期。

[68] 袁明圣：《司法解释"立法化"现象探微》，载《法商研究》2003 年第 2 期。

[69] 张斌峰、张毅龙：《建构法律推理的新视角：以语用学合作原则为切入点》，载《政法论丛》2009 年第 5 期。

[70] 张斌峰：《法律逻辑研究对象新论》，载《政法论丛》2008 年第 5 期。

[71] 张斌峰：《论哈贝马斯的普遍语用学及其方法论意义》，载《社会科学辑刊》2000 年第 4 期。

[72] 张斌峰：《荀子的"类推思维"论》，载《中国哲学史》2003 年第 2 期。

[73] 张彩凤、金云舟：《制定法上的舞者——关于司法解释的另类解读》，载《中国人民公安大学学报（社会科学版）》2008 年第 1 期。

[74] 张德淼、陈柏峰：《法律人性化：一个概念的澄清》，载《法商研究》2005 年第 1 期。

［75］张德森、陈柏峰：《西方文明起源时期的法律人——以韦伯的法律社会学为分析框架》，载《环球法律评论》2006 年第 4 期。

［76］张德森、周佑勇：《论当前我国实现司法正义的条件和途径》，载《法学评论》1999 年第 1 期。

［77］张德森：《立法正义观与当代之求索》，载《河南省政法管理干部学院学报》2003 年第 4 期。

［78］张德森：《论法律的权威性》，载《法商研究（中南政法学院学报）》1997 年第 2 期。

［79］张继成、杨宗辉：《对“法律真实”证明标准的质疑》，载《法学研究》2002 年第 4 期。

［80］张继成：《从案件事实之“是”到当事人之“应当”——法律推理机制及其正当理由的逻辑研究》，载《法学研究》2003 年第 1 期。

［81］张立刚：《决议体制与立法体制：法律解释的缺陷与冲突》，载《广东行政学院学报》2012 年第 5 期。

［82］张立堂、张茂：《析“立法解释”与“司法解释”》，载《河南大学学报（社会科学版）》1992 年第 5 期。

［83］张明楷：《许霆案的刑法学分析》，载《中外法学》2009 年第 1 期。

［84］张新宝、王伟国：《最高人民法院民商事司法解释溯及力问题探讨》，载《法律科学（西北政法大学学报）》2010 年第 6 期。

［85］张勇：《规范性司法解释在法律体系实施中的责任和使命》，载《法学》2011 年第 8 期。

［86］张宇、李俊明：《对司法解释“立法化”的思考》，载《安徽警官职业学院学报》2006 年第 6 期。

［87］张志铭：《当代中国法律解释体制》，载《中国社会科学》1997 年第 2 期。

［88］张志铭：《法律解释原理》（上），载《国家检察官学院学报》2007 年第 6 期。

［89］张志铭：《法律解释原理》（中），载《国家检察官学院学报》2008 年第 1 期。

［90］张智辉：《“法律监督”辨析》，载《人民检察》2000 年第 5 期。

［91］张智辉：《法律监督三辨析》，载《中国法学》2003 年第 5 期。

［92］张子胜：《略论立法规划——从“成熟一个，制定一个”的立法状

态谈起》，载《法学》1995 年第 7 期。

[93] 赵钢:《我国司法解释规则的新发展及其再完善——〈07 规定〉与〈97 规定〉的比较分析》，载《现代法学》2008 年第 4 期。

[94] 赵玉梅、张兵:《我国司法解释制度存在的问题及成因》，载《法学》1994 年第 7 期。

[95] 郑永流:《出释入造——法律诠释学及其与法律解释学的关系》，载《法学研究》2002 年第 2 期。

[96] 谢志红:《论司法解释的原则》，载《江西社会科学》2007 年第 9 期。

[97] 钟丽娟:《也谈法律解释——对〈立法法〉中法律解释规定的一点看法》，载《理论学刊》2001 年第 3 期。

[98] 周道鸾:《论司法解释及其规范化》，载《中国法学》1994 年第 1 期。

（四）译著类

[1] [美] C. H. 麦基文:《宪政古今》，翟小波译，贵州人民出版社 2004 年版。

[2] [美] 阿德里安·沃缪勒:《不确定状态下的裁判——法律解释的制度理论》，梁迎修、孟庆友译，北京大学出版社 2011 年版。

[3] [美] 安·赛德曼、罗伯特·鲍勃·赛德曼:《立法学理论与实践》，刘国福、曹培译，中国经济出版社 2008 年版。

[4] [美] 安德雷·马默主编:《法律与解释：法哲学论文集》，张卓明、徐宗立等译，法律出版社 2006 年版。

[5] [美] 安德瑞·马默:《解释与法律理论》，程朝阳译，中国政法大学出版社 2012 年版。

[6] [古希腊] 柏拉图:《法律篇》，何勤华译，上海人民出版社 2001 年版。

[7] [法] 保罗·利科:《论公正》，程春明译，法律出版社 2007 年版。

[8] [罗马] 查士丁尼:《法学总论——法学阶梯》，张企泰译，商务印书馆 2011 年版。

[9] [英] 丹宁勋爵:《法律的正当程序》，李克强、杨百揆、刘庸安译，法律出版社 2011 年版。

[10] [德] 弗里德里希·卡尔·冯·萨维尼、雅各布·格林:《萨维尼法学方法论讲义与格林笔记》，杨代雄译，法律出版社 2008 年版。

[11] [德] 哈贝马斯:《交往行为理论》，曹卫东译，上海人民出版社 2004 年版。

[12] [德] 哈贝马斯:《交往与社会进化》，张博树译，重庆出版社 1989 年版。

[13] [德] 哈贝马斯:《在事实与规范之间——关于法律和民主法治国的商谈理论》，童世骏译，生活·读书·新知三联书店 2003 年版。

[14] [德] 黑格尔:《法哲学原理》，范扬等译，商务印书馆 1961 年版。

[15] [美] 卡多佐:《司法过程的性质》，苏力译，商务印书馆 2002 年版。

[16] [德] 卡尔·拉伦茨:《德国民法通论》，谢怀栻、邵建东等译，法律出版社 2004 年版。

[17] [德] 卡尔·拉伦茨:《法学方法论》，陈爱娥译，商务印书馆 2005 年版。

[18] [奥] 凯尔森:《法与国家的一般理论》，沈宗灵译，中国大百科全书出版社 1996 年版。

[19] [法] 勒内·达维:《英国法与法国法：一种实质性的比较》，潘华仿、高鸿钧、贺卫方译，清华大学出版社 2002 年版。

[20] [德] 罗伯特·阿列克西:《法 理性 商谈：法哲学研究》，朱光、雷磊译，中国法制出版社 2011 年版。

[21] [美] 罗尔斯:《正义论》，何怀宏等译，中国社会科学出版社 2003 年版。

[22] [法] 孟德斯鸠:《论法的精神》，张雁深译，商务印书馆 1961 年版。

[23] [美] 普特南:《理性、真理与历史》，童世骏、李光程译，上海译文出版社 2005 年

[24] [古希腊] 亚里士多德:《政治学》，吴寿彭译，商务印书馆 1981 年版。

[25] [英] 约瑟夫·拉兹:《实践理性与规范》，朱学平译，中国法制出版社 2011 年版。

(五) 学位论文

[1] 纪诚:《最高人民法院司法解释研究——对最高人民法院司法解释合理性的反思》,中国政法大学 2006 年博士学位论文。

[2] 蒋涛:《罪刑法定下我国刑法司法解释的完善》,华东政法大学 2008 年博士学位论文。

[3] 李明和:《司法解释认识论分析》,南京师范大学 2004 年博士学位论文。

[4] 李岩峰:《最高人民法院司法解释体制改革研究》,吉林大学 2006 年硕士学位论文。

[5] 刘晓宏:《最高人民法院司法解释权力、程序、文件研究》,吉林大学 2012 年博士学位论文。

[6] 王瑞军:《司法解释的目标及实现》,南京师范大学 2002 年硕士学位论文。

[7] 罗娟:《我国司法解释问题研究》,北方工业大学 2007 年硕士学位论文。

[8] 马莉莉:《我国民事司法解释的理论逻辑论纲》,吉林大学 2007 年博士学位论文。

[9] 张能宝:《最高人民法院司法解释的目标与方法研究》,中国政法大学 2008 年博士学位论文。

[10] 庄广彦:《司法解释权研究》,武汉大学 2005 年硕士学位论文。

二、外文文献

[1] Alxy Robert. Basic Rights and Democracy in Jugen Habermas's Procedural Paradigm of Law [J]. Ratio Juris, 1994 (2).

[2] Apel. K. O. Towards a Transformation of Philosophy [M]. Routledge and Kegan Paul, 1980.

[3] Boaventura De Souisa Santos, (1995) Toward a New Common Sense: Law, Science and Politics in the Paradigmatic Transition, Routledge.

[4] Catherine Dauvergne. Jurisprudence For An Interconnected Globe [G]. Hampshire: Ashgate, 2006.

[5] Christopher G. A Bryant, "Introduction: Theory, Metatheory and Dis-

course, Practical Sociology, Post – empiricism and the Reconstruction of Theory and Application, Polity Press, 1995.

[6] Cupchik, Gerald. Constructivist Realism: An Ontology That Encompasses Positivist and Constructivist Approaches to the Social Sciences [J/OL]. Forum qualitative Sozialforschung, 2001, 2 (1): 1 – 12.

[7] Dyzenhaus David. The Legitimacy of Legality [J]. The University of Torontolaw Journal, 1996, 46 (1).

[8] Evers, A., "Shifts in the Welfare Mix: Introducing a NewApproach for the Study of Transformation in Welfare and Social Policy", In Evers, A. &Wintersberger, H. (Ed), Shifts in the Welfare Mix: TheirImpact on Work, Social Services and Welfare Policies, Eurosocial, Vienna, 1988L. Rev. 1996.

[9] Helen M. Stacy. Postmodernism and Law: Jurisprudence in a fragmenting word [M]. London: Ashgate, 2001.

[10] J. Habermas. On the Pragmatics of Communication [C]. edited by Maeve Cooke, the MIT Press, 1998. 9.

[11] Johnson, N., "Problems for the Mixed Economy of Welfare", In. Alan Ware&Robert E. Goodin (Ed), Need and Wel – fare, London: Sage, 1990.

[12] Jurgen Harbermas, Harbermas on Law and Democracy: Critical Exchanges: Habermas's Proceduralist Paradigm of Law: Paradigms of Law, 17 Cardozo.

[13] Questions and Counterquestions, in Habermas and Modernity [C]. ed. by R. Bernstein, Polity Press, 1985.

[14] Scheffler, Samuel. Boundaries and Allegiances – Problems of Justice and Responsibility in Liberal Thought [G]. London: Oxford Scholarship Online, 2002.

[15] Talcott Parsons. The Structure of Social Action [M]. New York, Free Press, 1968.

[16] Robert W Gordon. New Development in Legal Theroy in politics of law [M]. Knopf Publishing Group: Panttheon Books, 1982.

[17] Trevino, A. J. 1996. The Sociology of Law: Classical and Contempo – rary Perspectives. St. Martin's Press, Inc. 441.

后　记

本书是在我博士论文的基础上修改完善而成的。自2010年秋季开始，我进入了母校中南财经政法大学法学院开始攻读理论法学博士学位，不觉在这绿树掩映下的南湖湖畔度过了三年的美好时光，当再一次将我在那里奋战出来的成果进行校改并交由出版社付梓出版之时，我离开母校已然经年，掩卷沉思，往事历历在目，有太多人需要感谢。

在这里，我首先要感谢恩师张德淼教授在我读博以来的悉心指导和热情关怀。张德淼教授是一位良师益友，他严谨的治学态度、渊博的学识、创新的思维和高尚的品格深深地影响了我。本书的选题、立意、写作、修改都凝结了恩师的心血和智慧，他每次不厌其烦的指导都让我醍醐灌顶、如坐春风。今虽离开江城武汉，恩师的谆谆教诲犹在耳畔，不敢稍忘，恩师的教导及潜移默化的影响将使我受益终身。感谢罗洪洋教授，早在我大学本科阶段就已是我的授业恩师，是他把我这样一名高中的理科生带入法学这片神圣的殿堂，进行了十多年默默的耕耘。我之所以走到今天，与罗老师的教导、关怀和帮助息息相关。应该说，博士阶段能继续在罗洪洋教授的教导下学习是我此生的幸运。感谢张继成教授，他严谨的治学态度、宽以待人的处事风格将影响我的一生，他对学生的关爱之情让学生们对学校和恩师充满着无限的眷恋。感谢张斌峰教授，他是一位严谨博学的长者，在我三年的读书生涯中，得到了他无微不至的关心和帮助，在论文写作过程中遇到有关法律解释学方面疑难问题的时候，张老师总是予以细致入微、不厌其烦的指导，他时不时提供的文献资料让我受益匪浅。师恩浩荡，感谢中南法理学导师组的每一位导师的关心和指导，导师们的教诲和指引让我沐浴在学术的阳光下不断前行。在这里，我还要感谢我求学生涯中各个阶段的其他师长，没有他们的关心和帮助，就不会有我的今天。我的硕士导师钟佳萍教授，杨军昌教授、蒯继志教授、张林鸿教授、李卫国教授、宁立标教授、范电勤教授，本科班主任老师李萍博士，研究生阶段班主任老师廖燕博士，本科业师赵大华博士、刘珂博士，我的初中老师陈绍松博士和杨方程博士均给我很多学习和生活上的帮助，为我早期的学术生涯打下了坚实的学科基础。感念求学生涯中很多恩师孜孜以求的教诲，古诗有云："春满江山绿满园，桃李争春露笑颜；东西南北春常在，唯有师恩留心间。"

作为一名工龄已有十年的人，无论如何我要感谢我的领导，是他们给我创造了较为宽裕的攻读博士和在站博士后的时间，让我静下心来写作和思考；我的同事对于我的学习和生活给予了无微不至的关心、帮助和支持，他们分担了我一部分的工作，让我能腾出时间完成自己的学业。在这里，我要特别感谢贵州省人民检察院袁本朴检察长、何冀常务副检察长、叶亚玲副检察长、肖振猛副检察长、万庭祥副检察长、余敏副检察长、杨承志副检察长、贾小刚副检察长、渠新建主任、徐坤纪检书记，王贵喜局长和马涛主任对我的关心和鼓励；感谢我曾经供职的铜仁市人民检察院范建军检察长，肖亚副检察长、徐福亮副检察长、田志刚副检察长、谢国政主任、杨光才专委、严天文处长、石华科长，以及杨敏、李萍、丁丽蓉、吴玉东、舒坡、田会等同事，没有他们的关心和支持，我实难完成艰辛的博士学习任务。另外，我还要感谢贵州黔东南自治州人民检察院陈继忠检察长，黔南自治州人民检察院乔冀安检察长的关心、帮助和支持。感谢我的老领导卢正平处长、王发坤书记、付松昌所长、杨海波所长、李宏祥科长等领导的关心。

感谢我多年的同学兼挚友、南开大学法学院的刘学文博士，多年来相互切磋、相互帮助和支持，情同手足，让我在求学生涯中不再感到孤单和寂寞。感谢北京丰台区人民法院郝彬彬女士，她给了我很多专业上的帮助和鼓励，使我更加奋然前行。感谢老乡陈宗岚博士给予我生活上的帮助和支持，与他无数次的探讨和切磋，为本论文的写作增色不少。我还要感谢莆章、赵庆、赵华、蔡杰、郁阳、杨正能、杨正负、柳文辉、田仁东、朱应武、娄义鹏等诸位好友一路来的支持和关心。

最后，我要郑重感谢我的父亲、母亲多年来对我的关心和教导，养育之恩深似海，我至今脑海里时常浮现出母亲弥留之际在病床上的关爱和叮咛。此情此景，永留心间，化成我永远向上的力量！这么多年来的学习终于小有收获，博士毕业以及博士后的顺利进站也算是对母亲在天之灵的一种告慰，对还在辛苦劳作的父亲也是一种安慰。特别感谢我的博士后导师张智辉教授、张志铭教授在我博士毕业后将我收入门内给予指导。感谢黄敏、黄永光两位兄长的手足相惜、肝胆相照。

还有许许多多在我前行的道路上给予我帮助、无法一一提及的人，在此一并致谢。在你们共同的关心和支持下，我必将在未来的学习和工作中更加努力前行。此时此刻，请允许我借用爱国诗人屈原的诗句与读者共勉：路漫漫其修远兮，吾将上下而求索！

黄 硕

2015 年 1 月 26 日